KB082629

시민권력은 어떻게 세상을 바꾸는가

Civilizing the State
by John Restakis

커먼즈, 사회적경제, 자치와 직접민주주의를 통한
국가와 정치의 전환

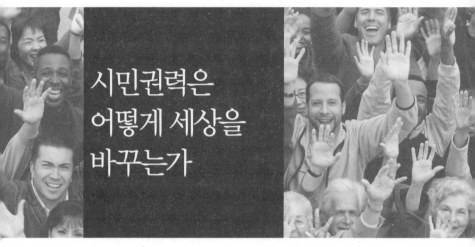

시민권력은
어떻게 세상을
바꾸는가

존 레스타키스 지음 | 번역협동조합 옮김

착한책가게

신자유주의 세계화를 통해 기업이 국가를 장악한 이 시대에 꼭 필요한 책이다. 30년간의 규제 완화로 "국민을 위한, 국민의, 국민에 의한" 복지국가가 "기업을 위한, 기업의, 기업에 의한" 기업 국가로 변모했다.

커먼즈와 공공재의 사유화를 위해 기업들이 좌지우지해온 국민국가는 이제 기업의 감시 국가로 변화하고 있다. 저자는 직접민주주의의 실천과 시민 참여의 정치철학을 통해 민주주의와 커먼즈를 되찾고 공공선을 위한 미래로 나아갈 수 있는 방법을 보여준다.

– 반다나 시바 | 생태과학자, 활동가, 과학·기술·생태학 연구재단 설립자, 세계화에 관한 국제 포럼 창립 이사,
《지구 민주주의Earth Democracy》《하나됨 대 1% Oneness Vs. 1%》의 저자

통찰력과 설득력 있고 유용한 정보를 담은 이 책은 주의 깊게 읽어볼 가치가 있다. 이 책은 공공선의 개념을 탐구하면서 협력 행동을 향상시키는 데 민주주의 정치가 하는 역할을 비판적으로 검토한다. 철

저한 협동경제학 전문가인 저자는 권위주의 정부, 패거리 자본주의, 민주주의를 위협하는 다양한 포퓰리즘의 위험을 피하려면 왜 국가를 시민화해야 하는지 그 이유를 밝힌다.

이 책은 단일주의에 대한 거부, 권리는 의무와 분리될 수 없다는 확신에 기초한 정치 유형을 제시하고 있다. 우리 사회의 미래에 대해 진지하게 생각하고 현대의 주요 환상에서 벗어나고자 하는 사람이라면 반드시 읽어야 할 책이다.

— 스테파노 자마니 | 볼로냐 대학교 경제학 교수,
《경제사상사 강의Lezioni di storia del pensiero economico》《시민경제학L'economia civile》의 저자

반동적 힘들이 전면에 나서고 있는 이때 저자는 국가를 사회적경제, 커먼즈, 풀뿌리 민주주의의 파트너로 재창조하기 위한 대담한 비전을 제시한다. 사려 깊고 도발적이며 희망적이다.

— 데이비드 보일러 | 커먼즈 활동가이자 학자,
《자유로운, 공정한, 살아있는Free, Fair, and Alive》의 공동 저자

우리의 자멸 문명의 껍질을 뚫고 더 나은 사회가 솟아오를 수 있을까? 이 책은 설득력 있는 실제 사례들을 소개한다. 세계적 위기에 직면한 자유주의 국가를 넘어서기 위해 자기 통치를 확대하고 심화하고 풍요롭게 해야 한다고 설명하며, 독자들을 고대에서 시작하여 현재의 흥미로운 실험들이 이루어지는 곳들로 안내한다. 독자들은 이 책에서 깨달음과 희망 모두를 얻을 수 있다.

— 낸시 매클린 | 듀크대학교 역사학, 공공정책학 교수,
《벼랑 끝에 선 민주주의Democracy in Chains》의 저자

균열과 절망의 시대, 새로운 문명 건설에 영감을 주면서도 현실에 발 딛은 유토피아의 전망이 절실히 필요한 때이다.

우리 시대의 기록인 이 책은 현실에 기초한 꿈을 실제 행동과 연결해 문명의 메타 위기를 헤쳐 나가려는 우리에게 낙관할 수 있는 근거를 제공한다. 저자는 바르셀로나의 급진적 자치제에서 로자바의 국가 없는 민주주의에 이르기까지 이 결정적 시기에 우리에게 필요한, 개인과 사회의 자율성을 가능케 하는 파트너 국가라는 해법을 생생히 그려준다.

— 미셸 바우웬스 | P2P 재단 설립자, 《P2P: 커먼즈 선언 Peer to Peer: Commons Manifesto》의 저자

이 책을 보면 정치와 권력에 대해 생각하는 방식이 바뀔 것이다. "파트너 국가"는 작은 정부, 큰 정부에 관한 지겨운 논쟁을 돌파한다. 그리하여 정부가 일상생활에서 어떻게 더 밀도 있고 풍부한 민주주의를 가능하게 할 수 있는지의 문제로 나아간다. 실용적이고 급진적인 이야기를 통해 저자는 우리에게 21세기에 필요한 정치를 소개한다.

— 네이선 슈나이더 | 교수이자 저널리스트,
《모두를 위한 모든 것: 차세대 경제를 형성하는 급진적 전통 Everything for Everyone: The Radical Tradition that Is Shaping the Next Economy》《고마워요, 아나키 Thank You, Anarchy: Notes from the Occupy Apocalypse》의 저자

저자는 우리 시대의 가장 중요하지만 충분히 다뤄지지 못한 문제 중 하나에 정면으로 마주한다. 바로 국민국가인데, 우리가 지금껏 알고 있는 국가는 낡은 제도이다. 강렬하고 신뢰할 만한 사례들을 통해 당면한 문제와 해결책을 제안하는 이 책은 인류의 미래를 걱정하는 모든 사람들을 위한 필독서다.

— 데이비드 코튼 | 《기업이 세계를 지배할 때 When Corporations Rule the World》
《위대한 전환: 제국에서 지구 공동체로 The Great Turning: From Empire to Earth Community》의 저자

| 감사의 말 |

이 책을 집필하는 동안 많은 친구와 동료들의 지원이 있었다. 그들이 초고를 읽고 비판적으로 논평해 준 내용은 좀 더 나은 글을 쓰는 데 헤아릴 수 없이 큰 도움이 되었다. 스테파노 자마니, 트레버 숄츠, 바실리스 코스타키스, 데이비드 코튼, 네이선 슈나이더, 미셸 바우웬스, 아나 마리아 페레도, 기 도운시, 케빈 플래너건, 레만 헤세노, 에드 마요, 헨리 탐에게 특별한 감사를 전한다. 또한 나의 동료이자 공동 기획자인 마이크 루이스와 마이크 지스몬디, 시너지아 연구원Synergia Institute의 팻 코너티에게도 큰 빚을 지고 있다. 그들의 우정과 협력이 없었다면 인간 사회가 직면한 공동의 위기 근저에 어떠한 패턴이 있는지 그토록 풍부하게 분석하고 이해할 수 없었을 것이다. 세상을 새롭게 하는 데에는 우리가 노력을 기울여야 하는 가치만큼이나 동행자의 연대와 우정이 중요하다는 사실을 새삼 깨닫는다.

차 례

| 서론 |

한 시대를 정의하는 순간들이 있다. 도널드 트럼프의 부추김을 받은 백인 우월주의자들이 경찰 저지선을 뚫고 미 국회의사당을 습격한 2021년 1월 6일 역시 그러한 순간 중 하나일 것이다. 하원 본회의장 문에 바리케이드가 쳐지고 의원들이 안전을 위해 몸을 피하는 동안 남부연합기와 파시스트 휘장을 자랑스레 두른 트럼프 지지자들이 "배신자"로 낙인 찍은 의원들을 찾아 복도를 돌아다니는 모습을 보며 세상은 눈을 의심했다. 케이블 타이 수갑을 든 사람들도 있었다. 인질을 붙잡고 이미 결판난 대선 결과를 뒤집으려는 트럼프의 노력에 반대한 이들을 묶을 요량이었다. 국회의사당 밖에는 올가미가 걸린 교수대가 세워졌다. 마이크 펜스 부통령과 낸시 펠로시 하원의장은 공격 대상 명단의 윗자리에 있었다.

이 참혹한 날을 담은 경악스러운 이미지들이 쏟아졌다. 몇몇 이미지들은 국회의사당 건물의 계단과 광장에 군중들이 몰려드는 모습을 보여주고 있었다. 택티컬 장비를 갖춘 사람들이 주변 담을 기어오르는 이미지도 있었다. 이날의 정신을 가장 잘 포착한 사진은 애리조나의 총기 권리 옹호자인 60세의 리처드 바넷을 찍은 것으로 그는 하원의장 집무실 의자에 느긋하게 앉아 한 발을 책상 위에 걸치고 희끗한 수염이 난 얼굴에는 만족스러운 미소를 짓고 있었다. 의장실을 떠나기 전 그는 낙서 같은 경고문을 하나 남겼다. "우리는 포기하지 않을 것이다." 반란자들은 세 시간 동안 국회의사당을 날뛰며 사무실들을 뒤졌고 차분하게 밖으로 나가기 전에는 바닥에 용변을 보는가 하면 경찰에 연행되면서도 루브르박물관의 폐장 시간인 양 셀카를 찍었다. 이 군중들이 흑인이나 황인이었다면 국회의사당이 살육장으로 변했을 것이라는 건 누구나 알고 있었다. 이날이 끝나갈 무렵 다섯 명이 목숨을 잃었고 한 나라는 더 이상 자신을 인정할 수 없게 되었다.

대다수 사람들에게 이러한 무도함과 폭력은 끔찍한 것이었다. 하지만 바넷을 비롯해 그와 비슷한 부류의 다른 수백만 명의 사람들은 스스로를 애국자라 여겼다. 1월 6일의 폭동은 수년간 미국에서 자라고 있었던 종기가 터진 것이었다. 트럼프는 그저 그것을 곪게 했을 뿐이다. 파시스트들의 국회의사당 난입은 미국의 건국 신화를 갈기갈기 찢어 놓으며 국가에 외상을 입혔다. 하지만 미국은 단지 시민의 분노와 지도자의 냉소주의로 가장 최근에 들썩인 나라일 뿐이다.

2019년 EU 선거를 치른 다음 날 아침 프랑스 대중들 역시 근본적으로 바뀐 정치적 현실을 깨달았다. 자유민주주의의 이상을 상징했던 나라에서 마린 르펜이 이끄는 극우 정당 국민연합은 엠마뉘엘 마크롱 프랑스 대통령의 중도 정당을 앞서며 유럽의회 선거에서 승리했다. 반이민자 수사와 일자리 약속, "프랑스인을 위한 프랑스" 등의 캠페인을 동력으로 르펜이 호소한 네오파시즘적 메시지는 하층계급 사이에서 꾸준한 지지세를 얻고 있었다. 한 지지자는 이렇게 말하고 있다. "베일을 쓴 자들이 모든 것을 얻는다. 프랑스인은 아무것도 갖지 못한다. 이것은 정상이 아니다. 이전에는 부자와 중산층, 빈곤층이 있었다. 이제는 부자와 가난한 자밖에 없다. 중산층은 더 이상 존재하지 않는다."[1]

르펜은 혼자가 아니다. 미국은 말할 것도 없고 프랑스를 비롯한 여러 유럽 국가의 중산층 소멸은 이탈리아, 그리스, 독일, 오스트리아, 영국, 스웨덴, 네덜란드, 헝가리에서 중도 정치가 붕괴하는 결과를 낳았다. 사람들은 현존 상태를 반영하는 전통적인 안전한 해법에 더는 만족하지 않는다. 영국에서 브라질까지 극우 인사들이 승리를 거두고 있다. 인도에서는 나렌드라 모디가 힌두 파시즘의 기치를 올려 세계 최대의 민주주의를 황폐화시켰다. 미국에서는 파시즘이 부상하는 흐름이 거부되기는커녕 도널드 트럼프가 유권자 절반에 악마의 주문을 건 2020년 선거를 통해 한 나라의 분열이 만천하에 드러났다.

하지만 이러한 사건들 속에서 나타나는 정치적 상황은 그다지 선명하게 다가오지 않는다. 같은 유럽 국가 내에서도 녹색당이 전례 없는 선거 승리를 거둔 것은 지난 10년간 심화되어 온 사회정치적 양극화 경향을 입증한다. 분노와 불안, 반란의 분위기가 퍼지고 있다. 정당과 정부기관 자체가 심각한 회의의 대상이다. 사람들은 낡은 질서를 흔드는 변화에 표를 던지고 있다. 정치적 수사가 급진적일수록 시대의 성향에 더 잘 부합한다. 또 포르투갈, 스페인, 핀란드, 멕시코, 볼리비아, 뉴질랜드 등의 나라에서는 많은 사람들이 진보적 관점에서 대담하고 당당하게 현존 상태에 도전하는 정치 프로그램을 기다리고 있었음이 확인되고 있다. 첫 번째 의회 연설에서 조 바이든은 신자유주의를 분명하게 거부하고 정부가 공공복지의 중심임을 단언했다. 또 뉴딜 이래 가장 야심찬 사회·경제 개혁 프로그램을 공언했다. 무상 대학, 보편적 유치원 교육, 노인 돌봄 프로그램, 노동조합 지원, 대규모 공공 기반시설 투자 등에 대한 그의 제안은 시청자의 80%에게서 지지를 얻었다. 심지어 공화당원의 40%가 그의 계획을 지지했다.[2] 이것은 미국에서 중요한 이데올로기적 전환이 일어나고 있음을 알리는 신호이다.

이러한 성공의 중심에는 지난 40년간 국가를 정의해 온 무력하고 수동적인 역할과 정반대되는 정부와 국가에 대한 전망이 있다. 더욱이 변화에 대한 갈증으로 아시아에서 남미에 이르기까지 전 세계적인 시위의 물결이 고조되고 있다. 이 단락을 쓰고 있는 지금 급진적인 체제 변화의 요구가 프랑스, 홍콩, 태국, 레바논, 이란, 이라크, 에콰도르, 칠레, 온두라스, 아이티, 콜롬비아, 페루, 볼리비아의 정부들을 뒤흔들고 있으며 이 명단은 계속해서 길어지고 있다. 1970년대 아우구스토 피노체트의 독재 하에서 신자유주의가 처음 모습을 드러낸 칠레에서는 이후 세계 각지에서 되풀이되어 온 이 자본친화적 정책을 해체하라는 요구에 계속해서 정부가 시달리고 있다. 이 대열에 뒤늦게 합류한 미국에서는 결국 시민권 운동 시절 이후에 보지 못한 시위의 물결이 폭발했다. 통제 불능의 팬데믹 상황에서 자행된 경찰의 조지 플로이드 살해는 일촉즉발의 상황으로 치달아 인종주의를 혐오하는 넓게 퍼진 인식이 곧 인종주의를 영속화하는 체제와 현존 상태에 대한 저항으로 그 모습을 바꾸었다.

위기의 시기에 방향과 피난처를 제공해 온 국가라는 배는 현재 벌어지고 있는 정치적 격동의 소용돌이 속에서 스스로 혼란에 빠져 방향을 잃었다. 게다가 전 세계 인구를 급진화하고 있는 저 뿌리 깊은 공포의 해결에 무력한 것처럼 보인다. 사회안전망 파괴부터 부채 증가와 생활수준 하락, 나아가 지구온난화의 재앙적 결과에 이르기까지 정부는 어쩌면 이 당면한 전면적 위협을 해결할 단호한 지도력을 발휘하거나 방향을 제시하는 데 어떠한 유의미한 역할도 다하지 못하고 있다. 공공복지의 청지기가 되어주지 못하는 국가에 대한 환멸이 깊어지고 있으며 여기에는 그럴만한 충분한 이유가 있다. 이러한 국가 지도력의 공백으로부터 우파의 부활, 그리고 좌파 진영의 근본적 개혁 요구가 일어났다. 이 두 세력은 세계를 자멸로 향하는 길에 올려놓은 세계 자본주의 제국의 쌍둥이 자식이다.

세계가 팬데믹과 씨름하는 가운데 집합적 삶과 국가의 역할에 관한 심층적이고 체계적인 쟁점이 이제 무대 중앙을 차지하게 되었다. 2019년 가을 이 책을 쓰기 시작했을 때 상기한 쟁점들은 하나의 임계점에 도달하고 있었다. 그리고 코로나바이러스 감염과 사망자 폭증은 우리 정치경제의 기능 장애를 더욱 크게 노출시켰다. 이 책이 출간될 시점이면 미국의 코로나 사망자는 60만 명에 이를 것이다. 자본주의 국가의 실패는 여전히 공공복지를 정부의 원칙으로 삼는 국가와 시장 규칙이 대세를 장악한 국가의 엄연한 차이 속에서 분명하게 확인할 수 있다. 경제의 몰락을 막고 불안해하는 위태로운 시민들을 안심시키기 위해 이제 정부는 팬데믹 이전에는 생각할 수도 없었고 급진적이고 사회주의적인 것으로 기각되었을 조치들을 동원하고 있다. 보편적 기본소득[UBI]에 대한 논의는 이제 주류가 되었다.

한 국가에 효과적인 공중보건 체계가 없을 때, 음식과 생필품이 지구 반대편에서 수입될 때, 광범위하게 늘어나는 프레카리아트를 자양분 삼아 성장하는 경제가 억만장자 계급에 의해 관리될 때 그것이 무엇을 의미하는지 모두가 직시하고 있다. 고장 난 체제의 실패가 완연히 시야에 들어오면서 근본적으로 무언가가 바뀌어야 한다는 느낌이 만연해 있다. 이전에는 결코 체감되지 못했지만 이제야 대중들의 의식에 들어온 또 다른 것은 세계의 상호연결성이다. 지구상의 모든 개인들은 팬데믹 상황에 쉽게 영향을 받으며 옆집 이웃의 선택만큼이나 정부가 내린 — 또는 내리지 않은 — 선택의 결과를 느끼고 있다. 이러한 사실은 우리에게 큰 차이가 없을 뿐 아니라 추상이 아닌 개인의 산 체험이라는 현실성으로 다가온다.

이것은 앞으로의 진로에 어떤 의미를 던질까?

자본의 제국은 두 개의 거대한 대립적 힘들, 즉 부의 상층계[upperworld]와 세계 시민사회로 세계를 분열시켰다. 하지만 변화를 위한 광범위한 투쟁은 정치와 경제의 영역을 훨씬 넘어선다. 세계에서 일어나고 있는 혼란은 실패한 체제로 인한 것만큼이나 정신의 위기에서 기인한다. 고뇌에 찬 개혁의 요구는 단지 정책이나 정치적 방향을 향한 것이 아니다. 그것은 새로운 가치 체계와 인간 공동체의 전망을 힘겹게 탄생시키기 위한 진통이다. 자본주의 세계화가 불러일으킨 건 단지 사람들을 저항으로 결집시키는 부정의만이 아니다. 세계적 규모로 투영된 인간의 권력과 탐욕은 인류와 지구 생명계 사이의 균형을 깨뜨렸다. 생태계 붕괴는 전례 없는 수준의 세계적 대응을 요구하고 있다. 우리 시대의 변화는 전환을 의미한다. 또 우익 포퓰리즘이 과거의 권위주의적 수사에 호소하는 반면 현존 상태에 대한 현실적 대안을 만들기 위한 투쟁은 완전히 다르고 보다 도전적인 행로를 내포한다. 근린 지역으로부터 세계적 단계에 이르기까지 완전히 자주적이면서 탈바꿈한 시민사회는 이러한 전망의 핵심에 놓여 있다.

그것은 변화를 위해 분투하는 급진적 희망의 행위이며 또 근본적 필요에서 생겨난다. 우리는 혹독한 시련의 순간을 살아가고 있다. 오늘 우리 행동의 유무는 미래에 지울 수 없는 흔적을 남길 것이다. 우리가 계속해서 수동적인 상태에 머무른다면, 또 냉소주의로 꿈쩍도 하지 않는다면 미래는 그것을 읽으려 애쓰는 사람들에게 그 윤곽이 이미 또렷이 보일 것이다.

우리 중 많은 사람들이 느끼는 우려와 불편함은 온라인 상의 반향실 효과echo chamber effect*에 의해, 또 우리 주변 세계가 점점 통제 받는다는 느낌을 받음으로써 일상적으로 강화된다. 우리는 세계 곳곳의 거리에서, 노트북의 화면에서, 또 우리의 뼈 속 깊이 불안을 느낄 수 있다. 하지만 우리는 현실 중에서도 뒤틀리고 잘려나간 모습을 경험하고 있을 뿐이다. 세상에 대한 다른 이야기들, 희망적인 동시에 미지의 땅을 헤쳐가기 위해 불가피한 변화의 길을 닦고 있는 사람들에 대해 완전히 다른 그림을 담고 있는 이야기들은 대부분 어둠 속에 묻혀

---

* 유사한 사고방식을 가진 사람들이 폐쇄된 공간을 형성함으로써 자신들이 원하는 정보만을 선택적으로 수용하고 확산시키는 현상 – 옮긴이

있다. 우리는 미래에 대한 완전히 다른 전망을 갖고 그 전망으로 이어지는 길 위로 나서는 여정이 필요하다.

오늘날 기성 정치와 그 옹호자들이 가하는 위협은 단지 정치적 이데올로기만의 문제가 아니며 심지어 계급의 문제만도 아니다. 그것은 어떠한 형태의 문명이든 인간 문명의 생존에 실존적인 위협으로 모습을 바꾸었다. 코로나바이러스의 출현은 하나의 경종이다.

나는 심대한 변화가 필요하다고 믿는다. 지금 인류가 직면한 도전은 그에 걸맞는 혁신적 전망이 필요하다. 그리고 그 전망은 현재의 구조 내에서 조금씩 단계를 밟아나가면 되는 게 아니라 완전히 다르게 세상을 이해하고 세상과 관계해야 하는 것이다. 또 늘 인간적인 사회의 토대가 되었던 우리 안의 속성들을 회복하고 고양하는 정치 질서를 만드는 것이다. 우리를 서로 결속하는 협동과 본능적 유대는 이러한 전망에 핵심이 된다. 오늘날 정치의 과제는 그러한 전망을 명확히 하는 것이다.

이 책을 통해 내가 목표하는 바는 《협동조합은 어떻게 세상을 바꾸는가*Humanizing the Economy: Co-operatives in the Age of Capital*》(번역협동조합 옮김, 착한책가게, 2017)에서 논의한 몇 가지 핵심 주제들을 확장하는 것이다. 전작에서 나는 민주주의, 협동, 사회 정의, 공공선의 추구에 기반한 일련의 가치들이 전 세계 협동조합 경제의 실천 속에서 어떻게 일상적으로 실현될 수 있는지, 또 실현되고 있는지 보여주고자 했다. 그 후속작인 이 책에서는 우리가 현재 서 있는 자멸의 길을 바꾸고자 할 때 꼭 필요한 정치경제에 관한 보다 광범위한 질문들을 하려고 한다. 또 그러한 질문들을 통해 앞서 제시한 가치들에 어떠한 의미가 담겨있는지 탐구할 것이다.

근본적인 가설은 우리가 추구하는 변화가 실현될 수 있는 유일한 수단은 공공선을 위한 민주주의와 협동의 심화라는 것이다. 자본주의적 세계관을 지탱하는 개인주의 및 사익과는 반대로 공공선은 우리의 정치적 목표를 설정하는 대안적 틀을, 또 민주주의 자체를 위험에 빠뜨리는 정당성의 위기를 극복하는 길을 제시한다. 모든 인간 사회에는 공동의 이익을 위한 협동과 사익을 위한 경쟁이라는 두 가지 경향이 내재되어 있다. 인류가 이 경쟁하는 힘들을 어떻게 다루느냐에 따라 인간과 지구 앞에 펼쳐질 미래가 결정될 것이다. 하지만 내가 여기서 다루는 가치들은 또한 정신을 거듭 나도록 하는 문제와 관련된다. 나는 협동과 공공선이 인간 공동체 ─ 그리고 인간 의식 ─ 의 혁신적 전망이 실현된 결과이자 동시에 그 전망을 실현하는 수단임을 보여주고자 한다.

인간적인 사회의 토대가 되는 문명적 가치들은 어느 공동체에나 존재한다. 이러한 가치들은 늘 우리와 함께했다. 그것은 다양한 형태를 취할 수 있다. 이를테면, 빛줄기가 시간과 장소, 그리고 문화의 프리즘을 통해 굴절되듯 정치의 세계 속에서 구체화되는 가치의 형태들은 그것이 적용되는 환경만큼이나 다양해진다. 가치의 실현은 지속적이고도 집합적인 노력으로 가능하며 이를 통해 사회적·정신적 진화를 이루어낸다.

이 이야기의 중심에는 국가와 시민사회의 역할이 있다. 국가가 공공복지의 청지기로서 수행해야 할 자신의 의무를 방기했다면, 즉 국가에 정당성을 부여할 유일한 목적을 배신했다면 그것은 우연히 일어난 일이 아니다. 보통의 시민이 지역사회나 나라와 같은 큰 틀 안에서 자신이 어떠한 역할을 해야 하는지 혼란스러워 하거나 확신하지 못한다면 이는 공동체를 결속하는 사회적 가치와 기본적 신뢰가 매우 크게 잠식된 데에 따른 결과이다. 또한 이러한 진공 상태는 민족주의, 종족성, 부족적 정체성을 부추기는 선동가들에 의해 치유와 통합에 복무하는 게 아니라 증오와 분열의 씨앗을 뿌리는 정치를 구사할 기회로 이용된다.

우리는 더 나은 것을 추구한다. 할 수 있는 건 없고 정치가 다 거기서 거기라는, 또는 어느 정부나 똑같이 나쁘다는 숙명론자들의 견해와 달리 우리는 어떻게 다른 종류의 정치, 미래에 대한 다른 전망이 가능한지 보여주는 사례들을 제시할 것이다. 이것은 전 세계에서 변화를 위해 전진해 온 수많은 사람들의 가슴 속에서 타오르는 희망이다. 세계가 치명적 팬데믹의 충격에 직면하는 상황에서 모든 사회를 지탱하는 협동의 깊은 저수지와 공공복지에 대한 관심은 이전의 모든 위기에서와 마찬가지로 이 위기를 헤쳐 나갈 열쇠가 될 것이다.

궁극적으로 이 책은 희망의 결실이며 가능하다면 어둠의 시대를 밝히는 한 줄기 빛이 될 수 있기를 바란다. 나는 이 책에서 공유하는 것이 하나의 실험 작업 같다는 느낌을 숨기지 않을 것이다. 다시 말해, 나는 매우 특수한 일련의 신념과 가치를 새로운 정치 질서의 토대로 진지하게 받아들일 때 과연 어떤 일이 일어날지 집중적으로 성찰할 것이다. 또 내가 여기서 제기하는 전망이 가까운 미래에 실현될 가능성이 조금이라도 있는지, 아니면 전혀 없는지에 대해 나 자신이 양가적인 감정을 느낀다는 점도 감추지 않으려고 한다. 하지만 요점은 이게 아니다.

군주의 시대에 민주주의, 자유, 평등의 이상을 꿈꾸고 그것을 위해 싸우는 이들이 반드시 필요했던 이유는 바로 그들의 희망이 시대와 너무 동떨어진 것처럼 보였기 때문이다. 그들은 선각자였다. 그들은 모든 사람들과 사회에 본질적인 인간의 조건 속에 가치들을 구현할 것을 요구했다. 그리고 이 가치들은 오늘날에도 생생하게 살아 있다. 내가 생각하기에 우리가 지금 목도하는 분노와 적의는 상당 부분 이러한 가치들이 침해되었기 때문에 생겨났다. 우리 앞에 놓여 있는 과업은 바로 이 가치들을 회복하고 이 가치들에 힘과 수단을 부여함으로써 세상을 새로운 모습으로 빚어내는 것이다. 그 새로운 모습이란 어떤 것일까?

그것을 보여주는 것이 이 책의 목적이다.

이 책은 크게 세 부분으로 구성되어 있다. 처음 세 개의 장에서는 우리 앞에 놓인 과업의 성격을 제시한다. 여기에는 우리 시대에 앞선 역사적, 정치적 선례, 현재의 상황을 지배하는 정치와 경제 권력의 형성, 우리 지구의 공유지에 대한 체계적 약탈 과정, 전 세계의 저항과 반발을 촉발한 정당성 위기의 심화가 포함된다.

중간부에서는 서로 사뭇 다른 여러 공동체들이 민주적 거버넌스의 전망과 공공선의 추구를 반영하여 스스로의 정치와 경제를 새롭게 만드는 방식들을 살펴본다. 스페인 인디냐도스Indignados* 운동의 대중 봉기부터 시리아의 전란 속에서 살아남기 위한 쿠르드족의 싸움에

---

* 분노한 사람들 - 옮긴이

이르기까지, 이들의 저항은 불가항력적으로 보이는 역경에 맞선 쓰디쓴 투쟁의 이야기이기도 하다. 나는 이 이야기들을 가급적 정치적, 역사적 맥락에 위치시키고 사례의 구체적 내용으로부터 일반적 원칙을 추론하고자 노력할 것이다. 책에서 제시될 사례들은 마지막 부분에 이르는 가교 역할을 할 것이다.

종결부에서는 함께 결합되어 정치경제의 전망 및 시민과 국가 관계의 틀을 짤 이념, 가치, 모델, 실천을 종합할 것이다. 이를 통해 앞으로 필요한 작업에 대한 새로운 서사, 어쩌면 우리가 공유하는 근본적인 목표로 인도할 나침반이 제시될 것이다. 이 마지막 부분의 중심 주제는 파트너 국가partner state의 아이디어를 다듬는 것이 될 것이다. 파트너 국가의 개념은 주권자 사회의 관점과 시민경제의 규범을 바탕으로 국가를 새롭게 이해하는 틀이다.

우리는 혼자가 아니다. 언제나 인간적 공동체의 토대이자 세대와 장소를 막론하고 모든 사람의 생존과 행복의 원천이었던 일련의 가치들을 실현하기 위해 전 세계의 사람들이 노력하고 있다. 오늘날 이러한 가치들의 회복과 재해석은 개인적 행복과 인간적 복리의 문제인 동시에 우리 안에 있는 최선의 것을 보전하고 우리 주변 세계의 풍부한 아름다움을 소중히 여기고 보호할 수 있도록 사회적 목적을 새롭게 짜는 문제이기도 하다.

인류가 꿈꾸는 것은 현실로 실현될 수밖에 없다는 구절을 읽은 적이 있다.[3] 우리는 좋은 꿈을 꾸어야 한다. 이제 그것은 생존의 문제가 되었다.

01 국가의 배신[1]

1996년 8월 22일의 무더운 여름날 빌 클린턴이 한 법안에 서명했다. 이는 1935년 루스벨트의 사회보장법이 통과된 이래 미국 사회정책에서 가장 중요한 변화를 가져오게 될 행위였다. 개인책임 및 노동기회 조정법Personal Responsibility and Work Opportunity and Reconciliation Act은 "우리가 알고 있는 복지의 종언"을 예정했다. 그리고 그것은 실제로 현실이 되었다. 햇살이 비치는 백악관 잔디에서 각료들과 성조기에 둘러싸여 클린턴은 빈곤 모자를 보호하는 기본 안전망인 부양자녀 가족 지원제도Aid to Families with Dependent Children program, AFDC를 폐지하고 이를 빈곤가정 한시지원제도Temporary Aid to Needy Families program, TANF로 대체했다. 그가 서명하며 앉았던 테이블 정면에는 "새로운 시작, 복지에서 노동으로"라는 구호가 적혀 있었다. 그것은 이 사회정책의 기념비적 전환에 흐르는 특유한 감성을 대변했다.

이날 그의 옆에 서 있던 무리들 중에는 아칸소주 리틀록 출신의 42세 흑인 여성 릴리 하든Lillie Harden이 있었다. 클린턴은 10년 전 한 토론회에서 하든을 만난 적이 있다. 하든의 이야기에 깊은 인상을 받았던 클린턴은 당시 자신이 주지사였던 아칸소주에서 시행한 바 있는 생산적 복지 정책을 통해 그녀가 복지 수혜자를 벗어나게 된 이야기를 들려줄 것을 요청했던 것이다. 하든은 2년의 실업 기간 동안 AFDC를 이용했지만, 클린턴의 생산적 복지 프로그램 등록 후 주방보조로서 최저임금 일자리를 얻게 되었다고 진술했다. 그녀는 이것이 성공의 증표이자 자존감의 회복으로서 자신에게 매우 중요한 일이었다고 말했다. "일자리를 얻었을 때 아들은 저를 무척 자랑스러워했습니다. 하지만 저는 아이에게 다짐을 주었어요. 엄마는 매일 일하러 갈 것이고 그렇게 일하는 게 만만찮을 거라고 말이죠."

새로운 형태의 "복지 여왕welfare queen"으로 세심하게 다듬어진 하든의 이미지는 당시 클린턴의 성공에 핵심으로 작용했다. 그녀의 존재는 클린턴이 따뜻한 개혁가임을 뒷받침하는 증거가 되었다. 이러한 상황은 또한 공화당이 퍼뜨린 "복지 여왕"의 이미지에 신빙성을 부여했다. "복지 여왕"과 대비하여 빈곤층을 다른 사람의 돈으로 살아가는 이들로 묘사한 로널드 레이건 시절부터 공화당은 사회보장제도가 게으르고 무책임한 자들에 대한 보상이라며 복지를 공격해 왔다. 복지에 빌붙어 자녀를 키우는 흑인 미혼모의 이미지는 도움을 받을 자격이 없는 빈민의 전형으로 미국인의 상상력에 각인되었다.

미국에서 TANF가 통과되면서 개인의 책임과 근면이 체계적 빈곤에 대한 해답으로 제시되는 새로운 시대의 막이 올랐다. 뒤이어 연방

기금이 급격히 축소되고 새로운 프로그램의 책임이 주정부로 이전되었다. 시민 복지에 대한 연방정부의 책임은 새로운 시작이라기보다 빈곤에 대한 비난을 빈민에게 가하는 음울한 과거로의 회귀에 가까운 것이었다.

빈곤의 근본 원인으로 개인의 책임(또는 그것의 결여)에 초점을 맞추는 것은 건국 초기부터 공화당과 우파의 신념을 떠받치는 하나의 원칙이었다. 이 원칙은 그들의 마음속에서 개인의 근면함과 우수함이 부의 근원이라는 신화와 균형을 이루었다. 다가오는 선거에서 자신에게 표를 안기고 공화당을 무력화할 것이라는 냉소적 믿음 속에서 클린턴은 이러한 원칙을 민주당에도 도입했다. 이것은 민주당과 미국에 하나의 전환점이 되었다.

서명식에서의 짧은 연설 이후 릴리 하든은 잊혀 갔다. 뜨거웠던 8월의 어느 날 그녀는 잠시 존재를 드러냈다가는 곧 망각 속으로 사라진 것이다. 하지만 그녀의 이야기는 사람들의 관심 밖에서 계속되었다. 그리고 마지막에는 그녀가 찬양했다가 결국 스스로가 희생양이 되어버린 정책의 비극적 사례로서 끝을 맺었다. 2002년 뇌졸중에 걸렸지만 AFDC하에서 누렸던 메디케이드* 자격을 더 이상 유지할 수 없었던 하든은 한 달에 한 번 받는 처방을 감당하지 못했다. 요컨대, 다른 수백만 흑인 빈곤 여성과 마찬가지로 하든은 일자리가 자신과 가족들에게 혜택을 줄 것이라는 약속을 대가로 과거의 복지제도가 제공하던 허약한 보호를 상실했다. 고통스런 12년을 보낸 후 그녀는

---

* 미국의 저소득층 의료보장제도 - 옮긴이

세 자녀를 남기고 가난 속에서 59세를 일기로 죽음을 맞이했다.[2]

릴리 하든의 이야기, 그리고 그녀가 대중들 앞에 잠시 등장했던 환경은 미국뿐만 아니라 광범위한 자본주의 세계에서 오늘날의 정치와 공적 삶이 안고 있는 돌이킬 수 없는 모든 오류를 발생시키고 있다. 이는 단지 전후 시기에 반짝했던 사회복지의 진보가 불명예스럽게 종식되었다는 이야기에 그치지 않는다. 국가가 빈곤층 부양 또는 공공복지를 책임져야 한다는 생각에는 항상 반대가 뒤따랐다. 이러한 반대는 오늘날 전 세계 공공정책을 지배하는 신자유주의 이념이 바탕에 깔려 있다.

하지만 빈곤층의 보호든, 아니면 교육이나 보건의료에 대한 투자든 공공 프로그램의 쇠퇴는 정당들의 공모가 없었다면 가능하지 않았을 것이다. 그들은 자신들이 대변한다고 주장하던 바로 그 사람들을 저버렸다. 그것은 냉소주의와 정치적 계산, 그리고 원칙의 포기에 의한 배신이었다. 또한 궁극적으로는 우파가 다시 발흥하도록 만든 추동력, 즉 재앙적 자유시장 이데올로기에 반대하는 진보적 전망의 부재가 가져온 결과였다.

* * *

미국이 마지못해 복지실험을 시작한 것은 대공황이 정점에 달하던 때로 당시 프랭클린 루스벨트는 뉴딜 프로그램의 일환으로 사회보장법에 서명했다. 대공황이 시작되었을 때 미국에서 최저 생계수준에서 살아가는 노인과 장애인, 그리고 자녀가 있는 여성 한부모의 수는 이미 약 1,800만 명에 달했다. 1933년 무렵에는 50%가 넘는 노인이 빈곤 속에서 살아가고 있었으며[3] 또 다른 1,300만 명의 미국인들은 일자리를 잃었다.[4]

사회보장법은 빈곤 아동과 기타 부양인구 대상의 국가 복지제도를 확립했으며 처음부터 공화당과 보수적인 민주당원들은 이에 반대했다. 반대자들은 기업들의 주장을 되풀이하며 이 프로그램이 자유를 파괴하고 사용자들에게 부당한 세금을 부과하며 경제에 피해를 줄 "은밀한 사회주의"라 비난했다. 이러한 주장은 이후 1965~66년의 메디케어와 메디케이드, 2010년의 적정부담 의료법Affordable Care Act 도입을 공격할 때도 동일하게 사용되었다. 오늘날에는 메디케어를 보편적 의료보장제도로 확장하는 것을 반대하는 데 이용되고 있다.

사회주의라는 비난은 분명 공포 분위기를 조장하는 전술로 의도된 것이었다. 하지만 이러한 비난은 정부의 성격, 공공복지의 청지기로서 정부가 해야 할 역할, 국가의 공공선 복무 역할과 관련된 뿌리 깊은 갈등을 보여준다. 1935년에 제기된 쟁점은 거의 새로울 게 없었다. 그것은 국가와 사회의 관계에 뿌리를 두고 있으며 당시와 마찬가지로 오늘날에도 여전히 주된 쟁점이 되고 있다.

희한하게도 현대 복지국가의 기원은 1883년 독일의 오토 폰 비스마르크가 도입한 국민건강보험 프로그램으로 거슬러 올라간다. 비스마르크는 팔자 콧수염과 험상궂은 얼굴에 눌러쓴 피켈하우베*로 유명하지만 그의 민주적 감수성이나 사회적 공감능력에 대해서는 알려

---

* Pickelhaube. 뾰족한 창이 달린 독일 제국군의 철모 - 옮긴이

진 바가 없다. 하지만 이 가혹한 프로이센인은 사회주의라는 골칫거리를 안고 있었다. 혁명의 열정이 대륙을 휩쓸고 있었고 이는 50개국에 영향을 미친 1848년 혁명으로 정점에 달했다. 비스마르크의 국민보건서비스 도입은 순전히 정치적 계산에 따른 것으로 여기에는 사회주의 전술로 사회주의를 꺾고 새로운 통일 독일에 대한 대중의 지지를 획득하겠다는 셈법이 깔려 있었다.[5]

비스마르크의 의도에 대해 역사학자 조너선 스타인버그는 이렇게 언급했다. "그것은 사회복지와 아무런 관계가 없다. 그가 원한 건 단지 사회민주당 유권자들이 자신들의 정당을 버리도록 모종의 뇌물을 주는 것이었다."[6] 1881년의 제국의회 논쟁에서 비스마르크는 "그걸 사회주의라 부르건, 뭐라 부르건 나에게는 매한가지"라고 말했다.[7]

독일의 제도는 은퇴 급여와 장애 급여를 제공했다. 가입은 의무적이었으며 분담금은 피고용인과 사용자, 그리고 정부에게서 나왔다. 이 프로그램은 1884년 수립된 노동자 보상 프로그램과 한 해 전 실시된 '질병' 보험과 함께 사회보장 원칙에 기초한 포괄적 소득보장체계를 제공했다.

1848년 유럽을 뒤흔든 혁명은 지배 엘리트를 괴롭히고 공포에 몰아넣었다. 그리고 비스마르크의 사회복지 전략도 사회주의 위협을 몰아내는 데 성공하지 못했다. 1883년 이후의 독일뿐만 아니라 대륙 전체에 걸쳐 사회주의 이념은 계속해서 급진화되고 많은 부문의 대중들을 동원했다. 계급, 비참한 노동 생활, 계속되는 불안정, 국가의 시민 보호 및 부양 의무 등의 쟁점은 여전히 유럽 정치 투쟁의 전면에 있었다.

산업혁명이 도래하고 도시 노동계급이 증가하면서 노동조합과 노동자 보호를 위한 투쟁, 보편적 참정권을 향한 싸움, 개입주의 국가를 이루기 위한 압력이 출현했다. 나아가 이것은 유럽은 물론 전 세계 사회주의 프로젝트의 필수 요소가 되었다. 초기 산업 시기의 협동조합 결사체들은 사회주의, 노동조합주의, 여성 권리, 그리고 오늘날까지 이어지는 정치 투쟁의 형태와 방향을 규정한 급진적 경제·정치 개혁 압력의 온상이 되었다. 국가의 목적과 편제, 그것의 통제 등 국가는 이러한 투쟁의 1차 전장이 되었다.

1917년 여름 《국가와 혁명》을 저술했을 때 레닌은 유럽에서 혁명이 임박했으며 새로운 시대의 여명이 가까워졌다고 믿었다. 체포를 피해 페트로그라드에서 핀란드로 망명한 레닌은 사회주의자들에게 새로운 정치·경제 질서의 구축을 안내할 지침서로 이 책을 집필했다. 《국가와 혁명》은 레닌의 정치 비전이 망라된 대작으로 확신과 오만, 반대파에 대한 경멸이 뒤섞이는가 하면 노동자 혁명을 위한 폭력과 파괴를 찬양했다. 이 책에서 레닌은 국가의 통제를 사회주의 혁명의 진로를 전환시킬 중심축으로 삼았다.

노동계급의 국가 장악은 자본주의에서 공산주의로 이행하는 길을 닦는 첫 단계로 국가는 결국 공산주의에 의해 계급 착취가 철폐될 때 사멸할 것이었다. 이는 국가가 부르주아의 창조물이자 자본주의의 산물이며 본질적으로 자본 소유자가 노동자를 통제하고 억압하는 기제로 기능한다는 마르크스주의의 원칙을 따랐다. 계급 철폐는 자연스럽게 국가 사멸로 이어진다는 것이다. 하지만 이것이 민주주의로 이어지는 건 아니다. 그것은 국가 없는 프롤레타리아 독재와 부르주아의 해체로 나아간다.

레닌이 보기에 국가가 사멸하기 위해서는 통치 장치로서의 국가와 인구 전체 사이의 구분이 사라져야 했다. 이러한 관점 아래 모든 구성원이 혁명 정당에 의해 통제·관리되는 단일한 생산 체제, 레닌이 말한 "하나의 거대한 신디케이트"의 일부가 되는 사회를 구상했다. 요컨대, 이것은 전체주의적 전망이었다.[8]

이러한 이론의 분석과 해석에 대해서는 많은 글이 쓰인 바 있다. 20세기 사회주의 경로와 혁명 정치의 형성에 미친 영향으로 말하자면 이에 필적할 수 있는 건 없다. 사회변동론으로서 이 이론이 지닌 결함과 실행 이후의 결과가 초래한 고통 역시 마찬가지다. 국가를 단지 자본주의 경제력의 부산물로 보는 관점은 또한 역사·고고학·인류학의 근거에 의해 그 오류가 입증되고 논박된다. 심지어 마르크스주의 전통 내에서도 이의가 제기되는 실정이다.

레닌의 개념화는 경제가 사회질서를 추동하며 계급 갈등으로 인해 지배하는 소수가 다수 인구에 대해 통제 장치를 작동해야 한다는 관념을 전제로 한다. 이러한 시각은 폭력과 경쟁을 사회의 자연적 질서로 수용하는 것임과 동시에 사실상 바로 이러한 불평등의 정당화를 위해 자본주의가 수용한 사회다윈주의의 거울상에 불과한 것이었다. 마르크스와 엥겔스는 모두 다윈의 숭배자였으며 자신들이 옹호한 역사적 사회진화의 유물론을 자연 세계에서 발견한 공을 그에게 돌렸다.[9]

역사를 공부하는 누구에게나 레닌의 시각에 내재한 위와 같은 진실의 견고한 중핵을 부정하기란 어려운 일이다. 하지만 마르크스의 견해와는 달리 다윈의 이론은 목적론이 아니다. 자연선택은 마지막 종점이 없는 끝없는 과정이다. 계급 갈등이 결국 자본주의의 몰락과 공

산주의 사회의 승리로 종결될 것이라는 마르크스주의적 확신은 사실상 역사적 진화의 종언을 의미한다.[10]

다윈의 자연선택 이론은, 그리고 다윈 이론과 정치이론의 상당한 관련성은 빅토리아 시대의 정신, 그리고 당시의 경제적, 정치적 이데올로기를 지배한 경쟁적 개인주의에서 많은 영향을 받았다. 한마디로 이 시대는 자유방임 자본주의가 인간 진보의 원형으로 확립된 시기였다. 생존경쟁은 진화의 동력으로 수용되었다. 하지만 이러한 관점이 도전을 받지 않은 건 아니었다.

마르크스의 동시대인이자 무정부주의의 시조 중 한 명인 표트르 크로포트킨은 자연 세계와 인간 사회의 진화에 대해 상반된 견해를 제시하였다. 크로포트킨에게는 협동과 상호부조가 다윈이 묘사한 자연의 경쟁과 유혈 폭력만큼이나 자연적 질서의 일부였다. 러시아 귀족의 일원이자 공세자였던 크로포트킨은 존경받는 과학자이기도 했다. 그는 시베리아의 지질과 지리에 관한 연구로 과학 공동체 내에서 고위직에도 오른 바 있다. 하지만 그는 동물 종의 생존전략 연구와 1902년의 《상호부조: 진화의 한 요인Mutual Aid: A Factor of Evolution》* 출간을 통해 아나키즘과 협동조합 전통의 지도적 인물로 자리매김하게 되었다. 동물 종 내에서 협동이 일반적이라는 그의 연구는 다윈적 세계관에 특징적인 경쟁적 개인주의와 이에 기초한 자본주의와 사회주의의 경제·정치 이론에 반하는 강력한 사례를 제공했다.

《상호부조》는 자연계의 진화, 그리고 인간 사회와 경제 체제, 정치

---

*《만물은 서로 돕는다-크로포트킨의 상호부조론》, 김영범 옮김, 르네상스, 2015 - 옮긴이

의 진화에 대한 장구한 연구와 이론이 시작되는 원전이 되었다. 하지만 이 저작과 여기에서 이어진 협동에 대한 사유의 흐름은 최근까지도 망각되고 무시되어 왔다. 협동에 대한 진지한 관심의 부활과 망각된 유산의 재조명은 엘리너 오스트롬이 공유재^{the commons*}에 관한 획기적 연구로 노벨상을 수상한 2009년에 와서야 이루어졌다. 공유재에 관한 그녀의 연구는 집합적 거버넌스와 자원의 협동적 사용에 관한 지난 200년 간의 편견을 뒤집었다. 인간 사회의 구성, 그리고 협동조합 및 공유재 이론이 체제 변화에 대해 지니는 함의를 이해하는 데 이 연구가 지닌 의의는 아무리 강조해도 지나침이 없다.

전 세계의 인간 사회가 공동 보유 자원을 성공적으로 관리한다는 오스트롬의 확인은 협동의 옹호자들에게는 새로운 소식이 아니었다. 하지만 현재의 세계적 위기와 이를 불러온 경쟁적 개인주의 속에서 오스트롬과 크로포트킨을 비롯해 협동조합과 공유재의 전통에 서 있는 여러 사상가들의 작업은 인간 사회의 작동 방식, 이를 뒷받침하는 가치, 미래의 가능성에 대한 이해를 재고하는 데 매우 중요한 자원이다.

자연 세계의 증거를 인간의 경험, 그리고 인간 사회의 행동에 접목하는 것은 다소 어리석은 일이다. 우리는 우리 자신의 생존 전망을 해칠 정도로 다른 종의 자연적 행동과는 모순되게 행동하며 바로 이러한 능력 때문에 인류와 자연 세계가 구별된다는 점이 너무나 자명하

---

* 커먼즈로 자주 음역되고 있는 the commons는 '공통적인 것', '공동으로 누리는 것'을 뜻하며 '공적인 것'(the public)과 '사적인 것'(the private)과 의미상 대조를 이룬다. 토지를 비롯한 자연자원과 인간이 만든 재화나 물질적·비물질적 생산물을 포함하면서 그것을 소유·관리·생산·분배하는 과정을 특정 참여자들이 함께 결정한 규칙에 따라 공동으로 통제하는 체계와 원리까지 포괄하는 폭넓은 개념이다. 그만큼 추상성이 강한 용어이기에 이 책의 본문에서는 독자의 이해를 돕기 위해 문맥에 따라 각기 공유재, 공유지 등 좀 더 한정적인 뜻을 지닌 우리말로 옮겼다. 하지만 이런 구분에 절대적 기준이 있는 것은 아니다.

기 때문이다. 인간의 조건은 고정되어 있지 않다. 우리가 살아가는 환경은 지리적 장소와 자연이 가하는 외부 압력을 포함하지만 그것은 그만큼 우리 행동의 결과이기도 하다. 지구온난화, 다른 동물 종의 멸종, 끊임없는 전쟁, 우리가 자행하는 생태계 파괴는 이를 보여주는 두려운 사례들이다. 하지만 자연 세계와 마찬가지로 협동과 경쟁의 성향이 우리의 기질 속에 내재되어 있다는 것 또한 참이다.

다윈과 크로포트킨은 모두 옳았다. 협동과 경쟁적 개인주의는 상호 배타적 관계가 아니다. 그것은 자연의 질서를 떠받치는 두 개의 축이다. 인간 사회가 그 증거다. 하지만 인간 사회의 진화 방식, 정치 체제와 권력 관계의 구성 방식, 타인과 환경에 대한 이해 및 상호작용 방식은 상당한 정도로 선택의 문제이다. 분명 생물학적 결정요인이 존재한다. 하지만 인간 사회 속에서 그것을 어떻게 구현하느냐는 우리의 손에 달려 있다. 우리 앞에 놓인 도전은 개인적으로나 사회적으로 우리가 옹호하는 인간주의적 가치에 기여하는 방식으로 인간 기질 속의 이러한 요소들을 끌어내고 강화하는 것이다.

추적 가능한 먼 과거로부터 인간 사회의 진화를 살펴보면 놀랍게도 우리가 당연시하는 사회생활의 양식들은 매우 최근의 것임을 알게 된다. 이는 거버넌스 형태에 대한 우리의 인식 방식에서 가장 분명하게 나타난다. 인간 사회가 처음 국가로 조직된 것은 고대 메소포타미아의 도시 우루크인데 그것은 기껏해야 기원전 2,600년경의 일이다. 인구 약 25,000명의 우루크는 곡물과 정주에 기반한 농업경제, 사회적 계층화와 전문화, 특정 영토에 대한 통제, 군사력, 세금, 성벽 등 국가의 기본적 원형을 보여주는 최초의 사례이다.

노예제와 통치 엘리트의 지배 또한 우루크 및 메소포타미아로부터 동남아시아와 중국에 걸친 초기 국가들의 특징이었다.[11] 우리가 민주주의의 모델로 여기는 이후의 고전기 그리스 도시국가들 역시 여성, 그리고 당연히 노예의 시민권이 배제되는 노예제 국가들이었다.[12] 제임스 스콧이 시사하듯 실로 위계 국가의 토대인 길들임의 과정은 동식물에 국한되지 않았다. 그것은 마찬가지로 인간에게도 확대되었다.[13] 인간의 길들임과 저항의 자연스러운 충동은 지배와 자유 사이에서 펼쳐지는 영원한 투쟁의 양극을 나타낸다.

국가는 한편으로 집단 갈등의 동학이, 다른 한편으로 집단적 필요가 최종적으로 해소되는 인간 사회의 기본틀이 되었으며 여전히 그러하다. 하지만 모든 국민국가는 기만의 한 형태이기도 하다. 개인적 자아와 마찬가지로 국가는 일련의 속성들이 이를 부과할 수 있는 권력층에 의해 선별된 후 단순화와 이상화를 거쳐 구성되는 추상이다. 이러한 속성들은 언어적·문화적·역사적·종교적·인종적·정치적일 수 있으며 이러한 것들이 결합된 형태일 수도 있다. 국민국가는 포용과 배제, 소속과 소외, 수용과 거부를 동시에 행함으로써 존재한다. 모든 정체성과 마찬가지로 국민국가는 그것이 수용하는 것만큼이나 그것이 '타자'로서 거부하는 것에 의해 정의된다. 차이의 배제 또는 억압은 국가의 기질 속에 포함되어 있다. 하지만 무엇보다 우리가 알고 있는 국가는 권력의 독점과 이 권력에 대한 국민의 종속에 의해 유효성을 획득한다.

계몽철학자들이 민주주의를 진지하게 제시한 것은 18세기 이후의 일로 이는 교회의 위계체제, 또 유럽의 국민국가와 이들이 통제하는 식민 영토를 규정한 군주제의 위계체제에 대한 심각한 도전이었다.

우리가 이해하는 바로서의 민주주의는 아주 최근에서야 역사의 무대에 등장했다. 또한 우리 주변에서 전개되는 사건들이 증언하듯 민주주의의 궁극적 역할이 무엇인지, 또 얼마나 오랫동안 그러한 역할을 수행할 것인지는 열려 있는 문제이다. 역사적으로 볼 때 민주주의는 국지적 왕조로부터 지역 신정국가와 군주의 제국에 이르는 권위주의 정치 형태의 숲 한가운데에서 이국적 식물처럼 등장한다. 20세기 후반에 이루어진 전도유망한 확장에도 불구하고 오늘날 그 제도가 세계적으로 쇠퇴하면서 민주주의의 존재는 여전히 취약하고 위협받는 상태에 있다.[14]

한 사회가 창조하는 정치 형태는 그 구성 방식이 어떠하든 궁극적으로 어떻게 권력이 축적되고 배치되며, 무엇보다 누가 권력의 혜택을 누리는지의 함수로 결정된다. 사회적 이익과 개인적 이익의 끝없는 상호작용은 이 과정에서 핵심적이다. 이 상호작용은 자연 세계에서와 마찬가지로 인간 사회에서도 펼쳐진다. 이러한 관찰이 진부해 보일 수는 있으나 사회적인 것과 개인적인 것 또는 협동과 경쟁의 상호작용, 그리고 정치 체제가 이 근본적 이원성을 다루는 방식은 모든 정치경제의 기초이자 정치 체제의 광범위한 변동을 이해하는 열쇠이다. 더욱이 이것은 하나의 요소에 다른 요소보다 우월한 도덕적 가치를 부여하는 문제가 아니다. 사회적 정체성과 개인적 정체성은 공히 인간 기질의 본질적 구성요소이다.

인간의 충동은 통제되지 않는다면 개인과 사회 모두의 삶의 질 ― 행복의 전망 ― 을 파괴한다. 우리의 관심사는 이러한 인간의 충동이 불러올 수 있는 피해가 어떻게 정치 체제를 통해 완화되거나 확대되느냐는 것이다. 특히 중요한 것은 권력에 대한 갈망, 권력 숭배, 그리고 이 속에서 배양되는 탐욕과 이기심이다. 이러한 의미에서의 권력은 약탈의 도구이다. 권력을 맡겨서는 안 되는 이들은 바로 권력을 추구하는 자들이다. 권력을 위한 권력의 추구는 개인과 계급의 수준에서 공히 나타나는 사회 병리이다. 내가 입증하고자 하는 바는 민주주의는 본질적으로 정치권력을 최대한 폭넓게 분산시킴으로써 이러한 피해를 완화하는 체제라는 것이다. 민주주의는 정치적 희석의 과정이다. 과거처럼 부족 규모에서 이루어지는 합의적 의사결정의 수준에서 작동하든, 아니면 오늘날처럼 국가적, 세계적 수준에서 엘리트 권력의 견제 장치로 기능하든 민주주의는 사회가 가장 약탈적인 구성원으로부터 스스로를 보호하는 방식이다.

마르크스주의는 자본주의 자산 소유자를 노동계급을 착취하여 먹고사는 약탈적 계급으로 파악하는 식으로 이러한 문제를 다루었다. 그리 틀린 이야기는 아니다. 하지만 마르크스주의가 간과한 것은 견제 받지 않는 정치권력을 행사할 경우에는 어떠한 집단이나 계급도 착취하고 약탈하는 권력이 될 수 있다는 사실이다. 마르크스주의의 바람과 달리 설령 권력을 얻더라도 노동계급에게 그 권력의 남용을 예방할 타고난 미덕이 있는 것은 아니다. 더욱이, (외견상) 노동계급의 이익을 위해 권력을 행사하는 자가 사실상 언제나 개인이기 때문에 계급의 이익을 말하는 것으로는 충분하지 않다. 최악의 시나리오에서는 독재적 인성이 지니는 괴물 같은 욕망과 혼란이 계급의 이익을 대체할 수도 있다. 적절한 사례로는 마오쩌둥과 도널드 트럼프를 들 수 있을 것이다.

이는 평등하다고 추정되는 국가에서 실제로 권력이 어떻게 작동하는가 하는 두 번째 논점으로 연결된다. 엥겔스 자신은 국가가 사멸하기 위해서는 일상적으로 대중이 계급 압제에 의한 폭력과 종속 없이 살아야 한다고 인식했다. 하지만 사람들에게 폭력이나 지배, 또는 종속에 대한 의지를 불어넣는 것은 비단 계급 압제만이 아니다. 계급이 없는 수렵 채취자들의 집단을 아무리 평등하게 구성하더라도 여기에서조차 작은 폭군과 무뢰한, 또는 전형적으로 비열한 자를 찾을 수 있다는 것은 놀라운 일이 아닐 것이다. (비열함은 하나의 인간적 특질로서 계급과 무관하며 어디에나 존재하는 영속적인 것이라고 안전하게 가정할 수 있을 것이다.)

엥겔스는 분명 고립된 개인행동이 아니라 사회의 보다 실체적인 무언가에 대해, 고칠 필요가 있는 체계적이고 문화적인 무언가에 대해 이야기하고 있었다. 보다 정의롭고 평등한 사회를 창조하기 위해 이에 상응하는 사회구성원의 태도와 행동이 필요하다는 건 맞는 말이다. 본질적인 질문은 이것이 어떻게 나타날 수 있냐는 것이다. 정치 체제를 바꾸는 건 매우 어려운 일이다. 사회적 태도를 바꾸는 건 더욱 어렵다.

사회적, 정치적 진화에 대한 표준적 설명에 따르면 인류는 보다 야만적인 사회조직 형태에서 보다 문명화된 형태로 진화하는 진보의 대장정을 걷고 있다. 이러한 이야기 — 인간 진보의 신화 — 는 계몽과 이성의 시대가 도래하면서 펼쳐진 혁명적 힘의 산물이었다. 이러한 힘들은 지적인 동시에 물질적이었다.

이성이 철학에, 또 산업혁명의 물질적 진전을 가능케 한 과학적 발견에 제한 없이 적용되면서 인류의 도덕적, 물질적 개선을 인도한다는 강력한 진보의 서사가 제시되었다. 정치에서도 이러한 믿음의 당연한 귀결로서 자유민주주의의 승리라는 그 최고의 성취를 이루었다. 인류의 운명이 이성의 함양에 달려 있다면, 또 모두가 이성을 타고났다면 정치적 정당성의 원천은 왕의 신성한 권리나 귀족의 상속 특권이 아니라 개인의 합리적 행동과 자유로운 선택에 있기 때문이다. 이는 종교적, 세속적 권위의 방어벽을 부순 혁명적 신화로서 그 효과는 자본주의의 개인주의적 자유시장 신조만큼이나 마르크스주의의 구원 신화에서도 뚜렷하게 나타났다. 국가의 이상과 역할, 그리고 궁극적 목적은 이러한 신화에 따라 주조되었다.

하지만 인간의 경험에 기초하지 않는 신화는 없다. 또한 정치와 관련된 인류의 역사적 경험은 끊임없는 갈등, 지배와 착취의 고통과 더불어 약탈적 소수에 맞서 사회가 생존하고 스스로를 보호하는 이야기로 읽힐 수 있다. 칼 폴라니는 이러한 과정을 자본이 제어되지 않고 작동하여 사회적 규범과 가치를 침해하는 것에 맞서 사회가 스스로를 지키는 이중 운동으로 정식화했다. 이것은 한쪽이 전진함에 따라 다른 쪽이 맞대응을 하는 권력을 둘러싼 끝없는 춤추기다. 대체로 폴라니는 시장경제, 더욱 정확히는 사회적 가치가 시장 가치의 하위에 놓이는 시장사회의 동학을 기술하기 위해 자신만의 은유법을 개발했다. 하지만 자본의 이익과 사회의 이익 사이에서 끊임없는 상호작용이 이루어진다는 이러한 통찰은 계급투쟁이라는 마르크스주의의 정식화와 달리 사회적 약탈의 개념 안에 포함된 보다 광범위한 갈등을 설명하는 것으로 확장될 수 있다.

집합적 복리의 관점에서 정치의 진보는 궁극적으로 아리스토텔레스로 거슬러 올라가는 개념인 공공선[15]의 발전을 위한 기제의 창조를 포함한다. 행복과 안녕이 특권적 소수의 전유물이어서는 안 된다고 믿는 인도주의자들에게 정부와 국가는 궁극적으로 이러한 기준에 견주어 평가되어야 한다. 이는 17세기와 18세기 유럽을 뒤흔들었고 여전히 그 이상을 위한 싸움이 계속되고 있는 민주주의 혁명의 목표였다.

그러나 이처럼 민주주의를 사회적 자기보호의 한 형태로 읽는 것은 온전한 것이 못 된다. 민주주의의 이념은 집합적 복지와 관련될 뿐만 아니라 마찬가지로 정치적 주체, 정치 공동체의 자유로운 시민인 개인의 자유 및 복지와도 관련되기 때문이다. 이러한 의미에서 민주주의는 개인이 자신의 잠재력을 최대한 발휘하는 동시에 이러한 자기실현의 과정을 통해 사회 전체가 발전하는 수단이었다. 자유민주주의는 이러한 방식으로 정의되었으며 이는 자유민주주의와 공생하며 나란히 발전한 자본주의 체제도 마찬가지였다. 이러한 원칙은 사실상 거의 모든 근대 헌법에 이런저런 형태로 성문화되었으며 현재는 공식적으로 87개국이 민주주의를 정체로 갖는다.

국가가 이러한 민주적 요구에 구속되어야 한다는 것, 정부가 이러한 이상의 달성에 책임을 져야 한다는 것은 근대 정치의 정당성을 이루는 기초이다. 1776년 미국에서 수립된 최초의 입헌공화국으로부터 중국과 체첸 등에서 선포된 거의 모든 전제 체제에 이르기까지 세계만방에서 이러한 국민의 보호와 복지에 대한 호소는 설령 그것이 실제와 모순되더라도 여전히 정치적 정당성의 토대로 남아 있다. 이것이 사실이라면 신뢰의 위반은 국가가 다른 집단에 대한 의무에 구속되지 않는다는 점에서 국가의 배신이 표현되는 한 형태가 된다. 이러한 고유한 의무와 정치 공동체의 정체성은 국민국가의 기초가 되는 원리이다.

이 고무적인 이상이 웃음거리가 될 때, 국가가 시민의 신뢰를 배반할 때, 진보나 개인적 자유, 또는 사회 정의에 대한 기대와 달리 낡은 형태의 특권과 약탈이 어느 때보다 강력하고 오만한 모습으로 다시 등장할 때에는 무슨 일이 일어날까? 우리는 그 실상을 알아가고 있다.

우리는 전후 미국에서 형성된 사회계약의 위반을 논의의 출발점으로 삼았다. 하지만 이는 국가 배신의 한 가지 사례에 불과하다. 시민과 맺은 정치적 계약을 뒤집는 국가의 배신은 전 세계에서 일어나고 있다. 이를 보여주는 핵심 징후로는 미국을 필두로 한 전 세계 거의 모든 지역에서 불평등률이 가파르게 증가한다는 점, 또 특히 교육·보건·주택·공공 기반시설 등의 분야에서 공적 자원과 국가의 사회복지 투자가 급격히 쇠퇴하고 있다는 점을 들 수 있다.[16]

복지국가의 출현은 17, 18세기 혁명적 격동기의 유럽을 뒤흔든 대중 운동의 고양과 일치한다. 낡은 귀족 체제의 붕괴에 뒤이은 민주주의 이행과 자본주의 승리는 사회질서의 변화로 이어졌다. 사회 전체를 포용하는 숙의 과정으로서의 정치가 비로소 가능해졌다. 이것으로 엘리트 권력이 근절된 것은 아니었다. 하지만 이것은 실로 사회적 권력의 동학을 바꾸었다. 민주주의는 국가를 독점적 통제의 기제에서 권력 경쟁이 가능한 정치적 경기장으로 전환시켰다. 국가는 사회 전체가 일정한 역할을 수행할 수 있는 공식화된 투쟁의 장이 되었다. 이 과정에서 정치의 기술은 극히 더 복잡해지고 대중의 인간적 심리와 사회적 조작의 측면들을 활용했다. 이러한 측면들이 새롭게 떠오른 이유는 바로 권력이 대중적 동의의 획득이 아니라 야만적 힘의 행사를 통해 정당화되는 권위적 체제에서는 이것이 불필요했기 때문이었다.

선거 과정은 대중의 집합적 이익이 정치를 통해 실현될 수 있음을 의미했다. 이러한 이익은 단순히 엘리트의 이익이 아니라 사회 전체의 복지에 기여하는 목표로 정부의 행동을 이끄는 것과 결부되었다. 이 중 가장 중요한 것은 자본주의 체제의 유해한 효과를 막는 것이었다. 1700년대 후반부터 1900년대 중반에 이르는 150년의 기간 동안 민주주의는 대중이 엘리트의 지배를 제어하는 주요 수단이 되었다. 그것은 공식화된 집합적 권력의 도구였다.

민주주의의 고양은 사회적 평등에 대한 관심과 개인적, 집합적 복지 제공에 대한 관심을 반영한 프로그램의 점진적 도입과 일치한다. 역으로 우리가 오늘날 목도하고 있는 민주주의의 쇠퇴는 정반대의 상황, 즉 사회복지의 파괴 및 특권과 불평등의 재천명을 내포한다. 나아가 이는 국가가 공공복지의 수호자로서 수행하는 역할의 무력화를 요구한다.

사유재산권과 공공복지 사이의 갈등은 자본주의 국가의 핵심 모순이다. 공적 권력 도구로서의 정부를 영구적으로 훼손하기 위한 여러 무기들 중에서도 주로 활용된 것은 공공복지 증진을 위한 지출 정책의 역전이었다. 대처와 레이건 시기 영국과 미국에서 부상하기 시작한 신자유주의 정책은 조세 감면, 공공부문 민영화, "복지 개혁"을 앞세우며 현재 전 세계의 경제 정책이자 공공 정책이 되었다. 긴축 정책의 부과를 통한 각국 사회복지의 붕괴는 궁극적으로 공공복지의 수호자로서 정부에게 부여된 정당성에 대한 공격이다. 자본에 의한 공공 재산의 사유화와 공공부문의 식민화는 이러한 과정의 본질적 부분이다. 개인적인 것의 찬미와 사회적인 것의 악마화는 그러한 공격의 또 다른 측면이다.

사회적 살인

엥겔스는 그의 고전적 저작인 《영국 노동계급의 상황》[17]에서 빅토리아 영국의 자본주의적 사회관계가 어떻게 노동자를 죽이고 불구로 만드는 상황을 낳았는지 이야기했다. 그는 "순전히 제조업자들의 가증스러운 금전욕 때문에 생겨나는 많은 질병들"을 거론했다. "오로지 부르주아지의 지갑을 채우기 위해 여자들은 출산에 부적합해지고, 어린이들은 몸이 변형되고, 남자들은 허약해지고 팔다리가 으스러지며, 모든 세대가 질병과 쇠약으로 고생하다가 만신창이가 된다."* 이러한 상황에는 부실한 식사, 주류 소비, 열악한 주거, 악취가 나고 비위생적인 과밀 환경, 질병, 폭력, 노동 인구의 조기 사망 등이 포함되었다. 부르주아지의 행동으로 인한 효과를 예측하고 회피할 수 있었다는 점에서 이것은 사회적 살인으로 간주될 수 있다고 엥겔스는 주장했다.

한 개인이 다른 사람의 신체에 상해를 입혔는데 그 상해가 죽음을 초래한다면 우리는 그 행위를 과실치사라고 부른다. 만일 가해자가 자신이 입힐 상해가 치명적일 것을 사전에 알았다면 우리는 그의 행위를 살인이라고 부른다. 그런데 사회가 프롤레타리아 수백 명을 제 수명보

---

* 《영국 노동계급의 상황》, 219쪽, 번역 수정 - 옮긴이

다 훨씬 일찍 부자연스럽게 죽을 수밖에 없는 위치로 내몰 때, 즉 칼이나 총알 못지않은 폭력을 휘둘러 죽음으로 내몰 때, 수천 명에게서 생활필수품을 빼앗고 그들을 도저히 살 수 없는 위치로 몰아넣을 때, 이 희생자 수천 명이 사라질 것을 알면서도 그런 상황이 지속되도록 허용할 때, 그럴 때 사회의 행위는 앞에서 말한 한 사람의 행위와 마찬가지로 틀림없이 살인이다.[18]

긴축 정책은 모든 형태의 정부에 의해 시행되며 이른바 복지국가의 과잉에 대해, 그리고 게으르고 자격 없는 빈민들이 누리는 혜택을 대상으로 이루어진다. 사회적 살인은 이러한 긴축 정책이 불러오는 삶의 파괴에도 마찬가지로 적용된다. 엥겔스의 시대에 상기한 상황들은 끝없이 이어지는 위태로운 — 삶의 터전이 없고 임금이 낮으며 궁극적으로는 자유롭게 처분할 수 있는 — 인간 노동에 의해 산업 체제가 부양된 결과였다. 17, 18세기의 대중 봉기는 처음에는 민주주의의 도입을 통해, 이후에는 복지국가의 사회적 보호를 통해 바로 이러한 상황들을 해결하려 했다. 오늘날 긴축의 이름으로 이러한 승리를 뒤집으려는 시도는 봉건적 과거뿐만 아니라 마찬가지로 두려운 미래를 환기한다.

그렇다면 예측과 예방이 가능함에도 대중을 의도적으로 기만하고 전 세계적 팬데믹에 대한 기본적 보호 조치를 방기함으로써 수십만 명이 죽어간 미국의 트럼프나 브라질의 보우소나루 같은 이들이 이끈 체제를 무어라 말할 수 있을까? 사회적 살인이 이를 표현하는 적절한 용어처럼 보인다. 복지 "개혁"과 정부의 무력화를 통해 긴축이 실행된다. 긴축이 표적으로 삼는 건 언제나 취약한 개인, 또 사회의 가장 취약한 계층에 봉사하는 프로그램이다. 부자들의 과잉, 또는 상위 1%와 그들이 통제하는 기업의 금고를 가득 채우고 있는 헤아릴 수 없는(또 세금을 내지 않는) 부는 절대 그 대상이 아니다. 그러는 사이 세계의 릴리 하든들은 무수히 늘어나고 있다.

역사학자 낸시 매클린은 주목할 만한 저서 《벼랑 끝에 선 민주주의 Democracy in Chains》[19]에서 이처럼 민주주주가 형해화되는 암울한 세부 과정을 연대순으로 기록하고 있다. 적어도 미국의 경우, 최근 진행되고 있는 이러한 형해화의 기원이 인종간 불평등 그리고 자본의 힘을 제한하려는 정부의 노력과 밀접하게 관련된다고 해서 놀랄 일은 아니다.

국가의 시민화civilizing*는 시민의 물질적, 사회적 복리에 부응하는 운영으로 국가의 정당성을 회복하는 민주주의의 복원 과정으로서 우리는 보다 광범위한 맥락에서 이 개념을 파악해야 한다. 나아가 이것은 국가를 집합적 복지의 도구로 인식한 민주화 과정의 연속이다. 여기에서 필요한 역할과 권력의 재편을 감안할 때 우리 시대에 이 새롭게 상상되는 정체는 파트너 국가로 호명될 수 있다. 우리는 이어지는 사례들과 책의 결론부에서 이것이 실천적으로 함축하는 바를 검토할 것이다.

---

* civilizing은 우리말로 문명화, 교양 있게 하기 등의 뜻을 지녔다. 하지만 이 단어는 civil에서 나온 말로 그 근저에 '시민의, 시민다운, 민간의'라는 뜻을 지니고 있다. 즉, 중세 봉건시대의 위계질서와 억압에서 자유롭고 교양 있는 '시민이 되는 것, 시민의 덕성을 갖는 것'의 의미를 바탕에 깔고 있다. 이에 따라 이 책에서는 이 단어를 '문명화'와 함께 문맥에 따라 주로 '시민화'로 옮겼음을 밝힌다. 이 용어가 국가와 관련해서는 시민을 위한 정치를 하는 것에서 더 나아가 국가가 존재해야 할 정당성의 원천인 시민적 가치와 공동의 목표를 국가 안에 통합하고 권력의 일부를 시민에게 분산하는 민주주의와 거버넌스의 강화를 통해 파트너 국가로서 정립한다는 의미를 갖는다. - 옮긴이

02 시민권력과 새로운 정당성

　현재의 아테네를 방문해 보면 마치 유령들이 떠도는, 심지어 조롱하는 듯한 땅을 걷고 있다는 느낌을 떨쳐버릴 수 없다. 색 바랜 신전의 후미진 그늘에, 사이프러스 숲의 적막 속에, 시간이 멈춘 듯한 대리석 형상 속에 아직도 영혼이 머물고 있는 저 죽은 신들의 유령 말이다. 여름 성수기 아크로폴리스 바위 언덕 위에는 사람들이 넘쳐나 언덕을 따라 헤로데스 아티쿠스 극장으로, 플라카의 술집과 가게들로, 또 소크라테스가 사람들의 이목을 끌었던 옛 아고라로 흘러내린다.

　아크로폴리스 맞은 편 600미터 떨어진 곳에는 소나무로 뒤덮인 필로파포스 언덕이 솟아 있다. 아고라에서부터 이어지는 돌바닥 길을 오르면 언덕 한쪽 면에 지어진 반원형 평탄면으로 거대한 돌담이 받치고 있는 프닉스에 도착한다. 프닉스는 직경이 110미터로 기반암을 깎은 계단식 테라스 쪽으로 약간 기울어져 있으며 최대 8천 명을 수용하도록 설계되었다. 이곳은 기원전 6세기부터 아테네의 민회가 열렸던 장소이자 서구 민주주의가 발명된 곳이다. 오늘날은 산책하는 몇몇 사람들과 우연히 찾아온 까마귀의 거친 울음소리를 제외하고는 쥐 죽은 듯한 침묵만이 흐르고 있다.

극적인 것을 원한다면 — 과장을 조금 보태 — 우리가 알고 있는 정치가 풀로 덮인 이곳 언덕에서 시작되었다고도 말할 수 있을 것이다. 집합적 형태의 합의에 의한 의사결정은 태곳적부터 인간 사회에서 실행되어 왔다. 하지만 시민권력의 이념이 정식으로 모습을 갖추고 완전하진 않더라도 지금도 따라갈 수 없을 정도로 철저하게 실천된 것은 이곳에서였다. 시민권력의 부상, 그리고 그것의 진보와 퇴행은 정치적 진화에 대해 뚜렷이 드러내준다. 정치가 이권을 둘러싼 엘리트들의 패거리 전쟁을 넘어서는 무언가라면 여기에는 공동체 전체가 관여하는 참여와 운동이 내포되기 때문이다. 정치는 시민사회의 존재를 전제한다. 시민권력이란 정치적 권리를 요구하는 사람들의 공동체, 즉 시민 집단의 조직화된 표현을 의미했다. 우리가 논의하는 주제들 중에서도 시민사회가 그 중심에 놓인다는 점에서 잠시 정치경제, 공공선, 세계적 사건들이 벌어지는 현재의 구조와 관련해 이 이념의 역사와 의의를 고찰할 필요가 있다.

시민사회라는 주제는 무수히 많은 문헌들에서 다루어진 바 있다. 하지만 시민사회를 세계 정치의 중앙 무대에 올려놓은 건 베를린 장벽과 소련, 그리고 동유럽의 위성체제를 무너뜨린 대중 동원이었다. 오늘날까지도 대규모 시민 동원은 그 기세가 꺾이지 않고 계속되고 있다. WTO 무역협상과 구속받지 않는 기업 권력에 대한 90년대의 세계적 저항으로부터 천안문 광장의 민주화 운동, 아랍의 봄, 월가 점령 운동, 지구온난화에 맞선 학생 시위, '흑인의 생명은 소중하다' 운동에 이르기까지 시민권력의 동원은 불연속적이더라도 한결같이 대중적 불만의 표현이다. 그리고 가장 중요한 점으로 이러한 동원은 좌우를 막론하고 기성 정당의 외부에서 일어나고 있다. 매우 현실적인 의미에서 정치는 세계적으로나 국지적으로나 이러한 불만의 고조와 그것이 표현되는 대중 동원에 의해 결정되고 있다.

시민사회라는 용어는 현존하는 가장 오래된 정치이론 저술 중 하나인 아리스토텔레스의 《정치학》에서 등장한다. 하지만 그 용어의 의미는 철학적 사유, 경제적 조직화의 체계, 정치적 제도의 진화 속에서 일어난 변화를 반영하여, 또 인간 문화 자체의 변화, 특히 기술과 커뮤니케이션 양식이 초래한 변화 속에서 진화해 왔다.

아리스토텔레스에게 시민사회는 아주 단순하게 하나의 정치 공동체koinonia politike, 즉 특정 폴리스나 그리스 도시국가와 결합된 시민들의 공동체koinonia였다. 아리스토텔레스의 용법에서 형용사 politike는 "폴리스의 공적 생활과 이 공적 생활의 개선을 위한 기술"을 나타낸다. politike는 라틴어 번역에서 도시 구성원과 관련되는 형용사 civilis가 되며 citizen이라는 단어는 여기에서 유래했다. 아리스토텔레스의 koinonia politike는 라틴 저술가들에 의해 societas civilis, 즉 시민사회로 번역되었다.

잘 알려져 있듯 아리스토텔레스는 인간man이 사회적 동물, 정치적 동물이라고 공언했다.[1] 인간은 자연적으로 다른 사람과의 결사를 추구하며 모든 결사에는 목적이 있다. 즉, 이러한 결사는 구성원의 상호 필요와 공동 목표가 있기 때문에 존재한다. 많은 부류의 결사가 있음을 인정하면서도 아리스토텔레스는 정치적 목적이 인간의 최고 목적이라는 점에서 정치적 결사가 최고의 결사이며 다른 모든 형태를 아우른다고 주장했다. 《니코마코스 윤리학》에서 아리스토텔레스는 이렇게 적고 있다.

> 모든 형태의 공동체는 정치 공동체의 일부와도 같다. 사람들은 어떤 유익을 위해서나 삶을 위해 필요한 것을 제공하기 위해 함께 여행을 한다. 정치 공동체가 처음 결성되고 지속하는 것 역시 어떤 유익을 위한 것으로 보인다. 입법자들이 목표로 삼는 것이 이것이며 그들은 공공의 이익과 관련될 경우에 정의롭다고 말한다. 그런데 다른 공동체들은 부분적인 유익만을 추구한다. 예를 들어 선원들은 돈이나 그와 유사한 것을 얻기 위해 항해의 유익함을 추구하며 전우들은 부나 승리와 같은 전쟁의 유익함을 추구한다. … 하지만 이 모든 공동체들은 정치 공동체 아래에 위치하는 듯하다. 정치 공동체는 현재의 유익이 아니라 삶 전체에 유익한 것을 추구하기 때문이다. … 따라서 모든 공동체들은 정치 공동체의 일부인 것으로 보인다.[2]

이 구절에서 아리스토텔레스는 시민사회에 확립될 요소들, 즉 광범위한 공동 목표의 충족을 위해 조직되며 도시의 정치적 공동생활이라는 우산 아래 집합적으로 포섭되는 다원적 결사 형태들을 제시하고 있다. 여기서 두 가지 점을 지적할 수 있을 것이다. 첫째, 정치 공동체의 목적은 일부가 아닌 전체 공동체의 공동 이익으로 간주되는 것을 추구하는 것이었다. 둘째, 시민들로 이루어진 정치 공동체인 시민사회는 공식적인 정치적 국가(폴리스)와 구분되지 않았다. 요컨대, 공공선의 추구로서 실현되는 정치는 공동체가 스스로를 완성하는 수단이다. 정치는 인류가 어떻게 삶을 유의미하고 유익하게 만드는지에 대한 이야기이다.

계몽주의가 도래한 이후에서야 이러한 시민사회의 관점은 바뀌게 되었다. 아리스토텔레스와 마찬가지로 영국의 초기 정치 저술가들은 국가와 사회를 구분하지 않았다(후커Hooker, 홉스, 로크). 시민사회는 곧 정치사회였다. 이들 저술가들에게 시민사회는 개인들의 합의에 기초한 정치적 연합이었다. 정치적 연합, 즉 시민사회 이전에는 오직 자연 상태만이 있었다. (사회를 여러 이익들이 다투는 전장으로 바라본 홉스와 달리) 존 로크는 시민사회가 인간의 사회성이 낳은 자연적 산물이라는 아리스토텔레스의 관념을 채택했다. 로크는 이러한 본성이 신으로부터 주어지며 여기에는 사회집단을 형성하는 힘이 포함된다고 믿었다. 이런 점에서 사회집단은 자연의 법이 낳은 산물이다. "신은 인간을 다음과 같은 피조물로 만들었다. 그는 인간이 혼자 사는 것이 좋지 않다고 판단하였다. 따라서 필요와 편리, 성향이 강력히 요구하는 것을 통해서 인간으로 하여금 사회생활을 하도록 만들었다."[3]

또 인간 본성에 대한 로크의 이러한 시각은 국가권력이 피치자의 동의에서 얻은 정당성으로 제한된다는 관념으로 이어졌다. 자연의 법은 이성에 의해 발견될 수 있는 자연적 권리를 인간에 부여하며 통치자가 신민의 자연권을 위반하는 경우에는 전복의 대상이 될 수도 있다. 이런 점에서 로크는 시민사회 개념의 진화에서 결정적 분기점 역할을 했다. 그는 공동의 이익을 위한 공동체 형성이 인간의 자연적 성향이라는 아리스토텔레스적 관념을 수용하면서도 동시에 공동체의 공동 이익과 안녕을 통치 제도와 구분했다. 로크는 정부의 정당성이라는 관념, 따라서 사회는 자연적 공동체로서 자율적 지위를 가지며 사회 통치 형태에 앞서서 존재하고 그것으로부터 독립적이라는 관념을 확립한 핵심 인물이다. 근대적 의미의 시민사회는 주로 로크로 인해 국가와 뚜렷이 구분되며 국가 및 제도적 정치권력에 부여되는 정당성의 원천으로 기능한다.

시민사회 개념에 대한 주요한 기여는 프랑스 계몽주의의 합리주의 철학자들과 더불어 스코틀랜드 계몽주의 사상가들에 의해 이루어졌다. 여기에는 애덤 퍼거슨과 그의 친구이자 동료인 애덤 스미스 등의 인물이 포함된다. 퍼거슨은 시민사회를 주요 저작의 주제로 다룬 최초의 인물이었다. 하지만 퍼거슨은 그의 스코틀랜드 동료들과 마찬가지로 추상적 이론을 기초로 사회 행동을 설명하는 합리주의자들의 형이상학적 접근법을 거부했다. 그는 경험주의자이자 문화적 다원주의자였다.

"사적 인간과 마찬가지로 국가 역시 선호하는 목적과 주되게 추구하는 것들이 있다. 이에 따라 국가의 관행, 더불어 그 제도가 다양해지는 것이다."[4] 퍼거슨의 경우 시민사회는 목적의식적 결단 ─ 루소나 홉스가 말했을 법한 모종의 사회계약 ─ 이 아니라 역사적 환경의 완만한 출현에 의해 발생한다. 시민사회는 한 민족의 문화를 기술하는 것으로 정치사회나 국가의 동의어가 아니었다.[5] 오늘날까지도 시민사회라는 용어에는 문화적 정체성이라는 이 특유의 의미가 남아 있다.

시민사회 용어의 진화에 대해 지적하고 싶은 마지막 논점은 시민사회가 경제학의 주제와 어떻게 관련되느냐는 점이다. 에드먼드 버크가 처음 표명한 "계몽된 사익enlightened self-interest"의 관념을 받아들여 그 유명한(악명 높은?) "보이지 않는 손"의 공리를 제시한 이는 애덤 스미스였다. 보이지 않는 손은 국가가 부과하는 법과 구별되는 별도의 자체 법칙에 따라 사회의 내부 작용을 인도한다. 이러한 법칙은 사회를 국가가 봉사해야 하는 독립적이고 통합된 전체로 인식할 수 있음을 의미했다. 버크와 마찬가지로 스미스에게 국가는 사회의 전형이나 주인이 아니라 사회의 종복이어야 한다.[6] 더욱이 모든 이들이 각자의 사익을 추구하도록 하는 것은 모두의 선에 복무하는 길이 될 것이다. 이것이 《국부론》에서 전개된 관점이다. 하지만 사익의 역할은 스미스 철학의 한 가지 양상에 불과했다. 그는 "공감"의 관념에 동일한 비중을 두었다. 시민사회의 관계 구조를 형성하는 대인 감정과 유대가 있다는 것이다.

.다음에 일어난 일은 관념사의 반전 중 하나다. 위에 소개한 관점들의 영향 속에서 말 그대로 역사의 진로가 바뀌었던 것이다. 아마도 새로운 지배세력이 된 상업 계급의 가치에 아주 잘 부합한다는 이유로 "계몽된 사익"이라는 버크의 관념과 "보이지 않는 손"이라는 스미스의 관념은 곧 시장의 특수한 작용과 이를 통제하는 자들의 이익에 사회 자체를 포섭하는 방식으로 해석되었다. 또한 스미스에게 경제는 시민사회의 일부, 즉 시민사회를 조직하는 관계의 특수한 배치인 반면 상업 계급에게는 가치중립적인 삶의 영역이었다. 경제에 시민 생활을 뒷받침하는 도덕적 가치의 자리는 없었다. 자유시장의 관념은

곧 경제를 그 자체가 자율적으로 자기 조정하는 영역으로 묘사하게 되었다. 자유로운 사회와 마찬가지로 자유시장은 국가 지배의 족쇄로부터 자율성을 획득하는 것을 함축했다. 그리하여 스미스의 관념은 스미스가 혐오했을 법한 목적에 복무하는 것으로 왜소화되었다.

정치경제, 시민경제, 공공선

스미스의 정식화에서 정치경제는 두 개의 주요 요소, 즉 사회와 국가로 구성되는 모형이다. 공공선에 대한 우리의 이해를 형성해 온 것은 이러한 이분법이다. 물론 공공선은 공동체의 일부가 아닌 전체를 이롭게 하는 것이라는 일반적 통념이 존재한다. 하지만 공공선을 스미스의 정치경제학 전통에 속한 경제학자들이 흔히 사용하는 전체선 total good과 구분하는 보다 정확한 정의가 있다. 이러한 구분은 경제의 기능 방식과 목적, 그리고 편익의 분배 방식에 대한 개념화에서 핵심적이다.

전체선의 극대화가 목표라면 일부 개인의 선이 줄어든다 하더라도 총합이 증가하는 한 그것은 문제가 되지 않는다. 국내총생산은 전체선의 공식이다. 불평등은 여기에 포함되지 않는다. 하지만 평등은 공공선의 본질적 속성이다. 공공선은 한 개인의 선이 다른 개인의 선을 증가시키기 위해 희생되는 것을 허용하지 않는다. 공공선은 본성상 평등하게 공유되는 것이다. 이러한 원칙이 위반되는 순간 그것은 더 이상 공공선이 아니다.

공공선에 대한 이러한 개념화는 스미스의 정치경제학에 내포된 이

분법적 국가/사회 도식이 아니라 이탈리아의 시민경제 전통 속에서 정립된 것이다. 시민경제의 전통은 스미스의 동시대인이자 당대 이탈리아 계몽주의의 선도자였던 안토니오 제노베시에 의해 발전되었다. 살레르노의 사제였던 제노베시는 1753년 나폴리대학교에 설립된 초대 정치경제학 교수직(사실상 시민경제학 교수직)을 맡았다. 그와 그의 추종자들은 경제가 시민 생활의 한 차원이라는 스미스의 견해를 공유했다. 하지만 그들의 목표는 달랐다.

스미스와 달리 제노베시는 사익만으로는 시장이 올바르게 기능하지 않는다고 믿었다. 그의 목표, 그리고 그가 경제의 목적으로 인식한 것은 공공의 행복과 인간성의 완전한 발전이었다. 이는 매우 아리스토텔레스적인 이상이었다.[7] 제노베시의 관점에서 공공선은 의도적 선행, 박애의 실천 없이는 달성될 수 없다. 스미스 도식의 상호이익뿐만 아니라 상호부조 역시 경제의 한 원칙이다. 스미스에서 이어진 전통에서 시장에는 도덕성과 박애의 자리가 없다. 공공선은 사익의 의도하지 않은 부산물로 자동적으로 산출될 뿐이다. 이 두 패러다임의 차이는 인간과 사회를 개념화하는 근본적 차이에서 도출된다. 나아가 이것은 아래에서 전개될 논변에 중심적인 역할을 한다.

정치경제에 대한 스미스의 정식화는 홉스의 인간관에서 도출된 것이다. 홉스는 인간을 "만인의 만인에 대한 전쟁"에서 사익을 위해 싸우는 전사로 여겼다. 시민경제에 대한 제노베시의 개념화는 다른 인간관에서 유래한다. 이에 따르면 인간은 호혜와 상호부조의 대인 관계를 통해 번성하는 사회적 동물이다.[8] 또한 스미스와 그의 추종자들이 일차적으로 부의 생산에 관심을 가진 반면 제노베시와 나폴리 학파가 추구한 목표는 인간 행복의 생성이었다.

이 책의 종결부에서는 파트너 국가 개념과의 관계를 고찰하면서 이러한 시민경제의 개념을 보다 자세히 탐구할 것이다.

우리가 시민사회에 귀속시키는 일련의 사회적 속성들 ― 정치적 자율성, 다원성, 공동 이익, 자발적 결사에의 참여 ― 이 동시에 민주주의 자체의 본질적 요소들을 정의한다는 사실에는 분명한 의미가 있다. 오늘날 시민사회는 한때 자유주의적 국민국가의 정치 제도에 귀속되었던 미덕을 물려받았다는 점이 중요하다. 그리고 이는 정치적 정당성의 동학이 근본적으로 전환되었음을 나타낸다. 그것은 중요한 계기로서 시대의 성격을 반영한다. 대의민주주의라는 기존 형태 하에서 시민들은 무력감과 좌절감, 무능함을 느낀다. 그리고 오늘날 시민권력의 동원은 이를 배경으로 한다. 하지만 시민권력은 양날의 검이다.

이상화된 민주주의의 모든 최선의 속성들을 시민사회에 부여하려는 경향이 있다. 많은 진보주의자들에게 시민사회는 우리가 아는 국가에 결여된 모든 것이 저장되는 보고가 되었다. 하지만 이러한 긍정적 이미지는 타당한 것인가, 아니면 우리 자신의 좌절된 욕망이 투영된 것에 불과한가? 쳐다보고 싶지는 않지만 쿠 클럭스 클랜ᴷᴷᴷ 역시 (두건을 쓴) 시민사회의 한 얼굴이다. 현행의 우익 포퓰리즘 발흥 또한 시민사회의 한 산물이며 진보주의자들이 인식하는 종류의 시민 동원과 대척점을 이루고 있다. 시민권이나 환경을 위한 대중 시위가 일단의 가치들을 의미한다면 이주를 봉쇄하거나 국경 장벽을 건설하는, 또는 의회를 공격하는 포퓰리즘 운동은 다른 무언가를 의미한다. 오늘날 미국에서 벌어지는 일들은 정치 제도가 근본적인 시민적 가치를 재생할 수 없을 때 시민사회가 어떻게 붕괴하는지를 강력하게 상기시킨다. 우리의 목적과 관련해서는 불길한 흐름이지만, 정치적 관심은 우리가 점점 민주주의 자체의 상징으로 포용하게 된 시민사회의 가치들을 뒤집는 반동적 포퓰리즘 형태 주위에 단단히 자리 잡고 있다.

이러한 우려에는 이유가 있다. 또한 우리는 우리가 취한 가정과 거기에 투여하는 희망을 신중하게 검토해야 한다. 시민사회에 대해 세운 가정의 특성들 속에 그토록 많은 진보적 체제 변화의 희망들이 걸려 있기 때문이다.

첫 장에서 우리는 협동과 상호부조의 성향이 어떻게 인간 기질 속에 내재되어 있는가 하는 문제를 고찰했다. 이기심과 경쟁적 사익 역시 이에 못지않게 우세하다. 인간 본성에 대한 이 두 가지 대립적인 견해의 차이 속에서 우리가 논의하고 있는 많은 사상가들의 정치철학은 다양한 방식으로 분화한다. "만인은 만인의 적"이며 인간의 삶이란 "고독하고 불우하고 더럽고 잔인하며 덧없는 것"이라는 유명한 말을 남긴 홉스의 우울한 전망부터 협동과 사회성을 인간의 본질적 특징으로 본 아리스토텔레스와 제노베시의 긍정적 견해에 이르기까지 정치이론은 광범위한 스펙트럼을 갖는다.

우리의 관심은 시민사회의 진화를 하나의 성향으로 몰아가는 힘들 사이에서 균형을 맞추는 것이다. 이는 사회적 유대의 원리로서 협력과 상호부조가 항상 긍정적이지만은 않다는 말이다. 파시즘은 협력과 사회적 유대의 특수한 유형을 보여주는 한 사례이다. 시민사회는 본래 선하다는 관례적 통념에 도발적으로 도전하면서 딜런 라일리는 유럽에서의 파시즘 발흥이 활기찬 시민사회의 존재와 시민 결사체의 전면적 지원에 의존했음을 설득력 있게 입증한다.[9] 이러한 분석에서 시민사회는 민주적 자유를 향한 충동의 원천인 동시에 자유주의 정치 제도가 정치적 전망 및 그 실현 수단을 제시하지 못함으로써 이러한 자유가 배신당할 때에는 권위주의를 추동하는 원천이기도 했다.

아이러니하게도 파시즘과 — 적어도 레닌주의적 형태의 — 마르크스주의는 모두 시민사회와 국가 제도가 하나의 동일한 것이라는 낡은 관념을 복권시킨다. 양자는 인간 역사의 정점을 일종의 초자아인 국가의 완성 속에서 찾아야 한다고 제안한다. 마르크스의 국가 사멸 개념은 궁극적으로 시민사회(그는 시민사회를 계급 착취가 일어나는 전장으로 인식한다)가 계급 없는 단일한 공동체로 해소되고 이러한 공동체에서 정치와 권력 역시 중단됨을 내포한다.

표면적으로 볼 때 이러한 개념은 도시국가가 인간 결사와 사회성의 궁극적 표현이라는 아리스토텔레스의 관념과 유사한 측면이 있다. 하지만 양자 사이에는 본질적 차이가 있다. 아리스토텔레스는 이를 정치의 실천을 통해 진행되는 진화의 과정으로 보았다. 즉, 공동체의 운영은 자유로운 시민들의 직접적 참여 속에서 이루어진다. 아리스토텔레스의 정치는 차이와 이견의 가능성을 전제했다. 파시즘과 마르크스주의는 모두 정치의 완전한 제거를 소망한다. 매우 난감하게도 오늘날 우리가 목도하고 있는 많은 대중 동원 역시 이러한 견해를 뒷받침하고 있다. 즉, 정치는 작동하지 않으며 자유주의 정치 제도는 실패하고 있다는 것, 따라서 해답은 사회 변동을 추구하는 수단으로서의 정치를 폐기하는 것에 있다는 것이다. 그들은 트럼프와 같은 악마적 나르시시스트나 보우소나루와 같은 도살자, 심지어 보리스 존슨과 같은 우스꽝스러운 어른 아이의 권위주의적 충동에 쉽게 영향을 받는다. 이러는 사이 엄청난 불평등에서 경제적 불안정성과 기후 재앙에 이르는 매우 심각한 문제들은 여전히 해결되지 않은 채 남아 있다.

좌파와 우파 모두 정치에 대한 이러한 환멸에 감염되어 있다. 우리는 열성적 지지자들에 의한 통치자의 신성한 권리 부활이나 정부의 사악한 음모에 맞서 스스로를 무장하는 우익 민병대의 묵시록적 공포에서 이를 확인할 수 있다. 하지만 이에 못지않게 "지도자 없는 운동"과 공동체주의적 지역주의로의 선회를 찬양하는 신무정부주의자들이 대의 민주주의를 부인하는 것에서도 이러한 환멸은 나타난다.

우리 앞에 놓인 진짜 문제는 정치가 실패한 것이 아니라 사실상 멈추었다는 사실이다. 정치는 일정 기간 목숨을 부지해왔을 뿐이다. 세계화는 정치를 무의미하게 만들었다. 금융과 기업 이익을 대변하는 초국적 권력이 창조한 시나리오 속에서 국민국가가 이들 권력의 이익을 침해하는 방식으로 행동하기란 어려운 일이 되었기 때문이다. 또는 지그문트 바우만이 말하듯, "국민국가는 정치로 가득 차 있지만 점점 권력을 잃어가고 있다."[10] 이 시나리오에서 좌우를 막론하고 지도자들에게 주어지는 선택지는 근대 국가에 배정된 자본의 시녀 역을 연기하는 것밖에 없다. 그들은 세계에 남아 있는 어떠한 공유재든 이를 이윤으로 전환할 수 있는 이들의 손에 넘겨주고 이러한 목적에 복무하면서 대중을 조작한다. 이러한 행태가 저항에 귀를 닫고 정치를 속임수로 바꾸는 걸 의미한다면, 두말할 것도 없다.

오늘의 위기가 우리에게 요구하는 것은 정치를 제거하는 것이 아니라 정치를 구하는 것이다. 자유민주주의가 그 정당성의 근원인 민주적 자유와 가치를 보호하는 데 실패함으로써 새로운 정당성을 찾으려는 절박한 시도, 즉 민주적 가치를 다른 것들로 대체하고 이를 통해 전례 없는 공포와 위험의 해소에 응답하려는 시도가 생겨났다. 이 중에서도 가장 위험한 것은 어쩌면 일부 사람들이 점점 사회의 혼란을 욕망하는 현상일 것이다. 이들이 공감하는 대상은 다름 아닌 자신들의 희망을 좌절시키고 신뢰를 배신한 시스템 전체를 불태우려는 자들이다. 이것이 바로 오늘날 미국에서 전개되고 있는 사태이다. 불만의 마음과 복수에 대한 갈증이 결합하는 것이다.

* * *

양차 대전 사이 파시즘의 발흥에 대한 딜런 라일리의 설명은 정치와 국가의 역할과 관련해 시의성 있는 몇 가지 교훈을 제시한다. 라일리는 19세기 후반과 20세기 초반 시민 결사체가 폭발적으로 성장했으며 이러한 결사가 민주적 정치 제도 형성의 산물이자 촉매였음을 사료를 통해 입증한다. 많은 경우 이러한 결사의 원동력은 더 많은 민주주의에 대한 요구, 즉 협소한 특권층을 뒷받침하는 정치 질서가 아닌 대표성 있는 정치 질서를 창출하라는 요구였다.

라일리의 분석에서 유럽의 파시즘은 시민 결사체의 발전이 기존 정치 질서를 구성하는 정당의 발전을 앞지르는 사회에서 출현했다. 전통적 정당들은 증가하는 정치 개혁의 압력에 적합한 대응을 정식화할 수 없었거나 그럴 의사가 없었다. 라일리는 파시즘을 민주주의의 거부로 제시하는 분석을 기각하는 대신 그것을 기존 정치 제도의 거부로 파악할 때 가장 잘 이해될 수 있다고 주장한다.

파시즘은 정당성의 위기에 대해 새로운 제도와 권위주의적 해법을 제시한다. 그것은 민주주의의 절차적 측면(즉 투표, 정당 경쟁, 이데올로기 경쟁)을 거부하고 "비정치적 이익 표출"을 통해 "인구와 국가를 결합하는 뛰어난 방법을 제시"했다. 파시즘은 정치 체제와 인민의 "진정한" 의지를 결합하는 보다 진정성 있는 방식을 제공했다. 형용모순처럼 들리지만 라일리는 이를 권위주의적 민주주의, 정치 없는 대의 국가라 부른다.

정당성의 원칙에만 초점을 맞추고 참여 정치와 효과적 개인 행위성의 한 형태라는 운영상의 의미를 무시하는 민주주의의 정의에 대해 우리는 진지한 의문을 던질 필요가 있다. 라일리가 제시한 권위주의적 민주주의 개념은 민주주의라는 단어가 갖는 기능적 의미를 무시한다. 이 기능적 의미는 우리의 논변에 핵심적일 뿐만 아니라 그것이 없다면 민주주의는 공허한 용어가 될 것이다. 하지만 라일리의 설명은 교훈적이다. 그 설명은 지속적인 정치적 정당성의 위기가 자유주의 체제의 광범위한 유권자들이 전통적 정치를 거부하는 속에서 재연되고 있는 현재의 상황과 공명한다. 특히 서유럽과 영국, 그리고 미국처럼 포퓰리즘적 지도자들이 부상해 정치적 공백을 메우고 있는 국가들의 경우는 더욱 그러하다.

양차 대전 사이와 마찬가지로 그람시가 국가의 "유기적 위기"라 부른 것에 대응하지 못하는 전통적 정당의 무능력이 반복되고 있다. 유기적 위기란 그 이유가 무엇이건 (물질적 또는 이데올로기적 측면에서) 더 이상 사회적 합의를 생성할 수 없는 정치 체제 전체의 "포괄적 위기"를 가리킨다. 그러한 위기는 통치 엘리트가 해결할 수 없는 체제의 근본적 모순을 드러낸다. 유기적 위기는 정치적인 동시에 사회적이며, 또한 이데올로기적이다. 그람시의 용어를 빌리자면 이 위기는 헤게모니의 위기이다. 그것은 기성 정당, 경제 정책, 가치 체계의 거부로 이어진다. 자유주의 정치 질서가 바로 이러한 위기를 겪고 있다는 징후는 도처에 존재한다. 오늘 우리 앞에 놓인 문제는 이러한 위기에 대한 반응으로 무엇이 나타날 것이냐 하는 것이다.

현재의 선동이 대중의 불만을 이용할 수 있다면 이는 이러한 불만을 보다 긍정적인 방향으로 배출할 별다른 통로가 없기 때문이다. 대담함 — 사태를 뒤집으려는 진지한 의지 — 이 사람들의 지지를 얻는 요인인 건 분명하다. 변화를 약속하는 한 그것이 어느 방향에서 왔는지는 거의 중요하지 않다. 좌파 정당은 상대의 기분을 상하게 하거나 너무 급진적으로 보일지 모른다는 두려움에 계속 마비되어 있다. 그들은 우파가 몰아넣은 틀 안에 갇혀 있다. 좌파는 자신의 급진적 뿌리를 현 상황과 연결하지 못했고 이는 유럽 대부분의 지역에서 전후 좌파 정당이 소멸되는 결과를 초래했다. 스페인과 포르투갈, 또 그리스처럼 현재의 위기 속에서 좌파가 유일하게 성공한 지역은 그들이 역사적 이상에 부응하고 신자유주의적 현 질서를 정조준하는 신념을 위해 싸웠던 곳이다. 물론 그리스의 경우에는 시리자가 집권과 동시에 이러한 신념을 배반하고 진보적 포퓰리즘을 포기했지만 말이다.

여기서 몇 가지 교훈을 얻을 수 있다. 좌파 역시 우파처럼 현존 상태에 대한 급진적이고 원칙 있는 태도를 취할 수 있다. 하지만 분명한 대안을 표명하지 못할 경우 게임의 주도권은 반동 세력에게 넘어간다. 반동 세력은 갈피를 못 잡고 사기가 꺾인 일반적 좌파와 달리 목적을 이루기 위해서라면 거리낌 없이 적들을 불러내 무자비한 싸움을 벌일 것이다. 시대의 이데올로기가 그들의 목적에 너무 잘 어울리기 때문이건, 그들이 민주주의의 제약에 구속받지 않기 때문이건, 아니면 자본권력과 포획된 국가의 제도가 항상 그들의 승리를 보장하기 위해 줄을 서기 때문이건 우파의 이런 행태는 그들에게 어떠한 상처도 입히지 않는다.

그러는 사이 시민적 불만의 거대한 분출은 계속되고 어디로 향할지 예측할 수 없는 좌절과 분노의 용암이 멈추지 않고 흘러내린다.

* * *

2008년 금융위기에 뒤이어 2011년부터 2013년까지 펼쳐진 대중운동은 많은 부분 자본주의 사회에서 일어나는 대의제도의 위기에 대한 반응이었다. 그들의 반응은 그저 저항에 불과한 게 아니었다. 그것은 또한 대중 집회, 수평적 자기조직화, 분산형 상호부조 네트워크를 특징으로 하는 새로운 민주주의 모델을 창조하는 실험이었다. 그들은 지금 이곳에서, 그저 요구가 아니라 살아 있는 실천으로서 새로운 형태의 민주적 공동체와 직접민주주의를 채택했다. 무엇보다 진정한 민주주의에 대한 이들의 요구는 선거 정치를 무력화하는 효과

없는 대의 형태를 거부했다.

하지만 이러한 유형의 동원이 그들이 추구하는 변화에 효과적일까? 어떻게 '무정형한' 운동이 지속적 성찰과 계획에 필요한 전문성과 체계를 획득할 수 있으며 이에 따른 정치적 방향과 시간적 연속성을 제공할 수 있을까? 그러한 운동은 일련의 특수한 환경에 대한 반응으로부터 변화를 가져올 힘과 수단을 갖춘 선도적이고 지속적인 프로그램으로 전환될 수 있을까?

회의적이다. 이슈를 부각하고 불만을 표출하는 힘, 심지어 정당성을 상실한 정권을 전복할 힘 말고도, 대중 동원이 그들이 성취한 성과를 보호하고 이를 체제의 변화로 전환하기 위해서는 내구성 있는 시민적, 정치적 제도의 창출이 필수적이다. 이러한 지속적인 제도적 역량이 없다면 결국 패배와 그 이상의 불행으로 이어진다는 것을 역사는 반복해서 보여주고 있다.

이러한 체제 변동을 목표로 하는 정치 운동이 강력한 서사, 즉 투쟁의 내적 의미를 집약하고 투영하는 정화된 이야기를 필요로 한다는 사실은 빈번하게 입증된다. 더욱이 그것은 공동체의 집합적 삶과 목적을 포괄하는 새로운 전망, 그람시가 말한 새로운 헤게모니 주위로 사람들을 끌어들이고 통합하는 이야기여야 한다. 라일리가 주장하듯, 양차 대전 사이에 파시즘의 발흥을 촉진한 것은 정치 제도가 그러한 헤게모니를 창출하지 못했기 때문이었다.

농촌의 농민 단체와 협동조합, 산업 중심지의 노동자 단체와 노동조합을 비롯해 1800년대의 첫 수십 년간 유럽 전역에 걸쳐 폭발적으로 성장한 시민 결사는 보다 진정한 형태의 민주주의를 정부에 요구하는 강력한 신진 세력을 구성했다. 정부의 역할이 인민의 대의 기구이자 심의 기구라는 점은 논쟁의 대상이 아니었다. 쟁점은 통치 엘리트뿐만 아니라 사회 전체를 포용하도록 자유주의적 가치를 확장함으로써 민주적 프로젝트를 완수하는 것이었다.

오늘날 이는 더 이상 사실이 아니다. 자유민주주의 자체가 의문에 부쳐졌기 때문이다. 외견상의 민주적 정치 체제와 시민의 이익을 옹호하고 보호하지 못하는 선출된 정부의 무능력이 일으키는 모순으로 인해 거버넌스 모델로서의 대의민주주의에 대한 신뢰는 손상되었다. 체제의 정당성이 위태로워지면서 지난 두 세기를 지배한 헤게모니는 더 이상 작동하지 않게 되었다.

이러한 정당성의 위기가 어디에 뿌리를 두고 있는지는 명백하다. 그것은 지구의 한쪽 끝에서 다른 쪽 끝까지, 또 좌우를 막론하고 대중의 불만이 지속적으로 분출함으로써 거침없이 명백하게 표현되고 있다. 유럽 수도들의 거리에서 펼쳐지건, 아니면 남반구 빈민가에서 터져 나오건 대의의 위기는 이제 주요한 모든 대중 동원 속에 존재한다. 그것은 한편으로 자본과 국가의 관계에서, 다른 한편으로 민중과 대의제도의 관계에서 일어날 역사적 전환으로 향하는 전면적인 사회적 반응이다. 하지만 비민주적 엘리트들의 뒷받침으로 지탱하는 정치체제가 어떻게 스스로를 파괴하지 않고서 근본적 개혁의 요구를 충족할 수 있는지는 결코 분명하지 않다.

시민권력의 동원은 자본권력의 전환을 자극하는 동시에 역사적으로 유례를 찾을 수 없을 정도의 경제적, 정치적 부정이라는 특정한 상황뿐만 아니라 오늘날 인류 생존을 위협하는 환경 붕괴라는 훨씬 더 위협적인 문제에도 맞서는 세계적 힘으로 등장하고 있다. 오늘날의 저항은 이전 시대와 달리 정당과 기성 조직을 통해 해소되지 않는다. 근본적 쟁점은 단지 물질적 재생산 문제를 중심으로 하지 않으며 체제를 땜질한다고 해서 완화될 수도 없다. 오히려 그것은 일상생활을 잠식하는 비인간적인 힘, 인간 경험의 공허함, 진정한 생활방식의 사멸과 관련된다. 하버마스가 말한 것처럼, 그것은 "삶의 형태에 관한 문법과 관련된다."[11]

세계 경제가 점차 통합되고 세계적 성격을 띠게 됨에 따라 시민권력은 점점 더 대규모의 동원을 통해 이에 맞서야 했다. 하지만 이것은 대등한 싸움이 아니다. 자본권력은 순식간에 이동하고 비인격적이며 세계적으로 구축된 기술의 회로를 통해 전달된다. 또 상업 문화의 이미지와 영향력 속에서 재구성된다. 시민권력은 물리적이고 결집된 사람들의 신체 속에 현존하며 오랜 기간에 걸친 조정과 끈기 있는 노력을 통해 힘들게 동원된다. 또 일상생활의 관성과 요구에 의해 더디어지기도 한다. 그것은 불만의 축적과 공동 목적의 촉매를 필요로 한다. 이러한 공동 목적은 통상 자신이 속한 지역사회나 국가의 인격적이고 직접적인 관계로 구성되는 지평에 의해 제약된다. 인간은 인간적 척도에 따라 살아가고 행동한다. 자본은 그렇지 않다. 실로 근본적 변화가 가능하다면 그 변화에는 어떤 것들이 포함되어야 할까? 나는 기업 권력과 국가의 융합에서 비롯된 경제적·사회적·환경적 피해의 흐름을 바꿀 최소한의 요구사항으로 다음이 필요하다고 주장하고자 한다.

1. 경제의 민주화 : 각급 경제로의 민주적 원칙 확장

2. 정부의 민주화 : 국가, 국가 목적, 국가 운영의 근본적 재구조화

3. 공유재의 회복 : 공동 재산의 회복과 보호

4. 환경의 복원 : 생태적 피해의 역전

5. 사회의 복원 : 상생, 사회적 신뢰, 인간적 연결의 재구축

6. 기술의 인간화 : 사회를 위한 기술의 재설계

7. 세계적 협력 : 지역적 자율성과 세계적 책임성의 조화

이어지는 장들에서는 지역사회가 이러한 문제와 씨름하고 새로운 해법에 도달한 구체적 사례를 살펴봄으로써 이러한 쟁점에 대한 입장을 공유하고자 한다. 이러한 노력의 핵심에는 집합 행동, 시민단체의 개혁적 역할, 거버넌스 체제의 민주주의·평등·공공선 구현 방식 등의 문제가 놓여 있다. 이러한 사례들이 체제 변동에 대해 어떤 교훈을 줄 수 있을까? 또 새로운 정치경제를 추구하는 이질적 요소들이 우리가 추구하는 변화를 향한 공동의 비전과 방향으로 통합되기 위해서는 어떤 이야기를 해야 할까? 그것은 17~18세기 민주주의 혁명을 일으킨 힘들 속에, 또 19세기 자유민주주의를 뒤흔들고 1848년 혁명으로 정점에 이른 봉기 속에 존재한 바 있다. 그리고 오늘날 기후 정의를 향한 세계적 외침 속에, 또 전 세계 인류 공동체의 협력과 상호의존이 민주주의의 전망에 근본적이라는 인식의 성장 속에 맹아적 형태로 존재하고 있다.

03 공유지:박탈과 회복

가난한 자들에게 진정 필요한 건 도덕이다.
— 조지 길더

첸나이시는 인도 동부 해안에 위치한 곳으로 벵골만을 마주보고 있다. 천만 명이 살아가는 첸나이(구 마드라스)는 인도에서 여섯 번째로 인구가 많은 도시이기도 하다. 도시 옆으로 펼쳐진 넓은 모래 해변을 따라 주민들은 숨 막히는 열기를 피하기 위해 노점과 어선 사이로 모여든다. 힌두교의 정숙함을 늘 염두에 두며 화려한 색으로 치장한 여성들은 사리를 두른 채 파도 속으로 걸어간다. 조수가 낮을 때 방문자들은 물에 가라앉은 석조 사원의 흔적을 볼 수 있다. 사원은 마치 앞바다의 깊은 곳에서 올라온 유령 같은 형상을 하고 있다. 1,200년도 더 전에 당시 해안 지대였던 곳에 세워진 사원은 현재에까지 영향을 미치는 역사의 깊이를 늘 떠올리게 한다.

첸나이는 언제나 계절의 변덕으로 고통을 겪었다. 예측불가의 장마가 지나가기도 하고 아예 오지 않는 경우도 있다. 하지만 2019년 6월

19일 4년간 이어진 기록적인 가뭄을 겪은 후에 첸나이시는 물이 고갈되었다. 이 사건은 전 세계 헤드라인을 장식했지만 인도의 40%가 마찬가지로 가뭄에 직면하고 있다는 사실은 보도되지 않았다. 치명적인 열파가 전국을 휩쓰는 동안 6억 명의 사람들이 심각한 물 부족에 시달렸다. 첸나이는 이제 2021년 1월이면 지하수가 고갈될 21개 도시 중 하나가 되었다.[1]

첸나이의 물 위기가 시작된 것은 두 세기를 거슬러 올라간다. 첸나이의 사례는 공동 자원으로 신중하게 관리되던 물이 자유시장 사조의 본영인 세계은행이 재정을 대는 신자유주의 프로그램 하에서 상품화되고 민영화되는 박탈의 과정을 보여준다. 첸나이의 물 민영화는 영국에서의 자본주의 발흥과 함께 시작해 오늘날 전 세계로 확산된 역사적 박탈 과정의 일부이다.

이 과정에서 국가가 행한 역할, 또 인클로저가 공동체의 복리에 가하는 도전은 첸나이를 비롯해 곳곳의 도시에 위기를 가져온 시장 교리에 대해 근본적인 재평가와 그것의 역전을 촉구한다. 물 민영화는 깨지기 쉬운 세계 생태계의 균형과 지역사회의 건강을 잠식하는 세계적 힘을 나타낸다. 첸나이의 물 위기는 변화의 필요성을 알리는 경종이다.

인도의 이 지역에서 치수는 작물 재배를 관개에 의존해 온 소농의 필요와 농업 정착지의 필요를 균형 있게 충족하는 데 핵심적인 역할을 했다. 이 지역의 성장은 토지가 아닌 물의 가용성에 의해 결정되었다. 첸나이의 마을들과 그 주변 지역은 포람보케Poramboke라 불리는 공유지를 통해 이러한 균형을 유지했다. 포람보케는 두 지역을 잇는 광

활한 지대로 토지, 수역, 목초지, 숲을 포함했다. 물 사용은 에리스^{erys}
건설을 통해 규제되었다. 에리스는 지상의 물을 저장하는 얕은 저수
지로서 연결 수로를 통해 농촌 정착지에 관개용수와 가정에서 쓸 물
을 공급한다. 이러한 토지와 물 공유지 위에서의 건축은 금지되었다.
에리스는 그저 물을 저장하고 분배하는 수단에 불과한 것이 아니었
다. 저장된 물은 지하수를 보충하는 데 필수적이었다. 농업은 전적으
로 이러한 분권적 치수 체계와 이를 지탱한 사회 조직에 의존했다. 공
유지와 같은 필수 생태계 ─ 특히 에리스 체계 ─ 의 협동 관리는 전
세계 다른 문화와 마찬가지로 수세기 동안 내려온 이 유구한 문화를
떠받쳤다.[2]

  영국인들이 들어오면서 이 모든 것이 변했다.

  마드라스는 인도 최초의 주요 영국인 정착지였다. 1640년 처음 세
워진 세인트조지 요새는 영국 동인도회사의 출장소로 마드라스 타운
어촌 주변 6마일 길이의 작은 필지에 자리를 잡았다. 요새는 프랑스
와 네덜란드 경쟁자들로부터 영국의 비단과 후추 무역 독점을 보호
하기 위해 세워졌으나 곧 급성장하는 교역소가 되었다. 영국의 식민
지로 태어나 식민 지배자의 태도를 발산하던 마드라스는 빠르게 주
변 농촌 지역을 식민화하여 이후 300년간 영국 식민 지배의 전형이
될 거침없는 강탈과 파괴의 선례를 확립했다.

  인도 농촌 공유지의 쇠퇴는 영국 지배자들의 개인주의적·귀족적·
위계적 태도를 반영하는 동시에 지구 반대편 영국의 여러 주에서 일
어나고 있던 급격한 전환을 되풀이했다. 공유지와 이에 의존한 복잡
한 공동체적 생활양식이 뿌리 뽑힌 인도의 상황은 영국 자체의 역사,

또 영국인들이 인도 피지배자들에게 강제했던 재산property*에 관한 특수한 태도에서 이미 예견할 수 있는 일이었다.

재산을 둘러싸고 존재했던 영국과 인도의 인식 차이는 개인의 권리에 대한 전적으로 상이한 개념화에서 불거졌다. 인도에서 재산은 소유권을 반영하는 게 아니었다. 그것은 오히려 토지에 작용하는 공동권리의 복합체를 의미했다. 영국인들은 공동의 재산 형태를 인정하지 않고 곧장 마을 공유지를 국가 소유로 귀속시킨 뒤 그 운영 책임을 공공사업부의 통제 하에 두었다. 따라서 농촌의 경제적, 사회적 관계를 근본적으로 전환하는 첫 단계는 마을 전체가 공유하던 권력과 통제를 국가로 집중시키는 것이었다.

두 번째 단계는 경작지가 경작자와 농촌 공동체 생존의 근원에서 동인도회사, 영국 내 동인도회사 주주, 국가의 수익원으로 전환되는 과정을 포함했다. 여기에는 면화, 인디고 등을 환금작물로 강제로 채택하게 함으로써 전통적 식품 재배를 대체하는 것이 포함되었다. 이 과정의 세 번째 단계는 영국에서와 같이 지역의 토지 소유 귀족을 창출하는 것이었다. 자민다르zamindar는 대토지를 소유한 영국의 젠트리와 마찬가지로 땅을 일구는 소경작자들에게서 지대를 뜯어내며 존속했다. 유산자 귀족이 영국 식민관료의 통제를 받는 상황에서 이들 귀족에 복종하는 신민 계급의 창출은 영국 제국주의에 중심적인 역할을 수행했다. 전반적인 효과는 공동의 생존 체계 ― 이 중에서도 치수는 핵심이다 ― 를 지탱해 온 상호적 사회관계의 파괴, 그리고 이

---

* 재산 가운데서도 토지와 관련된 재산을 가리킨다. - 옮긴이

것이 불러온 박탈·빈곤화·의존성이었다. 남인도에서의 공유지 파괴는 사회적이고 물질적인 생존 기반을 주민들에게서 박탈하는 것이었다. 물론 이러한 과정을 겪은 건 인도만이 아니다. 영국에서 진화한 자본주의 체제는 전 세계 민중과 각 지역을 식민화하고 박탈하는 것을 통해 확장했다. 자본주의에 연료를 공급한 돈은 아프리카의 노예 무역에서, 또 신세계의 정복 영토와 노예 광산에서 유럽으로 실어 간 금과 은에서 나왔다.

식민지 인도가 영국 산업화 시기 진행된 영국 농민층의 파괴, 또 공유지의 인클로저와 유사한 길을 걸었다는 건 분명한 사실이다. 또한 이 과정이 현행의 국가 위기와 시민들에게 제공되는 필수 서비스와 마찬가지로 관련된다는 것도 명확하다. 이러한 현상은 영국뿐만 아니라 전 세계에서 일어나고 있다. 공유지와 협동 체계, 그리고 이들을 지탱하는 가치의 제거가 이 이야기의 중심에 놓여 있다.

공유지는 이용자 공동체가 공유하는 자원, 그리고 이러한 이용을 관할하는 사회적 관계나 규칙으로 정의될 수 있다. 데이비드 볼리어가 말하듯, "한 특정 공동체와 이 공동체가 자원 관리를 위해 적용하는 일련의 사회적 관행, 가치, 규범이 있을 때" 공유지는 "이들을 결합하는 패러다임으로 정의하는 것이 보다 정확하다. 달리 말해, 공유지는 자원+한 공동체+일련의 사회적 규약이다."[3] 이 세 요소가 통합된 전체의 핵심을 이룬다.

인도의 포람보케와 에리스 체제의 경우처럼 공유지는 물·목초지·숲에 대한 권리일 수도 있고, 나아가 이용자 공동체를 위해 집합적으로 관리되는 저수지와 수로 등의 기반시설일 수도 있다. 공유지는 해당 공동체가 정하는 규칙에 따라 협동의 방식으로 공유되고 공동으로 관리된다. 이러한 이용 권리와 그 권리가 실행되는 방식은 지역에 따라 상당히 가변적이다. 하지만 아무리 가변적이더라도 공유하기 commoning는 자원의 단순한 이용보다 훨씬 더 많은 것을 포함한다.

공유지는 하나의 밀도 있는 상호관계망 속에 깊이 연루되어 있다. 공유지가 의존하는 협동과 상호부조의 사회적 토대를 구성하는 것이 바로 이러한 관계망이기 때문이다. 이러한 토대가 없다면 공유지는 지속될 수 없을 것이다. 공유지를 유지하는 건 사회관계이며, 또 개인의 권리와 의무, 집합적 책임에 대한 공동체의 인정이다. 역으로 공유지의 파괴는 협동적 사회관계와 이를 뒷받침하는 태도를 파괴한다. 소규모 공동체의 경우 공유지의 상실로 인해 촘촘히 짜인 사회적 연결에 심대한 피해를 입었다. 이러한 사회적 연결은 필수적인 사회적 선으로서의 협동으로부터 형성되는 동시에 협동을 강화하는 공유 체계를 구성하는 것이었다.

아주 최근까지도 영국에서는 공유지가 농촌 경제의 토대였고 잉글랜드와 스코틀랜드의 거의 전 지역을 덮고 있었다. 토지에 바탕을 둔 이러한 공동 재산이 거의 완전히 사라지기까지는 1500년대부터 1800년대까지 약 300년의 시간이 걸렸다.

오늘날 영국에서는 25,000명의 지주 — 인구의 0.06% — 가 전체 토지의 50%를 소유하고 있다.[4] 30%는 귀족과 젠트리의 것으로 수세기 동안 대토지는 이들의 안락한 거처였다. 기업은 토지의 18%를 소유하고 있다. 또 다른 17%는 다양한 형태의 소수 권력자들 — 은행가, 기업인, 정치인 등 — 이 소유한다. 독립 주택보유자가 소유하는 토지의 비율은 5%에 불과하며 부동산 가치가 하늘 높이 치솟는 현재 이러한 수치는 더욱 줄어들고 있는 실정이다. 내셔널트러스트 등의 환경보호 단체가 소유한 토지 비율은 이보다 미미한 2%이다. 기업 중 가장 많은 토지를 소유한 곳은 수도 회사인 유나이티드 유틸리티스사이다.

이러한 수치는 국가의 심각한 불평등을 극명하게 보여주는 동시에 계급 간 격차와 영국 귀족의 특권이 어떤 식으로든 줄어들었다는 통념을 불식한다. 여전히 영국 엘리트들은 따개비처럼 끈덕지게 역사의 거죽 위에 들러붙어 있다. 엘리트들의 부와 권력 축적은 토지 보유에서 가장 분명하게 드러난다. 이러한 부와 권력 축적은 수세기 동안 자본주의의 물질적 기초를 다지고 세계화를 통해 성장이 어디에든 퍼져 나가게 된 현 국면을 확립한 박탈과 자본 축적의 산물이다. 그리고 이렇게 되기까지 500년에 걸쳐 지속해서 약탈이 자행되었다.

자본주의에 내포된 불평등은 불만과 저항을 키운다. 하지만 엘리트들의 경우에는 이러한 상황에서 피해자의 고통에 대한 면역이 형성되기도 한다. 2014년 특권의 심리적 효과를 측정하는 흥미로운 실험이 캘리포니아주립대학 버클리 캠퍼스에서 실시되었다. 이 실험에서 참가자들은 모노폴리 게임을 하기 전 무작위로 짝을 이루어 동전 던지기를 했다. 동전 던지기의 승자는 상대방에 대해 일정한 어드밴티지를 얻었다. 승자는 더 많은 돈으로 게임을 시작했으며 주사위를 한 번 던지는 상대와 달리 두 번을 던질 수 있었다. 이렇게 게임은 그들의 승리를 보장하도록 사전 설계되었다. 게임을 시작한 지 얼마 지나지 않아 '부자' 플레이어는 더욱 우세해지고 더욱 공격적인 모습을 보였다. 더불어 상대에 대한 배려가 줄어들고 태도는 무례해졌다. 심지어 연구진이 제공한 간식을 더 많이 먹은 쪽도 그들이었다. 승리 이유에 대해 물었을 때 '부자' 플레이어들은 자신의 좋은 판단이나 전략적 플레이 같은 요인들을 거론했다. 아무렇게나 던진 동전에서 얻은 이점 때문이라고 답한 참가자는 아무도 없었다.[5]

특권은 개인의 배경이나 정치적 관점과 무관하게 그 사람의 행동과 태도에 영향을 미친다. 놀랍도록 공평하게도 특권은 배경과 상관없이 사람들을 형편없게 만든다. 이것은 엘리트의 특권이 가져오는 광범위한 사회적 결과에 대해 그들이 무관심한 이유를 설명하는 데 도움이 된다. 인격적 미덕은 부의 원인이 아닌 결과로서 부여된다. 부유할수록 부에 대한 자격이 있다고 느낄 가능성은 더 높아진다. 나아가 이러한 자격은 가족과 계급 예외주의의 신화를 통해, 또 엘리트 학교, 기업 취업알선, 보직 부여상의 특혜 등 계급 대물림 장치를 통해 계승된다. 이러한 역사의 경로에서 인클로저는 공유지를 집합적 소유로부터 제거하고 이를 사적 개인에게 넘겨주는 가장 효과적인 방법이었다. 또 토지 사유화를 정당화하는 근거 역시 인도의 경우와 동일했다. 즉, 토지의 효율성을 개선하고 경제적 가치를 극대화한다는 것이다. 이데올로기와 사익은 언제나 이러한 주장을 구성하는 요인이었다. 이 세계관의 중심 요소는 고립된 개인이라는 관념인데 여기서 개인은 사회적 협동 관리 체계 밖에서 홀로 활동하며 사회적 비용은 아랑곳하지 않고 개인의 이익에만 관심을 갖는 존재로 정의된다. 현대 경제학은, 사익에 의해서만 움직이는 자본주의적 개인의 캐리커처이자 신자유주의 신화의 소시오패스적 호모 에코노미쿠스인 이러한 개인을 '합리적'이라고 정의한다.

오늘날 인클로저의 문제는 세계적 의미를 갖는다. 여기에는 환경이 오염되고 공공 재산이 민영화되는 시대에, 또 문화적 다양성이 사라지고 세계주의와 지역적인 것의 생존이 갈등하는 시대에 세계적 공유지를 관리하는 문제가 포함된다.

신자유주의 세계관의 중심에 있는 이 허구적인 호모 에코노미쿠스는 수세기에 걸친 강제 노동을 통해 탄생했다. 그리고 인간과 사회에 대해 이와는 매우 다른 이해를 갖도록 뒷받침해 온 사회관계의 파괴와 함께 전개되었다. 협동, 상호부조, 공유지는 지금은 거의 시야에서 사라진 이 오랜 세계관의 사회적 기반이었다. 공유지의 세계, 이를 지탱해 온 농민적 사회 생태계는 투쟁 없이 살아남을 수 없었다. 가치와 세계관을 둘러싼 이 싸움은 오늘날까지도 계속되고 있으며 그 중요성은 더욱 커지고 있다.

사적 재산권이 공동 이용권를 대체한다는 관념은 전적으로 근대적인 개념이다. 사적 재산에 대한 절대적 권리라는 관념이 처음 등장한 영국에서 농민들이 토지를 공동으로 이용하는 관행이 굳어져 있었다. 생활 유지에 필수적인 들·숲·소택·수로 자원에 대한 접근성부터 토지 자체의 경작 양식에 이르기까지 농민 생활의 전 주기는 협동·상호부조·공유지가 상호 교차하는 체계에 의존했다. 나아가 이러한 체계는 농촌 공동체와 더불어 그것에 의존하던 봉건 사회의 전체 구조를 지탱했다. 공유지는 사회적인 동시에 물질적인 농민들의 생활 기반이었다.

인클로저는 영국 농업의 미래가 걸린 핵심 쟁점이 되었다. 그것은 공동 권리 경제의 가치 및 생활양식과 새롭게 부상하는 부유한 지주 계급의 이익을 대립시켰다. 공유자들commoners은 원시 자본가들과 맞서야 했다. 자본주의가 크고 작은 도시에서 시작된 게 아님을 기억해야 한다. 거대한 도시화는 인클로저의 효과였다. 자본주의는 농촌에서 오랜 농업경제의 사회적, 경제적 관계가 근본적으로 전환되면서 시작되었다. 이러한 전환은 농민층을 길들이는 것에 기초했다.

중세에 공동 자원을 전유하기 위한 지주들의 노골적인 시도로 시작된 것이 1700년대와 1800년대에 이르면 농민들의 생계수단을 빼앗고 그들을 토지에서 몰아내는 움직임으로 변화했다. 그 목표 — 이 단어는 분명하고 정확한 표현이다 — 는 자영농과 장인들을 임금노동자와 농업 프롤레타리아로 전환하는 것이었다. 공유지를 제거함으로써 소경작자들의 자족적이고 독립적인 생활 토대는 발밑에서부터 무너졌다. 박탈은 농민층의 프롤레타리아화에 필수적이었으며 농업 자본주의가 산업 자본주의로 이행하기 위한 전제조건이었다.

이 전체 과정에서 국가는 귀족과 신흥 부르주아지의 확고한 통제 아래 상층계급의 이익에 복무하는 시녀로 기능했다. 1760년과 1870년 사이 4,000개에 이르는 별개의 의회 법령을 통해 7백만 에이커의 공유지가 인클로저되었다. 이는 잉글랜드 전체 면적의 6분의 1에 해당하는 것이었다.[6] 값싼 노동의 필요성 그리고 임금을 위해 일하는 프롤레타리아 계급은 공동 권리 경제나 그로 인해 가능했던 농민의 독립과 공존할 수 없었다. 독립과 자유를 누릴 마땅한 자격은 오직 부유한 자들에게만 있었다. 이를 위해서는 그러한 자격이 없는 가난한 자들의 존재가 필요했다. 한 치도 예상을 벗어남이 없이 가난한 자들의 착취를 정당화하는 데 사용된 논리는 지금도 계속해서 계급적 악의를 정당화하기 위해 부활하고 있다. 다름 아닌 공유자라는 말에는 떼어낼 수 없는 저속함과 하층계급의 낙인이 찍혔으며 그것은 지금도 변함이 없다.

농민층이 점점 더 비참해지는 현실을 옹호하는 이들의 동기는 너무나 뻔했고 그들의 처방은 단순한 박탈을 훨씬 넘어섰다. 초기 정치경제학의 거의 모든 저명인사들은 빈민층에 대한 규율과 강제 노동의 필요성에 동의했다. 애덤 스미스의 스승인 프랜시스 허치슨은 이렇게 공언했다. "한 민족이 근면의 습성을 획득하지 못했다면 모든 생활필수재의 저렴함은 게으름을 장려한다. 최선의 치료법은 모든 필수재에 대한 절박함을 높이는 것이다. … 게으름은 적어도 일시적인 노예 상태로 처벌되어야 한다."[7]

가난한 자에게서 한가함을 빼앗고 일만이 그들의 운명이도록 만드는 논리가 이로부터 정당화되기 시작한다. 하지만 노예 상태는 예속된 정신을 필요로 한다. 이것은 보편 교육의 제공에 반대하는 주요 논거 중 하나였다. 길들여진 계급이 끊임없이 일하는 습성을 갖지 않는다면 어찌 사회가 "무위와 안락, 그리고 쾌락"을 마땅히 누려야 할 사람들을 받쳐줄 수 있겠는가?

도덕적 미덕의 기원을 다룬 악명 높은 글에서 버나드 맨더빌은 노동 빈민의 교육이 바람직한가라는 문제를 성찰했다.

가장 고약한 환경에서도 사회가 행복해지고 사람들이 편안해지려면 반드시 그들 가운데 많은 사람들이 무지할 뿐 아니라 가난해야 한다.

지식은 우리 욕망을 키우고 늘리는 법이다. … 그러므로 모든 나라와 왕국이 복리와 지복을 누리기 위해서는 일하는 가난뱅이들의 지식이 그들이 하는 일 언저리에 한정되어야 하며, (눈에 보이는 것 중에서도) 그 직업에 관한 것을 결코 넘어서는 안 된다.[8, 9]

도덕적 우월감과 조악한 사익이 혼합된 이러한 사례들은 끝도 없이 나열할 수 있을 것이다. 애석하게도 그것은 모두 하나의 동일한 지점, 즉 종속 계급과 인간 이하의 종, 그리고 최대 이익의 산출을 위해 최저 비용으로 유지되는 예비 인간이라는 관념의 정당화에서 정점을 이룬다. 공공연하게 천명되는 자유시장의 이상과 달리 의존적 노동계급이 창출되기 위해서는 야만적 힘, 사회적 양심의 제거, 또 이의 달성을 위한 국가의 전면적 영향력이 필요했다. 기꺼이 자신의 생계나 자유를 포기할 사람은 아무도 없다. 공유지, 그리고 그것으로 인해 가능해지는 협동적 생활방식의 파괴는 모종의 자연스러운 시장 발전에 의해 생겨난 게 아니다. 그것은 방대한 규모로 진행된 야만적 강압과 사회 공학의 행위였다. 그것이 농민층의 삶의 질에 미친 효과는 엄청났다.

공동 이용권이 많은 소규모 자작농, 농업 노동자, 장인, 땅 없는 빈민을 지탱하는 힘이었다면 영국에서의 공유지의 파괴는 그 권리 위에서 존속하던 농촌 농업사회가 재조직되는 결과를 낳았다. 이미 인클로저된 공유지로부터 과도한 지대를 뜯어내는 대토지 소유자, 수가 줄어든 소농민, 토지 없는 소작인과 노동자의 하층계급으로 분화하면서 농촌 사회의 구성은 이전과 달라졌다. 이러한 사회 모델이 영국의 식민지로 수출되었는데, 이 모델은 사적 재산에 대한 배타적이고 절대적인 권리에 기반하며 대토지 귀족과 계급 특권의 옷을 걸치고 있었다.

* * *

19세기 산업자본주의의 승리는 자본의 특권과 이윤 동기보다 사회적 가치를 우선시하는 생활방식이 완전히 제거된 데 따른 것이었다. 칼 폴라니가 규명한 거대한 전환은 이를 가리킨다. 자본이 모든 사회적 통제에서 분리되고 모든 사회적 가치가 시장의 필요에 포섭되는 시장사회가 출현하면서 경제적 관계가 기존 사회질서의 규범과 가치에 뿌리 내려 있던 과거는 단절되었다. 이러한 균열은 산업혁명의 궁극적 의미였다. 하지만 이 시기에는 또한 완전히 낯선 자본주의 현실이 낳은 비인간적 조건을 해결하기 위해 새로운 형태의 공유하기, 협동, 정치적 행동이 일어나기도 했다. 민주주의를 요구하는 대중 동원 — 당시 이러한 동원은 전면적인 혁명을 의미했다 — 은 이처럼 경제적, 사회적 관계가 근본적으로 전환된 직접적 결과였다.

이 시기 영국에서 형성된 협동조합 운동은 농촌의 공동 권리 경제를 뒷받침한 상호부조의 가치를 확장하고 새롭게 했다. 그것은 산업자본주의에 도전하는 새로운 형태의 협동 조직 창출을 추구했다. 이러한 조직은 경제 조직의 한 형태이자 동시에 인간 사회의 새로운 비전이었다. 19세기가 시작될 때만 해도 협동조합주의는 보편적 사회개혁 운동을 구성하는 하나의 가지에 불과했다. 사회개혁 운동은 보편적 참정권 요구, 노동조합의 부상, 여성 권리의 요구, 기계 시대의 맹공에 맞서 장인 정신과 노동자의 작업 통제권을 보존하려는 시도 등을 포함했다.

이 모든 것은 결사체주의가 엄청나게 폭발하고 자율적이고 자발적인 단체가 출현하는 흐름의 일부였다. 시민사회의 발흥은 경제 붕괴, 급진적 동원, 정치 공간의 자유화에 뒤이은 자유 등 많은 요인들이 결합된 결과였다. 이 모든 경우에서 시민사회의 형태와 성격은 국가의 정치적 궤적, 경쟁하는 이익들의 충돌, 민주적 정체로서의 사회 구성에서 결정적인 역할을 할 것이었다.

공유지의 소멸이 공동 권리와 사회적 상호의존에 기반한 경제 체제의 종언을 나타낸다면 협동조합 운동은 산업 시대에 이러한 가치를 재구성하려는 기념비적 노력이었다. 운동의 영향력은 빠르게 확산되어 유럽, 러시아, 우크라이나를 가로지르며 온갖 유형의 협동조합이 생겨났다. 협동조합 이념은 1800년대 중반의 인클로저, 기근, 농촌 인구 감소에 뒤이은 이주의 물결을 따라 영국에서 북미로 흘러들었다. 협동조합은 신구 세계를 막론하고 일하는 사람들의 삶에서 상당한 역할을 할 것이었다.

오늘날 협동조합은 경제 민주주의를 표현하는 으뜸 사례이자 자본주의 모델에 대한 가장 중요하고 효과적인 대안이다. 그것은 단지 한물간 시대의 유산이 아니다. 협동조합의 수는 3백만 개가 넘으며 이들은 전 세계적으로 2억 8천만 명 이상을 고용하고 있다. 세계 인구의 10% 이상이 직간접으로 자신의 생계를 협동조합에 의존한다.[10] 농어업부터 금융 서비스, 사회복지, 주택에 이르기까지 협동조합은 기본 경제 부문에서 수많은 사람들의 복지를 떠받치고 지역사회에 필수 사회적, 경제적 서비스를 제공한다. 협동조합은 사회적 가치를 위해 경제학을 이해하고 실천하는 데에 다르고 더 많은 인간적 방식이 있음을 계속해서 상기시킨다. 협동조합이 갖는 중요성에 대해서는 이어지는 장들에서 더욱 자세하게 탐구할 것이다.

새로운 인클로저

영국에서 경제의 사회적, 협동적 가치를 살리기 위한 고투는 지금도 맹렬히 전개되고 있다. 하지만 박탈과 인클로저는 새로운 형태를 띠고 있다. 과거 공유지는 농촌의 경제와 사회적 관계를 통해 그 모습이 드러났다. 전후 시기가 되면서 이제 공유지의 상당 부분은 복지국가의 출현과 함께 구축된 공공 재산으로 구성되었다. 여기에는 병원, 학교, 대학, 도서관, 철도, 도로, 항만과 부두, 소방서, 전기통신 체계, 우편 체계, 공원 등 세금과 대중의 노동으로 비용이 충당되는 사회적 자산 전반이 포함되었다. 그것은 국가의 공적인 공동 재산을 구성하는 서비스, 자원, 공공기관의 집합체였다.

1979년 마가렛 대처가 총리로 선출되면서 이 모든 것은 위협을 받았다. 그녀는 앞선 시기 공유지의 인클로저를 위해 이용된 근거를 동일하게 사용하며 새로운 형태의 인클로저와 민영화를 제안하였다. 민영화가 되면 수익성의 상업 논리에 따라 이러한 공공 산업과 서비스 — 공공의 공동 재산 — 의 생산성이 더욱 높아진다는 것이다. 시장 논리는 이윤을 기반으로 유지될 수 없는 것이라면 무엇이든 폐쇄하거나 매각해야 한다고 요구했다. 이윤 원칙에서 독립하여 국가가 사회적 선을 제공하고 세금을 통해 그 비용을 충당하며 이를 시민을 위한 공동 자산으로 관리할 수 있다는 생각은 수용될 수 없었다. 이러한 생각은 사적 이윤의 증진을 위해 조직되는 자본주의적 시장만이 합리적이라는 관념에 위배되었기 때문이다.

80년대 초에 있었던 공공 재산에 대한 대처의 공격 이후 민영화는 속도를 더하며 전 세계로 확산되었다. 80년대 말이 되자 국영 기업의 총 매각 대금은 전 세계적으로 1,850억 달러를 넘어섰다. 민영화의 왕좌를 차지하기 위한 각축전이 펼쳐지는 가운데 각국 정부는 1990년 한 해에만 250억 달러에 상당하는 국유 기업을 매각했다. 놀랍지 않게도 최대 단일 매각은 영국에서 이루어졌다. 매각 과정에서 투자자들은 12개 지역 전기회사에 100억 달러 이상을 지불했다. 뉴질랜드는 정부 소유 통신사와 인쇄소를 비롯하여 7개가 넘는 국유 회사를 30억 달러를 상회하는 금액에 매각했다.[11]

영국에서는 보수당과 노동당 정부 하에서 이루어진 민영화와 이에 수반된 조세 감면을 통해 역대 최대 규모의 부가 한꺼번에 공공부문에서 민간부문으로 이전되었다. 자원 및 제조 부문 등 부실 운영되던 국유 산업의 매각으로 시작된 민영화는 얼마 지나지 않아 전력, 통신, 교통, 위생, 수도를 포함하는 쪽으로 확대되었다. 민영화 러시는 단지 이데올로기의 결과물이 아니다. 그것은 또한 수익성이 좋은 민간부문 투자처가 거의 없었기 때문이기도 하다. 지금처럼 빠르게 변하는 시대에 생산업에 대한 투자는 높은 위험이 따른다. 벤처 사업은 실패할 수 있다. 세계 경제의 금융화는 조세 감면 및 부자들의 조세회피처 활용과 결합되어 유휴 자본이 넘쳐나는 결과를 초래했다. 전 세계적으로 기업 금고에는 수조 달러의 돈들이 쌓여 있으며 수익성 좋은 투자처를 찾고 있다. 미 〈포춘〉지가 선정한 500대 기업으로 한정하더라도 2017년 기준으로 이들 기업이 역외 조세회피처에 보유하고 있는 금액은 2조 6,000억 달러에 달한다. 영국의 경우 7,500억 파운드의 돈이 활용되지 못하고 있으며 개인들은 3조 6,000억 달러에 이르는 돈을 축장하고 있다.[12]

따라서 이윤을 위한 공적 재산의 약탈은 으뜸가는 목표가 된다. 모든 위험은 납세자가 부담하며 회사가 실패하더라도 그들이 투자자를 구제할 것이기 때문이다. 반면 민영화된 서비스의 비용은 정확히 서비스 품질과 접근성이 하락하는 만큼 상승할 것이다. 물과 같이 선택의 여지없이 생활 유지에 필수적인 자원의 경우 이는 특히 더 큰 피해를 줄 것이다.

1989년 대처가 잉글랜드와 웨일스의 수도 서비스를 민영화했을 때 영국의 대중들은 매각을 통해 효율성이 높아지고 지분 소유가 확대되며 투자가 발생할 것이라는 말을 들었다. 하지만 실제로 일어난 일은 그 반대였다. 상수도 매각 이후 삼십 년이 지난 지금 지분 소유는 몇 안 되는 국제 투자자 손에 집중되어 있다. 그리고 많은 경우 이들은 조세회피처에 본거지를 두고 있다.

민영화 이후 수도 가격은 43% 증가했다. 비교를 하자면, 공기업인 스코티쉬 워터사Scottish Water는 스코틀랜드 고객들에게 2000년보다 2% 저렴한 비용으로 수도 서비스를 제공했다.[13] 마찬가지로, 민간부문이 상수도의 4분의 3을 공급하는 프랑스의 수도 서비스에 대한 포괄적 연구에 따르면 2004년 민간 회사가 공급한 수도 가격은 지방자

치단체가 공급한 지역에 비해 16.6% 높은 것으로 나타났다.[14]

수도뿐만 아니라 에너지, 교통, 통신 등 많은 필수 서비스 분야에서 고객과 국고의 부담 비용이 지속적으로 증가한다는 연구결과에도 불구하고 민영화는 세계은행, IMF, G20, OECD, 유럽연합, 국제개발은행 등의 기관에 의해 계속해서 장려되고 있는 실정이다. 민영화는 국제 무역 거래로 나아가 각국 정부와 세계 경제의 투자·개발 경로를 결정하고 있다. 전 세계에 걸친 중요 공공기관의 민영화는 연기금, 보험사, 기관 투자자가 보유하는 수조 달러의 유휴 자본으로 구성되는 민관협력 자금 조달에 의해 그 재원이 조성된다.

기업에 의한 세계 물 공유재의 인클로저는 분명 오늘날 직면하는 공공복지에 대한 위협 중에서도 가장 유해한 부류에 속한다. 지구온난화로 인해 물은 지구상에서 가장 소중한 — 또 정치적 격론이 오가는 — 자원으로 변모하고 있다. 공유지의 인클로저가 초래한 박탈이 영국 자본 축적의 첫 번째 국면에 특징적인 것이었다면 물의 전 세계적 인클로저는 생활 유지에 필수적인 자연계의 자원을 남김없이 상품화하는 냉혹한 자본 운동의 최종 조치를 나타낸다. 지구가 더워지고 박탈이 증가하는 시대에 이것은 인간 복지와 안전에 대한 전례 없는 공격이다. 하지만 바로 여기서 최대의 이윤이 만들어진다. 펄펄 끓고 있는 세계에서 물에 대한 통제는 궁극의 시장 지배력을 의미한다.

인클로저와 박탈의 과정은 결코 끝나지 않는다. 잉글랜드에서의 공동 목초지 소멸에 대해 말하건, 아니면 공공 영역의 식민화에 대해 말하건 인클로저는 일차적인 자본 축적 메커니즘이다. 그리고 이로 인해 이제 모든 곳에서 공공 재산의 약탈이 활성화된다. 여기에는 주변 자연 세계에 있는 모든 것, 또 사회제도에 의해 창출된 공적 재화와 혜택이 포함된다. 그리고 보다 은밀하게는 지식, 정보, 사회관계, 아직 경험하지 못한 정신적 동기·욕망·두려움·환상 등 정신과 인성의 비물질적 잠재력을 전유하는 것까지 포함된다. 감시 자본주의는 정보 시대의 도래와 함께 생겨나는 가능성들을 캐내며 지금 우리가 직면하는 경제적 착취의 선봉에서 활약하고 있다. 자본주의적 디스토피아는 이제야 시야에 들어오며 사람들에게 두려움을 안겨주고 있다. 그리고 어쩌면 감시 자본주의는 자본이 마음껏 활개 칠 수 있는 이 디스토피아의 마지막 미개척지일지 모른다.

* * *

첸나이의 물 위기는 계속해서 심화되고 있을 뿐이다. 수백만 가구가 물을 찾아 헤매며 하루를 보낸다. 사람들은 물을 받기 위해 6시간 이상 — 오전 3시간, 저녁 3시간 — 줄을 선다. 이것은 대개 여성들이 전담하는 일로 그들은 재앙의 상징이 된 밝은 색 플라스틱 양동이를 든 채 뜨거운 열기 속에서 끝이 없는 지루함을 견디며 기다린다. 어떤 이들은 우물 앞에 줄을 서고 또 다른 이들은 수도꼭지 앞에서 대기한다. 우물에서는 먼저 물을 길 사람을 정하기 위해 지역 공무원이 제비뽑기를 한다. 운 좋게 처음 뽑힌 사람은 깨끗하고 신선한 물을 얻는다. 운이 나빠 줄 끝에 서게 된 사람들은 흙탕물을 길어 갈 수 밖에 없다.[15]

첸나이의 상수도 민영화는 1978년 세계은행의 재정지원과 지시

하에 시작되어 서서히 은밀하게 진행된 '개혁' 운동이었다. 공공 자원이었던 메트로워터사Metrowater는 이윤을 위해 조직되는 상업 기업으로 바뀌었다. 1990년대 후반에 이르자 이 모델은 인도 전역의 수도 부문을 개조하는 교의가 되었다. 영국과 프랑스의 민영화된 급수 체계와 마찬가지로 공익에 끼친 피해는 서비스 부족의 문제를 훨씬 넘어섰다. 이러한 피해에는 주요 환경 비용이 포함되었다. 새로운 정책 하에서 수도 회사들은 고객 수요에 대응하는 한편 이윤 극대화를 추구하는 방편으로 지역 지하수 자원을 보호해야 할 자신의 의무를 포기했다. 메트로워터사는 도시 대수층 고갈에 앞장선 최악의 범죄자가 되었다. 그것은 2019년 위기 수준에 이른 물 부족 사태의 핵심 원인이었다. 다른 곳과 마찬가지로 인도에서 물은 단순한 상품으로 인식되지 않는다. 물은 고도의 상징적인 의미를 담고 있으며 이러한 의미는 증여·공유·규칙의 복잡한 의례를 통해 실행되는 사회적, 종교적 관행이 두텁게 결합되는 가운데 유지된다. 하나의 공유재로서 물 사용은 상호간의 권리와 의무로 구성되는 소우주를 구현한다. 최근까지도 국가는 이러한 권리의 담지자이자 청지기였다. 오늘날 인도를 비롯하여 전 세계에서 격화되고 있는 '물 전쟁'의 주요 양상 중 하나는 물을 어떻게 인식하고 평가하며 취급할 것인가를 둘러싼 '패러다임 전쟁'이다. 반다나 시바가 말하듯, "상품화의 문화는 물을 무상의 선물로서 공유하고, 또 주고받는 다양한 문화와 극명하게 대립한다."[16]

물이 특별히 예민한 울림을 갖는 데에는 분명한 이유가 있다. 하지만 2000년대가 시작되면서 무모한 민영화 러시는 세계적으로 정점에 도달했다. 130여 개 국 모든 주요 공공 재산 부문이 이전에 국가가 소유했던 최소 75,000개의 중소기업들을 처분하거나 민간 관리로 전환했다. 세계에서 가장 열렬한 민영화 추종자인 세계은행이 급격한 방향 전환을 권고할 것이라고는 거의 생각되지 않는다. 영국에서는 물을 다시 공적 소유로 전환하라는 요구가 커지고 있다. 보리스 존슨조차 대중적 분위기에서 심상치 않은 열기를 느껴 영국 철도를 다시 국유화했다. 이는 놀라운 일이 아니다.

하지만 이것이 해답이 될 수 있을까? 결국 물과 에너지 같은 이전의 공적 자원을 민영화한 것은 정부가 아니었던가? 무수히 많은 공공 자원들을 민간부문으로 내몬 것이 정부 아니었던가? 어쩌면 공적 소유 대 민간 소유의 시소게임을 넘어서는 무언가를 생각할 때가 되었을지도 모른다. 둘 중 어느 것도 그 자체로는 공익의 보호를 보장할 수 없다는 것이 분명하다. 아마도 우리는 호혜의 약속을 실제로 구현하는 가치와 원칙, 집합재의 효과적 관리, 공동 재산의 부활, 그리고 개인의 이익과 이윤 동기는 공공복지에 필수적인 자원의 보호와 완전히 양립할 수 없다는 인식 등 보다 근본적인 어떤 것을 살펴볼 필요가 있을 것이다.

협동과 공유재의 원칙으로 되돌아가는 한편 새로운 사회와 정치의 제도를 통해 이러한 원칙의 집합적 실행 능력을 육성하는 것은 진보적 전진에 필수적인 것으로 보인다. 이러한 제도는 어떠한 모습을 할 수 있을까? 또 이러한 제도를 만드는 데 정부와 시민사회가 각자 해야 할 역할은 무엇일까? 이어지는 사례 연구를 통해 무언가를 배울 수 있을 것이다.

04 협동 도시

이것은 위기가 아니다. 나는 더 이상 당신을 사랑하지 않을 뿐이다.
— 시위 피켓 중에서

2008년 금융위기가 강타했을 때 많은 이들은 이를 하나의 전환점으로 인식했다. 금융위기는 실패한 시스템과 그것을 지탱하던 이데올로기의 마지막 몸짓으로 보였다. 시스템이 살아남을 것이라 예상한 이는 거의 없었을 것이다. 더욱이 재앙을 가져온 바로 그 정책을 정부가 더욱 강화하고 가속화할 것이라고, 또 가해자뿐만 아니라 피해자에게도 배상을 청구할 것이라고 생각한 이도 거의 없었을 것이다. 유럽인들에게는 은행 구제에 쓸 돈을 마련하기 위해 긴축 정책이 강요되었으며 이로 인해 가장 강한 타격을 받은 곳은 스페인, 포르투갈, 그리스 등 유럽에서 가장 취약한 남유럽 경제였다.

스페인에서 긴축에 대한 대중적 반응과 기성 정치권의 부패에 대한 반감이 분출된 것은 2011년이었다. 그것은 정치와 시민권력에 대한 새로운 감수성을 표현했다. 스페인의 시민 반란은 직접민주주의의 요구와 일련의 새로운 가치들을 결합하였다. 이러한 가치들은 현재 새로운 자치주의로 인식되는 것의 핵심 요소인 시민권력의 관점에서 거버넌스와 정치를 다시 상상하는 것이었다. 스페인의 사례는 놀라운 방식으로 이를 보여준다. 직접민주주의와 대중 동원의 규범을 도시 수준의 정치권력과 공공정책으로 옮겨 놓은 스페인의 경험은 정치를 시민권력과 거버넌스 제도의 상호작용으로 고찰하려는 우리의 시도에 중요한 교훈을 제공한다.

스페인은 극단의 땅이다. 플라멩코의 불타는 열정과 마음을 흔드는 고야의 작품부터 가우디가 설계한 바르셀로나의 사그라다 파밀리아 성당에서 볼 수 있는 천국을 열망하는 석조 기둥과 스테인드글라스의 숭고한 환영에 이르기까지 스페인의 예술과 문화는 스스로 불화하는 한 국가의 초상이다. 사람들은 거대한 사람의 형상을 묘사한 달리의 초현실주의 회화를 떠올린다. 거인은 자기 몸을 잡아당겨 으스러뜨리며 끔찍하게 일그러진 얼굴로 이를 기꺼워한다.[1] 이 그림은 스페인 내전의 임박한 공포를 예언적으로 경고하고 있다. 마누엘 까스뗄은 이렇게 적었다. "역사를 통틀어 스페인 정치는 극적이고 충격적인 사건과 내전으로 누더기가 되었다."[2] 스페인은 또한 경계 — 지리적·정치적·심리적 경계 — 가 바뀌고 있는 땅이다. 아직 형상화되지 않은 거대한 무언가가 태어나려 애쓰는 것처럼 늘 느껴진다. 오랜 독재에서 벗어난 가장 최근의 유럽 국가로서 스페인에는 여전히 내전에 이은 파시즘 시기의 그림자가 드리워 있다.

5피트 3인치 키에 히틀러식 콧수염을 뽐내고 서양 배 모양 몸매를 한 고지식한 인물이 쿠데타를 일으켜 한 나라가 화염에 휩싸이게 된 것은 1936년의 일이었다. 광적인 민족주의와 권위주의, 그리고 격렬한 반공주의가 뒤섞인 프랑코의 야만적 체제는 36년간이나 지속되었으며 1975년 독재자가 죽고 나서야 끝을 맺었다. 스페인 내전은 2차 세계대전의 최종 리허설로 묘사되어 왔다. 그것은 분명한 사실이다. 스페인에서 벌어진 파시즘적 잔학상은 나머지 유럽에서 벌어질 일의 전조였다. 사망자 수는 삼십 만에서 백만 명에 이르는 것으로 추산된다. 정확히 아는 이는 아무도 없다. 지금까지도 동족살해의 집단적 외상이 가시지 않고 있고 상처는 치유되지 않았으며 악마를 몰아내지 못했다. 스페인은 양심고백을 기다리고 있는 나라다.

세계 금융위기에 뒤이은 2011년 5월 15일의 저항 운동과 그들이 표출한 정치적 감수성은 이 피비린내 나는 역사적 배경을 참조하지 않고는 이해할 수 없다. 민주주의 이행에도 불구하고 프랑코 사후 권력을 휘두른 정당들이 통치 엘리트 집단을 형성했고 그들은 부패로 심하게 망가졌다. 의회민주주의는 표면적으로 선거와 대의의 통상적 권리를 구현했다. 하지만 실제로는 보수 진영과 사회민주 진영이 양당 체제 속에서 권력을 주고받으며 존경스러울 정도로 공정하게 부패의 전리품을 나눠 가졌다. 그리스의 PASOK[*], 이탈리아 사회당[PSI]과 마찬가지로 스페인의 사회민주주의는 권력의 전리품으로 부패했고 나아가 이는 자본 이익과의 공모를 통해 유지되었다. 악화된 건 스페인의 정치 문화만이 아니었다. 경제는 여전히 유럽에서 가장 후진적인 쪽에 속했다.

---

[*] 범그리스 사회주의 운동 - 옮긴이

금융위기가 발생했을 때 스페인은 매우 큰 타격을 받았다. 은행은 2009년 터질 주택 거품에 과도한 투자를 하고 있었다. 은행이 붕괴 위험으로 흔들리고 있을 때 사회노동당 소속의 로드리게스 싸빠떼로 총리가 일말의 위기도 부정하면서 유럽중앙은행에게서 1,000억 유로를 융자받고 EU 정책의 전형이 될 긴축 조치를 시행했을 때 상황은 초현실적으로 변했다. 이때 사회민주주의자들은 우파와 결탁하여 긴축 조항을 집어넣으며 헌법을 개정했다. 은행이 구제되고 공공 서비스는 대폭 삭감되었으며 세금이 급격히 증가하고 실업률은 치솟았다. 동시에 사람들의 속은 부글부글 끓기 시작했다.

끓는점에 다다른 건 2011년 5월 15일(15-M)이었다. 이날 15만 스페인 시민들은 정부 조치에 반대하며 크고 작은 60개 도시의 거리를 가득 메웠다. 자발적 운동으로서의 전국적 행동은 광범위한 전선에 걸쳐 세력을 결집하고 있던 일련의 저항들이 정점에 이른 것으로 주요 노조 및 정당 밖에서 활동하는 약 200개 단체로 구성되었다. 15-M의 거대한 분출은 저항의 구심점이 된 인터넷 단체 '이제 진짜 민주주의를!Real Democracy Now!'의 요청에 응답한 것이다. 웹사이트에 게재된 선언문은 긴축의 거부에 불과한 게 아니었다. 그것은 기존의 경제·정치 체제에 대한, 더 이상 민중을 대변하지 않는 고장 난 민주주의를 거부하는 외침이었다. 선언문이 지닌 폭넓은 호소력은 진영과 사회 계층을 가로지르고 신구세대가 함께 공감하는 깊은 울림을 낳았다. 6월 26일 〈엘 파이스El Pais〉지가 실시한 전국 여론조사에 따르면 국민의 79%가 운동의 요구사항을 지지하는 것으로 나타났다.

15-M 운동의 조직자들은 앞서 몇 달 전 일어난 아랍의 봄 봉기에

서 큰 영향을 받았다. 그들은 운동의 방식 및 의미와 관련해 중동 전역에 신성한 불처럼 번진 저 소중한 민주주의의 요구에서 영감을 얻었다. 중동과 마찬가지로 스페인에서 일어난 동원 역시 온라인 조직화의 힘, 소셜네트워크의 촉매 역할, 공공장소의 물리적 점거에 의존했다.

5월 15일의 시위 이후 100명의 시위자로 이루어진 작은 무리가 마드리드를 대표하는 광장인 솔 광장을 점거하기로 결정했다. 그들은 텐트를 치고 침낭을 펼쳤으며 접이식 의자도 두었다. 그렇게 그들은 장기태세에 들어갔다. 이른 아침 경찰이 들이닥쳤다. 경찰은 곤봉을 휘두르며 시위자들의 머리를 가격하는 광포한 폭력을 자행하면서 그들을 광장에서 몰아냈다. 뉴스와 사진을 통해 경찰의 대응을 접한 사람들은 댐이 터지듯 거리로 쏟아져 나왔다. 수천 명의 시위자들이 다시 광장을 점거하기 위해 돌아왔으며 이후 며칠간 해방 캠프 등의 이름으로 시간대에 따라 5천에서 5만 개의 텐트들이 광장을 점거했다. 언론은 이곳을 "솔 공화국"으로 묘사하기 시작했다. 마드리드 점거가 시작되고 며칠이 지나지 않아 20개 도시의 주요 광장들이 점거되었다.

하지만 15-M 운동은 단순한 시위 이상의 포부를 가졌다. 그것은 정치를 이해하고 실천하는 방식의 혁명을 추구했다. 그것은 새로운 종류의 정치를 목표로 삼았다. 점거가 조직되는 방식, 공동체 의식의 육성, 운동이 스스로를 세상에 드러내는 방식은 유토피아의 현실화를 지향하는 일련의 분명한 가치들을 표명했다. 무엇보다 15-M 운동은 시민의 "도시에 대한 권리"를 되찾고, 도시의 조직 방식과 수혜자를 결정하는 한 줌의 정치인·기술관료·기업 이익으로부터 통제권을 빼앗아오길 바랐다.

처음부터 운동은 스페인 역사에서 그토록 중심적인 역할을 해 온 무정부주의 이념의 영향력을 드러냈다. 내전 초기 프랑코에 대한 공화주의적 저항의 핵심을 구성한 것은 무정부주의 단체들이었다. 또 아나코 생디칼리즘은 스페인 좌파 조직에 심대한 영향을 끼쳤다. 이러한 이념들은 15-M 운동에서 새로운 형태를 발견했다. 결정은 공개 집회의 숙의를 통해 내려졌다. 집회 참가 인원은 때에 따라 수천 명에 달하기도 했다. 지도부의 위계적 지위는 거부되었다. 공식적 대변인도, 정당과의 어떠한 제휴도 없었다. 이 대중 운동을 함께한 수십 개 단체들은 각자 개별성과 자율성을 유지했다. 상호부조 단체와 자원봉사자들이 야영지에 음식, 통신 시스템, 화장실, 응급 서비스, 아동 돌봄센터, 법률 지원을 공급했다. 여러 도시에 산재한 각 캠프는 자율적으로 움직였다. 활동을 조정하는 중앙 조직기구는 없었다. 협력은 자발적이고도 주체적으로 이루어졌다.

15-M 운동은 급진적인 직접민주주의의 실험이었다. 야영지는 활동가들이 상상하는 공동체 모델을 실생활 속에서 창조하도록 의도되었다. 많은 이들에게 그것은 협동적 자치의 이념과 실천을 처음 접하는 충격적인 경험이었다. 그러한 이념과 실천은 이후에 등장하는 많은 대중 운동에 하나의 공통적인 표준이 될 것이었다.

15-M을 함께한 운동들 중에서도 동원에서의 역할 및 리더십과 관련해 모기지 피해자를 위한 플랫폼Platform for People Affected by Mortgages(PAH)은 특히 강조될 가치가 있다. PAH는 퇴거 반대, 이민자 보호, 주택 부문의 사회 정의 요구를 주도했다. 스페인의 주택 위기는 국가의 체계

적 부정의를 드러냈다. 얼마 지나지 않아 스페인의 주택 소유자들은 부채 확대, 실업 증가, 임금과 복지의 긴축 삭감에 가로막혀 자신들에게 모기지 상환 여력이 없음을 알게 되었다. 2007년에서 2013년에 이르는 5년 동안 은행들은 발 빠르게 42만 채가 넘는 주택을 압류했으며 이 과정에서 22만 건의 퇴거가 발생했다.[3]

압류 대상 재산에 대한 접근을 물리적으로 봉쇄하는 한편 은행과의 협상을 통해 주택 소유자의 부채를 감면함으로써 PAH는 1,600건 이상의 퇴거를 막아냈다. 또 주로 비어 있는 건물의 점거를 통해 2,500명이 넘는 사람들에게 새로운 거처를 제공했다. PAH에 고유한 또 다른 점은 통상적인 좌파 활동가의 영역 밖에 있던 사람들에게서 관심과 지지를 끌어내는 능력이었다. 60년대 미국에서 활동한 솔 앨린스키Saul Alinsky의 지역사회 조직 전략[4]을 상기시키는 방식으로 PAH는 약탈적인 스페인 주택과 은행 정책의 실제 피해자들을 교육하고 훈련하며 동원했다. PAH의 활동은 직접적이고 극적이었으며 종종 유머가 가미되었다. 이케아가 "당신의 집은 독립 공화국The independent republic of your home"이라는 입에 착 붙는 광고 슬로건을 내놓았을 때 PAH는 그 말을 있는 그대로 받아들였다. 그들은 이케아를 점거하고 침대에서 잠을 잤다. 이케아의 공허한 마케팅이 말하는 것과 달리 PAH의 슬로건은 다소 신랄했다. "평생 살아봤자 절대 집 한 채 못 갖는다."

15-M 운동은 곧 스페인의 정치 지형이 크게 바뀌는 원천이 되었다. 하지만 2012년과 2013년에 이르자 주요 광장의 점거에 초점을 맞춘 운동은 동력을 잃기 시작했다. 대중 동원의 열기를 영원히 지속하는 건 가능하지 않다. 결국 사람들은 일상생활로 돌아갔다. 운동

이 직면한 도전은 정치의식의 전환과 대중 동원의 경험을 장기적으로 지속가능한 무언가로 변화시켜 내는 것이었다. 운동은 초점을 바꿔 정치 행동을 지역 주민들로 확산하는 전략을 구사하기 시작했다. 이 과정에서 집회가 부활하고 보다 광범위한 정치적 위기는 지역 수준의 구체적 쟁점 및 생활 관심사와 결합되기 시작했다. 광장의 집합적 토론을 본뜬 동네 집회를 통해 주민들은 공동의 관심사를 확인하고 해결책을 숙고하는 한편 상호부조 행동을 조직하는 과정에 참여했다.

무엇보다 중요한 건 이 과정을 통해 긴축과 체제의 광범위한 불평등으로 큰 피해를 겪은 주민들과 활동가들 사이에 신뢰 관계가 확립되었다는 것이다. 이민자들과 사회의 가장 취약한 부문에 속한 많은 이들이 점점 동원되고 더욱 폭넓은 정치 의제로 나아갔다. 정치적 대의, 부패, 정당성의 문제는 더 이상 추상적이지 않았다. 이러한 문제는 다름 아닌 집을 잃고 평생 빚에 시달리는 것과 같은 현실 속에 녹아 있었다. 이처럼 정치적 원칙과 구체적인 일상의 생존 문제를 연계하는 것은 곧이어 일어날 스페인 제도정치의 전환에 엄청나게 중요한 역할을 했다. PAH는 이러한 과정의 최전선에 있었다. 단체는 스페인 전역에 240개 지부를 설립했다. 각 단위는 자율성을 유지했지만 다른 지부와 적극적으로 네트워크를 형성하고 협력했다. 퇴거 반대와 피해자 지원은 지역 수준에서 해결될 수 있는 현실적 문제를 중심으로 하고 풀뿌리 행동에 기반하는 새로운 정치 연합을 결성했다. 이 과정은 급진화되었으며 PAH의 조직적 추진력과 PAH가 확립한 공동의 유대감이 없었다면 체제의 맹공 앞에서 여전히 고립되고 무력했을 수천 명의 사람들에게 힘을 불어넣었다. PAH의 조직 전술과 그들의 동원력은 PAH의 인기와 성공에 결정적이었다. 또 다른 요인은 조직의 지도적 활동가로서 아다 꼴라우가 수행한 중요한 역할이다. 운동의 목소리이자 이미지로서 그녀가 행한 촉매 역할은 PAH가 대중적 호소력을 갖는 데 핵심이 되었다.

꼴라우는 언제나 스스로를 지도자라 칭하는 걸 삼갔다. 그녀는 자신의 역할이 운동의 "얼굴"과는 다른 것이라고 주장한다. 이러한 역할은 다른 많은 사람들이 채울 수도 있는 것이기 때문이다. 이는 원칙적으로 위계와 권위적 인물을 거부하는 운동의 성격을 반영한다. 하지만 전통적 대의 형태의 거부가 소규모 조직에서 단기적으로 효과를 발휘할 수 있더라도 이는 장기적인 정치적 실천, 정책의 적용, 효과적 정치권력의 조직화 등의 사안이 중요해질 때 문제가 될 수 있다. 풀뿌리 동원에서 가장 문제가 되는 것은 언제나 이러한 대중 운동의 정치 제도로의 이행이다. 그것은 또한 자기 조직화, 직접민주주의, 위계의 거부에 기반하는 운동을 잠재적으로 분열시킬 수 있는 사안이기도 하다.

15-M 운동의 진정한 영향은 2015년 5월 치러진 지방선거에서 분명하게 나타났다. 바르셀로나에서 아다 꼴라우는 15-M과 지역사회 집회를 통해 생겨난 단체들의 연합인 바르셀로나 엔 꼬무Barcelona en Comú(모두의 바르셀로나)의 후보로 공직 선거에 출마했다. 바르셀로나 엔 꼬무는 제대로 고른 이름이다. 그것은 동원된 대중의 관념과 공유재의 이념을 합쳐 전통적 정치 제도를 훨씬 뛰어넘는 참여 정치의 비전을 형상화했다. 연합체의 형성은 그 자체가 참여민주주의의 실천이

다. 2014년 9월 단체들은 일련의 동네 집회를 통해 정치 플랫폼 창설
과 정치윤리 강령 수립을 위한 시민 의견수렴 절차를 개시했다.

플랫폼의 원칙은 다음과 같이 정리되었다.

- 모든 사람의 사회적 기본권과 존엄한 삶을 보장한다
- 사회적, 환경적으로 정의로운 경제를 증진한다
- 제도를 민주화하고 우리가 원하는 도시를 스스로 결정한다
- 시민들에게 윤리적으로 헌신한다

또 윤리 강령에는 다음 사항이 포함되었다.

- 정치적 대의·통제·책임의 민주화
- 재정 조달, 투명성, 비용 관리
- 정치의 전문화 및 특권의 폐지
- 부패 방지 대책

이 마지막 조항에는 또한 월 2,200유로의 급여 상한 도입이 포함되
었다.

나아가 플랫폼은 긴축 정책의 "비인간성에 대항"하고 빈민의 "존엄
성을 회복"하기 위해 "공동의 경제적 생존"이라는 이념에 기반한 "비
상 계획"을 마련했다.

플랫폼의 완성, 동네 집회의 발전, 당의 얼굴로서 아다 꼴라우가 보
여준 카리스마적 역할은 바르셀로나 시의회의 다수를 차지하는 결과

로 이어졌다. 15-M 운동에 동참한 이들이 스페인 내 모든 주요 도시와 지역 행정에 참여하게 되었으며 마드리드, 갈리시아, 까스띠야-레온을 제외하고는 프랑코 체제에 뿌리를 둔 스페인 제1보수정당인 인민당People's Party의 정치적 기반을 쓸어버렸다. 이러한 선거 결과 덕분에 15-M의 대중 동원이 있은 날로부터 불과 4년 만에 스페인 양당 체제는 종식되었다. 15-M은 정당성의 위기에 초점을 맞추어 그것을 드러냈다. 그 결과 개혁의 흐름이 지방자치 부문을 휩쓸었을 뿐만 아니라 스페인 좌파의 혁신 또한 이루어졌다. 급진주의의 목소리는 더 이상 정당 정치인의 입이 아니라 거리에서, 또 동원된 시민들의 선언문에서 울려 퍼졌다. 그러한 목소리는 권력의 전당에서도 자신의 목적에 충실할 수 있을까?

선거 경쟁을 저항을 표현하는 기회로 삼는 건 바르셀로나 엔 꼬무의 관심사가 아니었다. 그들이 선거 운동을 한 것은 권력을 획득하고 통치하기 위해서였다. 그럼으로써 그들은 두 가지의 매우 상이하며 또 많은 경우 상충하는 정치적 감수성, 즉 공식 정치에 매우 회의적인 풀뿌리 운동의 감수성과 새로운 통치에 필요한 정치 제도 형성의 요구를 화해시켜야 했다. 청바지와 티셔츠를 입고 거리 집회에서 막 돌아온 것처럼 보이는 젊은 활동가들에게 둘러싸인 채 시장 당선을 수락하기 위해 아다 꼴라우가 선거운동 사무소의 연단에 섰을 때 이 대비되는 힘들이 뚜렷하게 눈에 들어왔다. 격분과 희망의 흐름을 타고 스페인 전역에서 활동가 지도자들이 압승을 거두자 분위기는 환희에 들뜨고 광란에 가까워졌다. 이것은 새로운 새벽이었을까, 아니면 그저 뜻밖의 행운에 불과했던 것일까?

경제민주주의는 엔 꼬무 철학의 중심축이었다. 당은 이윤이 아니라 사람들을 위한 재화와 서비스 생산에 중점을 두는 경제 부문, 즉 사회적경제[5]의 역할 확대를 추구했다. 종종 공공부문 및 민간 시장과 나란히 "제3부문"으로 묘사되는 사회적경제는 사회적 사명을 동기로 하고 호혜를 활력의 원칙으로 삼는 단체들로 구성된다. 바르셀로나 엔 꼬무는 사회적경제를 혁신 부문으로 보았다. 사회연대경제 추진 계획Impetus Plan for the Social and Solidarity Economy은 사회적경제를 이렇게 기술하고 있다.

> 사회연대경제는 자원을 공정하게 관리하고 지속가능한 방식으로 이용하는 한편 노동을 사람들의 필요 충족 도구로 전환하는 생산 모델을 창출하여 경제의 본기능을 회복하고 사람들에게 봉사하는 경제를 만들고자 한다.[6]

바르셀로나 엔 꼬무는 사회적경제를 도시 사회경제 모델 전환에 필요한 정책을 공동 설계하는 동반자로 인식했다. 추진 계획은 사람들을 위한 서비스 창출뿐만 아니라 사회적경제의 생산 역량 강화를 목표로 삼았다. 시는 사회적경제 전체가 자원, 교육, 공공 조달, 금융, 제도 개발에 접근할 수 있는 길을 확장했다.

바르셀로나의 사회적경제는 매우 광범위하다. 바르셀로나는 4,800개 사회경제 사업의 본거지다. 이러한 사업들은 2,400개 사회적기업, 1,197개 노동자소유기업, 861개 협동조합을 포괄한다. 사회적경제 부문은 53,000명 이상을 고용하며 100,000명이 넘는 자원봉

사자들과 함께하고 있다. 소비자협동조합에는 약 55만 명의 조합원
이 있으며 노동자협동조합은 사회적경제 단체의 25% 이상을 차지한
다. 추진 계획의 목표는 시와 지역 전체에 걸쳐 사회경제적 행위자로
서 사회적경제 부문이 수행하는 역할을 공고히 하고 고양하는 것이
었다.

추진 계획은 또한 포괄적인 성격을 띠었다. 여기에는 사회적경제
부문 내의 구조적 문제점을 확인하기 위한 세부 절차가 포함되었다.
또 추진 계획에 개괄된 행동 계획에는 투자 자본에 대한 접근성부터
민주적 경영에 이르는 다양한 개선 방안과 사회적경제 단체가 자신
들의 이야기를 통해 세상과 소통하는 방식 등이 포함되었다. 사회적
경제와 협동기업을 증진하는 프로그램과 인력을 통해 시의 기업발전
센터인 바르셀로나 악티바Barcelona Activa를 탈바꿈하는 것 역시 이 과
정에 통합되었다. 바르셀로나 악티바는 본래의 도시와 사회적경제가
만나는 접점이 되었다. 이 전략은 다양한 사회적경제 요소들 간의 긴
밀한 통합과 협력에 더해 시 행정부서들 간의 긴밀한 협력도 요구했
다. 이러한 과정을 거치며 바르셀로나 엔 꼬무는 자율성과 자기 주도
성이 사회적경제에 지니는 중요성을 이해했다. 사회적경제 단체들이
부문의 생산력 강화를 위한 정책 수립을 주도할 때 시는 이를 활성화
하고 필요한 여건을 조성하는 역할을 수행했다.

사회적경제를 하나의 사회적 힘으로 격상하기 위한 바르셀로나의
노력은 유사한 시도들 가운데서도 가장 포괄적이고 야심찬 것에 속
한다. 일선 활동가들을 시 직원으로 활용함으로써 바르셀로나는 사
회적·정치적·경제적 가치를 구현하는 시민 기관과의 협력관계를 통

해 어떻게 지방자치단체가 변화의 촉매자가 될 수 있는지 보여주었다. 이러한 협력 속에서 시는 지역 전체에 걸쳐 사회적경제가 더욱 발전하도록 촉진하는 동시에 사회 변화의 장기적 과정에 참여할 수 있는 사회적경제의 역량을 제고했다. 계획은 효과가 있었다.

2016~2018년 기간 신규 협동조합의 수는 5.4%, 사회적경제 네트워크를 통해 거래한 기업의 수는 25.3%(2016~2017년), 까딸루냐 생산자협동조합 연맹FCTC에 등록한 협동조합의 수는 32% 증가했다. 또한이 시기 사회적경제 지방자치단체 네트워크XMESS와 함께 까딸루냐 협동조합 진흥기관 네트워크가 결성되었다. 더불어 전체 사회적경제를 아우르는 포용적 플랫폼이 신설되고 까딸루냐 노동자소유기업 및 사회적경제 연합ASESCAT이 결성되었다. 까딸루냐 사회연대경제법 제정절차가 개시된 것도 이 시기였다.[7]

* * *

참여민주주의는 바르셀로나 엔 꼬무 정치 프로그램의 두 번째 축이며 당의 온라인 기술 활용은 민주적 거버넌스의 새로운 개척지를 보여주는 것이었다. 민주적 의사결정을 위한 디지털 플랫폼으로 데시딤Decidim이 개통되었으며 이는 시의 공적 문제에 시민들을 참여시키기 위한 엔 꼬무의 노력에 강력한 도구가 되었다. 데시딤을 통해 논의되는 문제는 시의 거버넌스 사안에 국한되지 않았다. 데시딤은 사용목적과 단체를 막론하고 민주적 절차를 지원하기 위해 설계되었다. 그것은 협력 증진을 위한 무료 소프트웨어로 라이선스 규약상 디지털 공유재로 보호되고 있다. 개통 이후 데시딤은 그 자체로 하나의 민주적 온라인 커뮤니티가 되었다. 그것의 궁극적인 목적은 민주적 문화의 함양이다.

2016~2017년 데시딤은 시의 전략계획 설계에 활용되었다. 이러한 절차가 진행되는 동안 80회가 넘는 시민 집회가 개최되고 8천 건 이상의 시민 제안이 제출되었다. 이러한 제안의 70% 이상이 수용되었으며 프로젝트를 추적·평가·수정하는 데 데시딤이 활용되었다.

현재 150여 단체가 데시딤을 이용해 참여와 의사결정의 모든 양상을 관리하고 있다. 이것은 사회적경제의 핵심 자원으로 4만 명 이상이 플랫폼에 등록되어 있다. 기후 활동가들은 플랫폼을 활용해 활동을 홍보하는 동시에 환경 개선을 위한 토론에 시민들을 참여시킨다. 4년 후 2천 건이 넘는 회의가 시스템에 기록되었으며 여기에는 바르셀로나 시민 참여의 역사가 담긴 거대한 문서고가 포함되어 있다. 하나의 숙의 시스템으로서 데시딤은 중요한 역할을 수행한다. 하지만 데시딤의 아르나우 몬떼르데Arnau Monterde는 이렇게 말하고 있다.

데시딤은 중요하다. 하지만 훨씬 더 중요한 것은 진정한 참여를 보장하기 위한 정치적 헌신이다. 본질적인 것은 현실적인 정치 토론과 쟁점을 의제화하는 노력이다. 이는 정치적 가치를 실행하겠다는 약속과 관련된다. 기술과 정치를 분리해서는 안 된다. 시민 참여는 단지 기술적인 문제가 아니다. 그것은 정치적 과정이다. 정치 제도는 결정을 지시하고 조치를 이행하는 소수의 유력 인사와 전문가 이상이 필요하다. 다양한 유형의 지식을 지닌 사람들이 정치적 의사결정 과정에 들어올 수 있는 구체적 방법을 찾는 것이 중요하다. 난관은 시민 지식에 접근할 수 있는 상태 기계state machine*를 어떻게 설계할 것인가이다.

궁극적으로 데시딤의 목적은 공동체의 민주적 문화와 거버넌스를 진작하는 것이다. 바르셀로나 엔 꼬무의 다른 공적 참여 활동과 더불어 데시딤은 성공을 거둔 것으로 보인다. 데시딤은 시민 참여의 수준을 20배나 높였다. 사람들은 정책에 대한 시민들의 영향력이 커졌다고 느낀다. 또한 시는 데시딤을 통해 공적 생활 참여 경험이 전혀 없는 사람들과 연결될 수 있었다.

오늘날 데시딤은 80개 도시, 20개 국가, 150개 단체, 까딸루냐 정부, 스페인과 유럽 전역의 사회적경제 조직과 협동조합으로 확대되었다.

* * *

개인의 "도시에 대한 권리"라는 전제와 공적 생활 참여를 통한 시민의 "개인적 발전" 장려라는 목적은 심층적인 사회적 과정에 의해서만 달성될 수 있다. 아마르티아 센이 말하듯, 도시의 활력을 만드는 공동생활은 개인적 자유의 성취와 분리될 수 없다. 역으로 개인의 자유가 가능하기 위해서는 개인이 행동할 수 있는 범위와 역량을 제공하는 여건들이 존재해야 한다. 우리가 살펴보았듯, 이러한 이념은 아

---

* 시스템을 추상화해서 표현하는 수학적 모델링 방법의 하나. 외부 입력에 따라 한 상태에서 다른 상태로 옮겨가게 된다. - 옮긴이

리스토텔레스적 개념화에 그 뿌리를 두고 있다. 그는 도시가 개별적 존재이자 사회적 존재로서 개인이 완전한 잠재력을 실현할 수 있는 제도로 보았다.

센에 따르면, 그러한 발전을 추구할 자유는 행복의 전제조건이자 공동체의 행복을 진정으로 측정하는 유일한 가치다. 정의는 제도나 정치권력이 개인들을 대우하는 방식에 달려있지 않다. 그것은 "개인을 사회에 통합하고 자유의 분위기를 창출하는 윤리적, 문화적 유대, … 개인의 선택이 의미를 갖는 전반적인 환경"에서 도출된다.[8] 하지만 행복은 개인적 성취가 아니다. 행복은 공동체와 개인의 행복이 상호의존적인 환경에서 출현한다. 그것은 사회적 과정이지 자유주의적 이상에서처럼 사익에만 바탕한 원자화된 행동의 산물이 아니다.

시민에게 "제공"되는 서비스의 집합으로 관리되는 현대 도시는 기업적 원형이 공동체의 사회체social body에 접목된 것이다. 시민이 "고객"으로 칭해지고 정치인이 기업 문화에서 차용한 용어들(금액 대비 가치, 비용 효율성, "제공 상품" 등)로 서비스를 언급할 때 도시는 그저 관료제로 환원될 뿐이다. 도시가 생활 공동체에 적극적이고 의식적으로 기여하는 시민과 맺는 유기적 연결은 지워진다. 도시에 대한 이러한 기업적 개념화는 사람들을 수동성과 무능함 속에 고립시킨다. 또 정치적 공동체에 소속된 시민이라는 정체성을 앗아간다. 그것은 지속적인 탈사회화 과정의 최종 산물로서 상업 문화와 개인 소비만이 환영받을 수 있는 공간으로 도시를 탈바꿈한다. 이로 인한 결과는 충분히 예측할 수 있다.

텍사스대학교 아넷 스트라우스 시민생활연구원Annette Strauss Institute for

Civic Life의 연구진에 따르면 시민적, 정치적 참여의 쇠퇴는 이에 상응하는 다른 핵심 영역의 쇠퇴, 즉 공개 토론 석상에서의 무례, 공적 문제에 대한 관심 저하, 긍정적 역할 모델의 쇠퇴, 시민적·정치적 기술 — 시민적 사안에 참여할 때만이 함양될 수 있는 부류의 기술 — 의 쇠퇴 등과 관련된다.[9]

어느 지역사회든 공공기관에 대한 신뢰와 믿음의 수준은 지역사회 구성원이 시민 생활에 참여하는 정도와 관련된다. 시민 참여의 쇠퇴가 사회자본의 쇠퇴를 초래하고 역으로 사회자본의 쇠퇴가 시민 생활을 잠식함으로써 지역사회의 여건이 악화되는 하강 나선이 만들어진다. 스트라우스 연구원의 사회자본 프로젝트 보고서가 지적하듯, "높은 수준의 시민 참여는 보다 나은 공공 거버넌스와 결합된다. 협동 능력이 제한된 원자화된 사회는 결코 사회가 아니다. 그러한 사회는 구성원들이 협력하는 다른 사회에 비해 경제적으로 정체되거나 쇠퇴할 것이다."[10]

전 세계의 시민 동원은 그들이 옹호하는 민주적 가치 실현에 가장 유리한 장소로 도시에 초점을 맞추었다. 도시마다 새로운 형태의 도시 공유재가 실험되고 협력적 유형의 거버넌스와 시민 참여가 확대되고 있다. 이는 도시 공동체 생활을 되찾기 위한 새로운 상상력의 요소들이 되고 있다. 본질적으로 바르셀로나는 파트너 국가에 상응하는 지역 수준의 모델을 구현하고 있다.

05 농민의 길

투쟁의 세계화, 희망의 세계화
- 비아 깜뻬시나의 구호

1998년 1월 어느 날 나가리칸티 옐라이아^{Nagarikanti Yellaiah}가 자신의 작은 농지로 걸어 나가는 모습은 하루 일을 시작하려는 젊은 인도 농부의 모습과 크게 다르지 않았다. 하지만 여느 때와 달리 그는 자신의 밭에 누워 작은 살충제 병에 든 유기인산염 독을 마셨다. 이 독은 신경계에 빠르게 작용했다. 동공이 차츰 줄어들어 마치 핀 끝처럼 가늘어졌고, 시야가 침침해졌으며, 땀과 구토로 온 몸이 흠뻑 젖었다. 나가리칸티는 경련을 일으키다가 마침내 호흡 정지로 숨을 거두었다. 죽음의 순간은 고통스러웠을 것이다. 다 망친 작물 속에서 그의 시신이 발견되었는데, 벌레와 애벌레들이 여전히 작물을 갉아먹고 있었다. 12시간 후에는 마을 사람들이 베날라 벤카테스왈루^{Bennala Venkateswarlu}를 발견했는데, 그의 곁에도 살충제 병이 놓여 있었다. 4월까지 350명의 농부가 목을 매거나 작물을 살려내지 못한 독약을 마셨다.[1] 나가리칸티와 마찬가지로 그들 대부분은 인도에서 가장 큰 규모의 면화 재배 지역 가운데 하나인 안드라 프라데시 주Andhra Pradesh에 있는 와랑갈Warangal 지역 출신이었다.

2019년 한 해에만, 인도에서 4만 2,480명의 농부가 자살로 사망했다.[2] 그들은 전 세계 소농들이 골리앗 같은 농업법인들을 상대로 싸우는 전쟁의 희생자였다. 세계 각국의 농민들과 마찬가지로 인도 농민들은 세계 식량 체계를 완전히 바꿔 놓은 '발전'의 심각한 대가를 치르고 있다. 우리가 먹는 식량뿐만 아니라 수천 년 동안 농촌 경제와 소작농 가족의 삶을 지탱해온 생태계와 생활방식을 근본적으로 바꾸고 있는 세계적 대재앙이 펼쳐지고 있는 것이다.

죽음과 절망은 이 과정에서 생기는 한 가지 결과다. 저항과 민중 항쟁은 또 다른 결과다.

* * *

전 세계 인구 대다수의 희망과 투쟁을 대변한다고 주장할 수 있는 조직은 거의 없지만, 비아 깜뻬시나는 그런 조직 가운데 하나다. 이 조직은 창설 이래 반세계화 또는 알떼르문디스따altermundista(다른 세상) 운동에서 가장 강력한 풀뿌리 세력이 되었다. 81개국 182개 회원 조직을 보유한 비아 깜뻬시나는 세계에서 규모가 가장 큰 조직이기도 하다. 회원 조직들은 5개 대륙에 걸쳐 5억 명이 넘는 소작농 가족과 토착민들을 대표한다. 비아 깜뻬시나는 스페인어로 '농민의 길'이란 뜻이다.

진정한 국제 농민단체이자 전 세계를 휩쓴 신자유주의라는 재앙을 뒤엎기 위한 투쟁을 주도하는 비아 깜뻬시나의 사례는 우리 시대에 시민권력이 전 세계의 변화를 위해 할 수 있는 역할이 무엇인지를 여실히 보여준다.

세계에 대한 우리의 인식을 형성하는 최첨단 도시에 대한 환상에서 기대할 수 있는 것과는 달리, 세계화에 대해 가장 날카롭게 비판하고 중요한 대안을 발전시키는 것은 농민단체와 농민 감성이다. 브라질 열대우림의 토착민이나 인도의 농부들이 벌인 생존을 위한 투쟁은 농민 정체성이라는 새로운 집단 정체성을 탄생시켰고 정치적 행동을 위한 세계적 비전을 구체화하고 공식화했다.

비아 깜뻬시나의 출현은 특히 남반구의 저개발국에 있는 농촌 사회에 대한 민족국가의 역할 변화와 농민 권리 수호자로서의 국가의 쇠퇴와 결부되어 있다. 1800년대 산업 자본주의의 사회 파괴가 촉발한 농민·노동자 운동과 마찬가지로 비아 깜뻬시나는 우리 시대에 세계적 규모로 벌어지는 동일한 투쟁을 상징한다.

라틴아메리카는 세계에서 토지와 소득 분배가 가장 불평등한 곳이다. 또한 1980년대의 "잃어버린 10년" 동안 신자유주의 정책과 원자재 가격 폭락이 맞물려 지역이 황폐해지면서 급격한 생활수준의 하락을 경험하기도 했다. 대륙 전체에 걸쳐 농민 동원의 과정이 구체화되기 시작한 건 바로 이 시기였다. 1990년, 지역 전체에서 콜럼버스의 아메리카 대륙 도착 500주년을 기념하기 위한 축하 행사에 반대하는 시위가 벌어지는 과정에서 전환점을 맞이했다. "신대륙 발견"을 공식화하려는 시도와 유럽 식민화가 내건 문명화 사명을 거부하며 키토 선언^{Declaration of Quito}이 "500년에 걸친 인디오의 저항"을 인정하고 초국가적 농민 운동의 기반을 확립하기 위해 공식 발표되었다.[3] 이 중요한 문서에서 참가자들은 자연 파괴에 대한 깊은 우려를 표명했고 스테파노 바레세가 말하는 이른바 "우주의 도덕적 관리" 또는 "도덕적 생태학^{moral ecology}"을 제안했다.

> 우리는 자연을 소유하지 않는다. … 그것은 상품이 아니다. … 그것은 우리 삶에서 없어서는 안 될 부분이다. 그것은 우리의 과거, 현재, 미래다. 우리는 인류와 환경이 지닌 이런 의미가 우리 아메리카 인디오 공동체에만 해당되는 것은 아니라고 믿는다. 우리는 이러한 형태의 삶이 사람과 자연을 지배하는 체제에 억눌린 세계 모든 사람을 위한 선택이자 빛이라고 믿는다.[4]

바레세에 따르면, "공유 재산의 개별 이용권에 대한 개념과 실천, 그리고 사용가치의 우위에 기초한 농촌 공동체의 생태적 우주론은 자본주의 시장경제에 부합하는 교환가치에 기초한 우주론의 침범에 저항했다."[5] 본질적으로 농민의 생활방식은 동시대 세계 자본주의의 요구에 적응하면서도 이전 시대로부터 내려온 집단적 형태의 농촌 경제를 보존한다.

우리는 바레세의 도덕경제 개념을 받아들인다. 그것은 집단 소유권, 공동의 권리와 의무, 상품 가치에 대한 사용가치의 우위, 협력, 호혜주의, 공공선의 우선성 등의 가치를 구현한다. 이러한 도덕경제에서 경제적 관계는 호혜주의와 생계유지를 위한 생산의 논리에 바탕을 두고 있다. 그것은 개인과 그들 공동체 사이의, 그리고 인류와 자연계 사이의 상호의존성을 인정한다. 이와 동일한 원칙들은 남반구의 저개발국에서 체계화되기도 했던 부엔 비비르Buen Vivir 사상에도 내포되어 있다. 이것은 '좋은 삶'으로 해석될 수도 있는 정치경제에 관한 종합적인 관점으로서, 공동체 중심의 생태학적으로 균형 잡히고 문화에 민감한 삶의 방식을 나타낸다. 이 관점에서 자연은 법적 보호를 받을 권리를 가지며 단순한 재산으로 취급될 수 없다.

도덕적 원칙에 기반한 경제는 국제 농민 운동이 농업의 미래에 관한 세계적 논쟁 속으로 끌어들이려 하고, 보다 광범위하게는 자유시장 자본주의의 대안적 전망으로 제시하려고 하는 쟁점이다. 칼 폴라니를 비롯한 협동경제학 이론가들이라면 이러한 점에 대해 편안함을 느꼈을 것이다. 이러한 정식화에서 새로운 점은 농민 운동이 환경이나 지속가능성 같은 쟁점들과 명시적으로 연계되었다는 점이다.

키토 선언 그리고 그 선언을 이끌어낸 사람들과 과정이 함께 어우러져 라틴아메리카 민중 투쟁의 전환점을 예고했다. 억압받는 사람들의 새로운 집단 정체성이 구축되고 있었다. 이때까지만 하더라도 라틴아메리카 농민 운동은 안간힘을 다해 벗어나려고 했던 지배 구조에 깊이 묶여 있었다. 제2차 세계대전 이후 농촌 주민들에게 제공되는 공공 서비스는 후견주의적 관계를 형성하려고 하는 정부에 의해 빈번하게 활용되었다. 후견주의적 관계는 많은 농민단체와 지도부를 국가 기금을 통제하는 정당과 국가 후원의 볼모로 만들었다.

라틴아메리카에서처럼 아프리카와 아시아의 농민단체들은 정치권력의 정실주의를 낳을 수도 있는 특정 정당들의 외연조직이 되었다. 농업 보조금, 작물 할당량, 시장과 유통 경로 독점 등의 우호 정책들은 모두 농촌의 표에 보답하는 정치적 특혜로 제공되었다. 공산주의에서 사회주의, 기독민주당에 이르기까지 모든 이념적 스펙트럼을 막론하고 정당들은 각기 상응하는 농민단체들을 육성할 수 있었다. 농민 지도자들의 역량은 도심 유력 인사와의 후원 관계 성사 여부에 따라 판가름되었다. 농민단체들은 구조적 변화에 놓여 있는 구성원들의 이익을 현상 유지를 원하는 정당들의 도시 이익에 종속시켰다.

단작이 시작되고 수출 시장이 득세하면서 모든 것이 바뀌었다. 농산업이 세계적으로 부상하고 농업 생산에 첨단 기술이 도입되면서 WTO, 세계은행, IMF는 게임의 규칙을 바꿔 놓았다. 국가 규제를 통한 자본의 사회적 통제가 해체되었다. '구조조정' 정책은 국가의 역할을 주변화시켰고 정당과 후원 농민단체의 역할이 시대에 부응하지 못하면서 새로운 성격의 농민단체가 전면에 등장했다.

이들은 경험을 통해 교훈을 얻었다. 새로운 집단은 더 전투적이었고, 지도부는 더 적게 타협했으며, 농민단체들은 농민들의 활동 목표와 종종 상충되는 관점과 의도를 지닌 정당과 정부 기관, 교회, NGO로부터 더 많이 독립했다.[6] 농민단체들은 신자유주의 정책으로 대폭 삭감된 국영 서비스의 복원을 요구했다. 그들은 농지 개혁을 위해, 또 소농의 농업을 회복하고 식량 체계를 장악한 독점에 저항할 수 있는 국내 시장 창출을 위해 싸웠다. 농민 운동의 초점이 국민국가 너머로까지 확장되어야 한다는 점이 분명해졌다. 다른 많은 영역에서와 마찬가지로 농업 부문에서 발생하는 국가적 문제들 역시 이러한 문제를 발생시킨 힘이 세계적인 차원에서 작용한다면, 단지 국가적 수준에서는 해결될 수 없다. 체계적이면서도 국제주의적인 새로운 접근 방식이 필요했다. 또한 농민 경험에 뿌리를 둔 집단 정체성을 형성할 필요도 있었다.

이제 국가를 초월하게 된 이 집단의식은 수세기에 걸친 생존과 자기 가치를 위한 투쟁을 통해 형성되어 영원히 우리 속에 자리 잡았다. 그리고 이 투쟁은 수세기 동안의 식민 정복 시기에 서서히 전개된 절멸 과정에서 변하지 않는 특징이었다.

《영국 노동계급의 형성The Making of the English Working Class》에서, E. P. 톰슨은 영국 노동계급의 형성기인 1780~1832년에 영국 노동계급의 집단적 계급 정체성이 형성되는 매우 유사한 과정을 설명한다. 서문에서 그는 "1780년에서 1832년 사이에 대부분의 영국 노동자들은 이해관계가 다른(대개 반대되는) 이들에 맞서 자신들이 동일한 이해관계를 가지고 있다고 느끼게 되었다"고 주장한다. 영국 노동자들이 지향한 바를 톰슨은 "가난한 양말 제조공, 러다이트 운동에 가담한 전모공*, '시대에 뒤떨어진' 수직기 직조공, '유토피아적' 장인을 후대의 멸시에서 구해내"는 것이었다고 지적한다. 오늘날 농민 운동의 전 지구적 투쟁과 자신들의 집단 정체성 형성 역시 현재의 허무주의와 멸시로부터 스스로를 (그리고 어쩌면 우리를) 구하려는 것이다.

중앙아메리카, 카리브 국가, 북아메리카, 유럽의 농민단체들은 1992년 마나과에서 열린 국제 집회에서 만나 신자유주의가 농업과 그들의 공동체에 미치는 영향에 대해 함께 숙고했다. 그들은 자유 무

---

* 모직물의 표면의 잔털들을 깎아 고르게 다듬는 직공 - 옮긴이

역, 낮은 가격, 강탈, 농촌 지역의 증가하는 빈곤 등 산업형 농업의 잔인한 결과들을 거부하는 "공동의 의미 틀"을 표명했다. 그들은 대안적 모델이 절실히 필요하며 공동체에 영향을 미치는 식량·농업 정책을 농민 스스로가 분명히 제시하고 주도해야 한다고 결론 내렸다. 비아 깜뻬시나가 탄생한 것은 바로 이때 열린 농민축산농가 국제연합 National Union of Farmers and Cattle Ranchers, UNAG 회의에서였다.

비아 깜뻬시나는 농민들이 세계적으로 목소리를 내고 국제적 위상을 갖게 했다. 그것은 가난한 사람들의 운동이자 소외되고 위협에 시달리는 사람들의 운동이다. 비아 깜뻬시나는 이러한 정체성을 수용하고 그것을 긍정과 저항의 무기로 바꾸어 놓았다. 이 운동은 자신의 영역을 분명히 했다. 이 조직은 풀뿌리 기반의 진정한 농민단체들만 회원으로 받아들인다. 이 조직은 행동의 자유를 위태롭게 하거나 내부 결정에 어떤 식으로든 간섭하려 드는 요인들은 허용하지 않는다. 독립성, 자율성, 자체 회원들에 대한 책임성은 신성불가침한 것이다. 그것은 어렵게 얻은 교훈을 통해 쌓아온 정치적 입장이자 운영관이다.

이 운동은 대립적 태도를 보이고 요구 사항이 많다. 또 쉽게 타협하지 않고 그다지 공손하지도 않다. 이 운동은 조합원들에게 영향을 미치는 결정들이 내려지는 회의실과 탁자 주변으로 사정없이 밀고 들어간다. 이 운동은 돌아가는 사정을 잘 파악하고 자신들이 주장하는 바를 잘 알고 있다. 이 운동은 자신의 세계관에 대해 솔직하고 변명하지 않으며 명확하고 일관된 제안을 한다. 이 운동은 매우 효과적이다. 이 운동의 가장 큰 장점은 명확한 비전, 지역적 책무와 긴밀하게 결합된 세계적 활동 범위, 그리고 무엇보다도 수천 명의 조합원을 거리로 끌어낼 수 있는 능력이다. 이 운동은 빈번하게 그리고 대체로 지치지 않고 그런 능력을 발휘한다. 이 운동은 세계적인 골칫거리다.

* * *

식량 주권의 개념은 아마도 비아 깜뻬시나가 체제 변화의 원동력으로서 행한 역할을 가장 잘 보여준다. 식량 주권은 1996년 세계식량정상회의World Food Summit에서 정치적 어휘로 등장했다. 여기에서 비아 깜뻬시나는 식량 체계에 대한 우리의 이해 틀을 새롭게 구성하는 대안적 방법으로 이 개념을 제시했다. 식량 주권은 농민의 삶과 전통적인 형태의 소농이 지나간 전자본주의 시대의 잔재라는 생각을 반박한다. 오늘날 이 용어는 시민 사회 전반에서 그리고 정치·경제 제도 전반에서 전 세계적으로 널리 쓰이고 있다.

식량 주권은 북반구의 식민 문화뿐만 아니라 농민 운동의 경험과 정치적 투쟁에도 이념적 뿌리를 두고 있다. 그것의 접근법은 사회 전환을 위한 하나의 흐름이며 토양과 자연 세계의 지속에 뿌리를 둔 삶의 경험을 반영한다. 그 이데올로기는 평등, 호혜, 공공선의 사회 윤리에 기반을 두고 있다.

전통적인 농촌 가치들과 생활방식을 시대에 뒤떨어진 것으로 간주하기는커녕 비아 깜뻬시나는 자본주의 이전의 과거를 가능성 있는 (실로 필연적인) 자본주의 이후의 미래와 결부시킨다. 그것은 향수에 젖은 전근대 시대로의 회귀를 옹호하지 않는다. 오히려 근대성에 대한 대안적 길을 제시한다.

식량 주권은 사람들이 생태적으로 건전하고 지속가능한 방법을 통해 생산된 건강하고 문화적으로 적합한 음식을 먹을 권리를, 또 정부뿐만 아니라 공동체가 그들의 식량 체계를 규정하고 통제할 권리를 의미한다. 이러한 정책들은 초국적 기업들의 독점력과 이러한 독점을 유지하는 무역 정책을 정면 공격한다.

식량 주권을 옹호하는 투쟁은 또한 새로운 개념의 인권을 옹호하는 투쟁이다. 전통적 개념의 인권은 서구의 자유주의적 계몽주의 전통에 뿌리를 두고 있다. 여기서 권리는 본질적으로 개인주의적이고 경제적, 정치적 주체로서 행동하는 개인의 자유로 표현된다. 식량 주권은 집단 권리의 개념을 제시하는데, 이 개념에서는 집단 정체성과 식량 생산 수단에 대한 집단 통제라는 틀에서 권리를 반드시 문화적, 사회적인 것으로 바라보게 만든다. 집단 권리는 공동체 구성원인 개인에게 속하는 개인의 권리이다. 이러한 권리는 전체 공동체가 구현하고 각 개별 구성원의 행위성을 통해 행사된다. 결과적으로, 집단 권리의 개념은 공유재와 공공선 개념과 분리될 수 없다. 식량 주권을 국제무역 규칙에 적용하고 초국적 기업들의 힘에 맞서 집단 권리를 보호하는 투쟁이 바로 지금 진짜 전쟁이 벌어지고 있는 현장이다.

식량 주권을 위한 투쟁은 최전선에서 기업의 세계 식량 체계 장악에 맞서는 것과 같다. 식량 주권이 없다면, 남아 있는 전 세계 자작농들에 대한 완전한 강탈이 이루어지는 건 시간문제다. 이것은 남아 있는 모든 야생 지역의 상품화와 파괴를 의미하며, 전 세계 물의 사유화와 같이 인간 생명의 필수 원천에 대한 기업의 지배를 뜻한다.

식량 주권에 중점을 두는 비아 깜뻬시나의 태도는 농민 동원에 대단히 중요한 의미를 갖는다. 식량 주권은 서로 이질적인 여러 농민 봉기들이 일관되고 통일된 농민 운동으로 전환되고 있음을 보여준다. 이를 위해서는 전례 없는 수준의 통합된 비전과 조직적 동원 역량이 필요하다. 두 번째로, 그것은 자율적인 농민의 자기 정체성 형성과 이러한 정체성에 형체와 목소리를 부여하는 지성의 힘을 의미한다. 세 번째로, 식량 주권은 전환의 상징이다. 그것은 실질적 사회 전환을 추구하는 이념의 실천을 통해 대중 동원을 정치권력으로 옮겨갈 수 있게 하는 중요한 요인이 된다.

방법의 측면에서 비아 깜뻬시나는 우리 시대의 다른 대중 동원에 특징적인 수평성, 자율성, 직접민주주의 등의 가치를 공유한다. 그러나 권리의 언어로 표명되고 음식을 기반으로 한 비아 깜뻬시나의 체제 변화 구상은 지금까지의 수많은 대중 운동에서 빠져 있던 일관되고 명확한 비전을 제시한다. 비아 깜뻬시나는 대중 동원이 장기간에 걸쳐 세계적 규모로 지속될 수 있다는 사실을 보여줬다. 이 점 또한 지난 20년 동안 허무하고 짧게 끝나버린 너무도 많은 대중 동원들과 대조를 이룬다. 비아 깜뻬시나는 이를 어떻게 달성했을까? 그리고 세계화된 권력의 시대에 통치 역량이라는 난관을 극복하기 위해 어떤 교훈을 얻을 수 있을까?

글로컬리즘

비아 깜뻬시나의 힘은 궁극적으로 그들 자신의 영역에서 식량 주권과 농민 권리를 위해 결집된 지역 기반의 강력한 농민 운동에 기초를 두고 있다. 비아 깜뻬시나가 표방하는 대표성 또한 지역 차원에서 협업하는 다양한 조직의 참여적이고 민주적인 의사결정 구조에 달려 있다. 지역 차원의 의사소통과 공조를 초국적 집단행동 전략들과 결합하는 역량을 발휘하여, 비아 깜뻬시나는 자체의 상향식 구조와 통합하는 작업 방식들을 이용하여 집단행동을 강화한다. 합의 도출은 종종 느리고 번거롭긴 해도 결속과 집단 정체성, 그리고 공동의 목적을 구축하는 데 필수적이다.

지역과 세계를 이렇게 연결하고 효과적인 정치 전략을 통해 민중 동원을 변화의 비전을 현실화하는 동력으로 삼는 능력은 권력이 세계화된 시대에 시민 동원의 효율성을 높이는 데 있어서 중요한 교훈이 된다. 아마도 이것을 제대로 인식하는 최선의 길은 모든 식량 체계의 기반인 종자의 자유롭고 개방적인 공유를 보호하기 위해 현재 벌이고 있는 세계적 캠페인을 통해서 찾을 수 있을 것이다. 비아 깜뻬시나는 리더십, 정치 분석, 세계적 영향력을 통해 이 장대한 투쟁의 핵심 세력이 되었다.

* * *

아득한 옛날부터 농부들은 종자를 자유롭게 선택하고 저장하고 교환해왔다. 종자에 대한 접근성은 전 지구적 농업 공유재의 기반이었다. 그리고 이러한 농업 공유재는 식량 생산을 모든 사람의 공동 유산인 자연적인 삶의 체계와 연결시킨다. 오늘날 이 체계는 종자를 독점하고 종자 사용을 사유화하려는 기업농의 활동으로 뒤집히고 있다. 종자 생산성을 높인다는 명목으로 기업농은 종자 다양성의 4분의 3에 달하는 손실을 초래하고 있고 생산에 1만 년의 농업 경험이 필요한 종자 풀^{seed pool}을 훼손하고 있다.

바이엘, 신젠타, 코르테바 세 회사가 전 세계 상업용 종자의 50% 이상을 장악하고 있는데, 이 종자들은 이들 회사에서 생산하는 제초제와 살충제에 견딜 수 있도록 유전적으로 변형된다. WTO, 세계은행, IMF의 추진으로, 또 자유무역협정 및 종자와 육종가의 권리를 보호하는 법률을 통해, 이 독점 체제는 자체 종자의 유통만 허용하며 현지 농부 종자의 저장, 교환, 기부, 판매를 불법화한다.[7] 종자 회사의 관점에서는 종자를 저장하고 공유하는 오래된 관행은 잠재적 소득의 상실을 의미한다. 특허 받은 잡종 종자가 그들의 답이다. 현재 산업형 농업에서 보편적으로 사용하는 화학 비료와 농약에 잘 견디도록 되어 있는 이러한 잡종 종자들은 단일 재배와 고수익을 지향하는 생산 체제의 기반이다.

유전자변형^{GM} 종자는 씨를 받아 다시 심을 수 없게 조작되어 있다. GM 종자는 해마다 농부가 다시 구매해야 한다. GM 종자는 농부가 종자뿐만 아니라 종자를 자라게 하는 화학제품을 사용하려면 기업들에 전적으로 의존할 수밖에 없게끔 되어 있다. 그린피스에 따르면, 몬산토는 전 세계적으로 GM 종자의 90%를 판매하고 있지만 몬산토의 종자 독점은 식량을 훨씬 뛰어넘는다. 몬산토는 면화 종자 시장도 95%를 장악하고 있다. 인도 같은 곳에서 이러한 상황은 목화 재배자들에게 재앙이었다. 그러나 몬산토 같은 거대기업에게 이건 순전히 악의적인 재능 발휘다. 즉, 그들이 판매하는 바로 그 생산품에 확실하게 조작되어 있는 생명 자원에 대한 독점이다.[8]

종자의 사유화는 자영농을 전멸시키는 확실한 수단이자 기업이 세계 식량 체계를 완전히 장악하는 방법이다. 반다나 시바가 말했듯이, "먹이사슬의 첫 번째 고리인 종자를 장악하는 것은 생명을 통제하는 것과 같다."[9] 비아 깜뻬시나 소농들의 경우에 이것은 생사를 건 투쟁의 대상이다. 종자의 자유가 없다면, 식량 주권은 말할 것도 없고 자작농도 없다.

몬산토가 인도의 종자 분야에 진입한 해는 세계은행과 IMF가 인도 정부에 국유 종자 공급 체계의 해체를 요구한 1988년이었다. 새로운 종자 정책의 통과는 정부에 제공된 190억 파운드의 대출에 대한 대가로 요구된 "구조 조정" 정책 가운데 하나에 불과했다. 인도는 또한 보조금을 중단하고, 공공 농업 기관을 폐쇄하고, 외화벌이용 "환금작물" 재배에 대해 인센티브를 제공해야 했다. 그것이 인도 전통 농업 종말의 서막이었다.

종자는 인도 5억 농부들의 생계를 유지시키는 중요한 역할을 한다. 전통적으로 해마다 농작물 가운데 최상의 것으로 인도 종자의 거의 80%를 수확하여 다시 심는다. 예로부터 내려온 의식을 거행하며, 발아에서 수확에 이르기까지 종자 생명 주기의 모든 단계에서 기원하고 축하한다. 종자를 저장하고 공유하고 재사용하는 것은 기본 자유이자 농촌 생활의 근간이다.

70~80년대의 녹색 혁명은 산업 농업과 생명공학을 통해 수확량을 높여 세계의 기아를 해결하겠다고 약속했다. 이로 인해 인도 농업은

생계유지와 지역 소비 차원에서 수출용 환금작물 재배로 빠르게 전환되었다. 목화는 황금 작물이었다. 지난 20년 동안 수백만 명의 농부들은 특허 받은 Bt 종자*를 사용하여 빠르게 부를 얻을 수 있다고 약속하며 면화로 전환하라는 공격적인 광고 캠페인과 인센티브에 현혹되었다. 기업들은 종자가 작물 수확량을 8% 정도 증가시키고 30%의 추가 수익을 창출할 수 있다고 주장한다. 가난한 농부들에게 이러한 종류의 약속은 거부하기 어려운 유혹이다.

인도는 중국에 이어 세계 제2위의 면화 생산국이다. 이 나라는 900만 헥타르가 넘는 땅을 경작하며 면화로 국가 외환의 거의 3분의 1을 벌어들인다. 면화는 100만 명이 넘는 농부를 고용한다. 또한 면화가 기초가 되어 인도의 광대한 식량 체계가 만들어진다. 특허 받은 GM 목화씨의 사용은 궁극적으로 인도 종자 공급을 장악하기 위한 전진 기지가 된다. 그것은 또한 1990년대에 유전자 변형 종자를 들여온 이후로 30만 명이 넘는 인도 농부가 자살한 것과도 연관이 있다.

* * *

나가리칸티가 스스로 목숨을 끊은 인도 중부의 와랑갈 지역은 자급자족 농민들이 수세기 동안 경작해온 건조하고 반봉건적 상태에 놓인 토지다. 토지 가운데 일부는 목화 경작지였고, 다른 일부는 가족을 부양하고 지역 시장에서 판매할 다양한 작물을 경작하는 데 이용되

---

* 토양 내 미생물인 유독성 바실러스균(Bt)을 첨가한 유전자 조작 종자 - 옮긴이

었다. 기업 광고에 현혹되고 국가 장려금에 고무된 이곳 농부들은 이제 그들이 구입해야 하는 종자가 약속한 추가 수확량으로 한몫 챙기기 위해서 단일 재배 작물로서 면화로 전환하기 시작했다. 비료 상인, 농약 상인, 대부업자가 곧 뒤따랐다. 몬산토의 판매 대리인들이 이러한 역할을 수행하는 경우도 많았다.

그러나 농부들이 구매한 종자들은 신뢰할 수 없었다. 그것들은 비쌌고, 농부들은 그것들을 사용하기 위해 로열티를 지불해야 했고 로열티 지불을 위해 빚을 지게 되는 경우가 많았다. 그것들은 또 전통적인 종자보다 더 많은 물을 소비했고, 종자 재배에 필요한 농약은 내성이 강한 슈퍼박테리아를 키웠다. 농부들은 농약을 사용하는 대가로 로열티를 지불해야 했다. 면화의 가격이 떨어질 수도 있었을지 모른다. 그러나 몇 년 만에 최악의 해충과 질병이 발생한 1998년 겨울, 이모든 재난이 한꺼번에 닥쳤다. 셀 수 없이 많은 소농들이 쓰러졌다.

활동가인 반다나 시바는 몬산토의 특허 종자를 "자살 종자"라고 불렀다. 5만 명의 농부를 대표하는 한 단체에서 일하는 바스키 벨라바디Vasuki Berlavadi에 따르면, "종자의 상태가 좋지 않을 수도 있고 농약은 그것을 판매하는 사람들이 희석하는 경우가 많다." 목화는 마치 도박처럼 일확천금을 노리는 농사다. 사람들이 한번 빚을 지게 되면, 그들은 목화를 계속 재배해야 한다. 부채를 갚지 못하면 그들도 자살할 것이다. 마음이 약해진 순간에 그런 일이 일어난다.[10] 그러는 동안, 종자 가격은 8,000퍼센트나 급등했다.

부채는 인도 농민들 사이에서 가장 큰 단일 자살 원인이다. 그리고 부채가 항상 농촌 생활의 우울한 현실이었던 인도에서 GM 종자로의 전환은 농민들의 부채를 치솟게 만들었다. 과거에는 농민 부채를 대부분 지역 대부업체가 좌지우지하고 있었다. 오늘날은 거대 기업들이 자신들이 통제하는 영농 방식 유지에 필요한 자원의 투입과 판매 종자의 로열티를 통해 거대한 수익을 챙기고 있다. 그들이 끼친 피해는 헤아릴 수 없을 정도다. 식량농업기구^{FAO}에 따르면, 20세기 동안 작물 다양성의 75%가 사라졌다. 인도에 생명공학이 도입되기 전에는 대략 5만 가지의 벼 품종이 있었다. 20년도 되지 않아 이 숫자는 겨우 40가지로 떨어졌다. 인도에서는 1995년 이후로 1,500만 명의 경작자가 그들의 경작지를 포기했다.[11]

이 이야기가 보여주고 있는 상황은 의심할 여지없이 우울하기 짝이 없다. 그처럼 유해한 모델을 전 세계에 밀어붙이는 세력에 반대하는 일은 여전히 세계 식량 공급량의 70%를 생산하는 수백만 명의 소농에게는 생존이 달린 문제다. 농업은 여전히 세계 인구의 절반에 달하는 사람들에게 최고의 고용과 생계 수단이다. 그러나 세상에 퍼지고 있는 악행의 깊이를 헤아리기 위해 우리는 생화학적 기업식 농업 모델의 궤적을 추적하고 그것의 논리적 귀결에 도달해야 한다. 우리는 이게 바로 유전자 사용 제한 기술$^{Genetic\ Use\ Restriction\ Technology,\ GURT}$, 즉 보다 생생하게 터미네이터 종자*로 묘사되는 기술의 발전에 있다는 사실을 알게 된다.

터미네이터 종자는 불임의 (중성) 식물을 생산하도록 유전적으로 설계되어 있다. 이는 농민들의 종자 재사용을 금지함으로써 종자에 내

---

* terminator seeds, 씨앗의 재사용을 방지하기 위해 식물의 유전자를 변형하여 만든 씨앗 - 옮긴이

재되어 있다고 추정하는 지적재산권의 "보호"를 확실히 보장한다. 그 종자는 원래 미국 농무부USDA와 나중에 몬산토가 매입한 회사인 델타 & 파인랜드의 합작을 통해 1990년대에 개발되었다. USDA의 공식 대변인인 월러드 펠프스Willard Phelps는 이 계획에 대해 다음과 같이 설명했다.

> 우리의 시스템은 미국 기술의 무단 사용을 자체 단속하는 방법이다. 이 시스템은 저작권 보호와 비슷하다. … 이 기술은 미국 종자 회사들이 소유한 독점 종자의 가치를 높이고 제2세계와 제3세계 국가들에서 새로운 시장을 개척하기 위해 고안되었다.[12]

"이 신기술의 매우 광범위한 발전으로 인해 미래의 농부들은 중성 종자만 구입할 수 있을 것이다."[13]

정부의 논리는 기업들이 투자 수익을 확신할 수 없으면 미래 기술에 대한 투자를 중단할지도 모른다는 것이었다. 그러나 기술로부터 이익을 얻는 것은 기업만이 아니었다. 이 프로젝트에 참여하는 USDA 과학자들도 개별적으로 수익의 일부를 받는다. USDA는 빠르면 2004년에 모든 종자 회사가 이 터미네이터 종자 기술을 사용할 수 있도록 하는 계획을 세웠다.

터미네이터 종자는 중성 식물을 생산하고 나서 모두 소멸한다. 지금은 원천 유기체에서 불임성을 유발할 뿐만 아니라 표적으로 삼는 다른 유기체로 퍼져 불임성을 유발하는 유전자 기반 생물Genetically Driven Organism, GDO에 대한 새로운 특허가 있다. 이 기술에 대한 뉴스가 나왔을 때 대중의 반응은 신속하고 단호했다. 비아 깜뻬시나는 대규모 민사 소송을 이끌어내는 중요한 조직적 수단을 제공했다.

전면적인 비난과 세계 곳곳에서 벌어지는 여러 시위에 직면한 유엔은 2000년 유엔의 생물다양성협약^{CBD}에 따라 세계적인 모라토리엄을 시행할 수밖에 없었다. 동원은 계속되었다.

2002년 4월 17일[14], 비아 깜뻬시나와 다양한 분야의 NGO, 인권단체들, 환경 운동가들이 대거 거리로 쏟아져 나왔다. 그들은 강당을 채웠고, 정치인들을 상대로 브리핑을 했으며, 토지 점유에 가담했고, 토론 집회를 조직했다. 네덜란드에서는 인도네시아와 방글라데시에서 온 비아 깜뻬시나 지도자들이 네덜란드 농부들과 활동가들과 함께 유전자 변형 종자 시험장을 인수하여 그곳을 지속 가능한 생물다양성 장소로 전환했다. 유전자 변형 식물들이 멕시코에서 옥수수를 오염시켰다는 뉴스가 나오자, 아메리카 대륙 전역의 농부들과 활동가들은 일주일간 대륙 전역에서 GMO에 반대하는 캠페인을 벌였다. 종자를 둘러싼 투쟁이 토지 개혁과 연결되어 있는 과테말라와 브라질에서는 토착 농민단체들이 과테말라의 15개 토지를 점거했고 브라질의 9개 주 전역에서 지속적인 토지 점유를 위한 행동에 나섰다.[15]

비아 깜뻬시나 농민단체들과 식량 주권 캠페인에 동참한 다른 시민단체들의 동맹은 터미네이터 종자 기술의 도입을 저지하는 데 결정적이었다. 그러나 승리가 특별한 의미가 있긴 했지만 확고하지 못했다. 유엔 협약은 2005년과 2006년에 특히 캐나다와 뉴질랜드로부터 심하게 공격을 받았다. 유엔 협약은 비아 깜뻬시나와 그 동맹들이 이끈 것과 같은 공동의 시민 행동이 세계적인 관심을 지속시키고, 전략적 목표들을 집중 압박하고, 대안 정책들을 개발하고, 지역 자치주에서 유엔 이사회 회의장까지 모든 단계에서 적절하게 시민 행동을 계속 동원하는 한 유지될 수 있다. 그리고 모라토리엄이 파괴적인 관행들을 저지하는 데 중요하지만 나아가 유엔은 신기술이 발견되고 보급되어 상용화되기 전에 이를 추적할 수 있게 해주는 감시와 평가 기구가 필요하다.

여러 단계에서 사건들을 살펴보고 필요할 경우 행동을 동원할 역량이 있는 비아 깜뻬시나 같은 조직들의 역할은 이러한 측면에서 매우 중요하다. 그러한 기술의 영향을 직접 받는 조직들이 감시와 검토 과정에 직접 참여하는 것이 꼭 필요하다. 결과적으로 그러한 역할을 수행할 수 있는 역량을 가진 시민단체들의 존재가 필요하다. 지역 행동을 세계적 관심을 받는 쟁점들과 결부시킬 수 있다는 점에서 광범위한 대중 인식과 교육은 이러한 노력에 중요한 역할을 한다. 무엇이 성공을 이끌 대안적 경로가 될 수 있는가에 대한 비전, 그리고 정책과 실천을 변화의 이데올로기에 뿌리 내리게 하는 방식도 그만큼 중요하다. 식량 주권은 그러한 이데올로기 가운데 하나다.

그리고 우리는 농업의 파괴가 후진국의 어떤 가난한 마을 사람들에게 닥친 가혹한 운명일 뿐이라고 생각해서는 안 된다. 북반구의 선진국에서도 바로 동일한 과정을 거쳐 자영농의 소멸과 농촌 공동체의 종말이 일어나고 있다. 미국, 캐나다, 유럽의 광활한 지역에 걸쳐 한때 활기 있는 농촌 공동체들이 존재하던 지역들이 이제 광대한 기업 농장들에 둘러싸인 유령 마을이 되었으며, 살충제와 화학 비료가 흠뻑 뿌려지고 소수의 회사 직원들이 동원되어 엄청난 양의 GM 작물을 기르고 있다. 다시 말해 황량한 빈 들판에서 가동되는 자동화 시스템과 로봇 기계가 차지하고 있는 것이다.

남반구에서와 마찬가지로 북반구에서 벌어지는 농업의 비인간화는 미래에 대한 인간적인 대응을 요구한다. 비아 깜뻬시나는 자신의 비전과 조직을 통해 새로운 근대성이 의마하는 바가 무엇인지 보여준다. 지역 주권, 민주적 가치, 지역 관행과 연결된 세계적 인식, 생태학의 포용을 통해 생계를 자연에 대한 존경과 연결하고 인류를 자연계의 주인이 아닌 일부로 재인식하는 근대성을 정립한다.

06 깨랄라 주의 심층 민주주의

서기 52년 사도 토마Apostle Thomas는 복음을 전하기 위해 유대에서 배를 타고 인도로 떠났다. 그는 우선 알렉산드리아로 가서 강배에 올라타 향신료 무역로를 따라 나일 강 상류로 항해하여 콥토스Koptos까지 갔다. 그런 다음 캐러밴을 타고 사막의 모래를 건너 홍해 연안에 있는 베레니케Berenike에 다다랐다. 이곳에서 홍해를 항해하여 오늘날 예멘이 있던 곳을 지나쳐 드넓게 펼쳐진 인도양으로 미끄러져 들어가 마침내 깨랄라Kerala 주의 말라바르Malabar 해안에 있는 크랑가노르Cranganore의 향신료 교역소에 도착했다. 이곳에서는 로마 상선대의 배들이 후추와 계피, 그리고 노예 소녀들을 싣고 가 지중해와 흑해의 시장에 내놓곤 했다.

토마의 메시지는 비옥한 영적 토양을 형성했다. 그가 세운 기독교 공동체는 세계에서 가장 오래된 기독교 공동체 가운데 하나다. 토마는 여덟 개의 교회를 세운 후에 마드라스에서 어느 브라만 사제에 의해 살해되었다. 그는 자신의 선교 사역이 개종시킨 사람들의 영적인 삶뿐만 아니라 훨씬 더 근본적으로는 뒤따른 수백 만 명의 삶의 물적 조건들에 어떤 영향을 미치는지 알 수 없었을 것이다. 2,000년 후, 시리아 기독교인들은 께랄라 주의 면모를 바꾼 사회적 격변의 촉매가 되었다.[1]

* * *

인도의 혼돈스러운 정계에서 께랄라 주가 지닌 위상에 대해 이야기하는 기사가 많다. 건강, 문해력, 여성의 권리, 유아 생존, 평등과 기대 수명에 있어서 인도에서 최고 수준을 자랑하는 께랄라 주는 인도 삶의 질 지수에서 1위를 차지한다. 께랄라 주는 상대적으로 낮은 경제 발전 수준에도 불구하고 이러한 성과들을 이룩했다. 실제로 께랄라 주의 발전 모델은 신자유주의가 규정하는 것과는 정반대 모습이다. 높은 삶의 질을 가져온 것은 산업화와 경제 성장이 아니다. 그것은 주정부 리더십, 역량 있는 시민사회, 사회와 경제 전환을 정조준하는 집단행동이다. 지구온난화로 인해 성장의 대안이 필요해진 시대에 께랄라 주의 사례는 세계적으로 중요한 의의를 갖는다.

께랄라 주의 성공 비결은 주정부가 거버넌스에 중점을 둔 데 있었다. 께랄라 주의 성취는 분권화와 민주적 실천의 확대와 밀접한 연관이 있다. 심층 민주주의deep democracy는, 께랄라 주에서 시행해온 것처럼, 두 가지 중요한 의미를 내포하고 있다. 하나는 전통적인 마르크스주의적 실천과 그것이 국가를 개혁의 보고로 미화하는 것에 대한 비판이었고, 다른 하나는 국가가 개혁의 주체로 유효하지 않다는 아나키스트의 견해에 대한 반박이었다.

강력한 시민사회의 역동적인 역할과 민주적 쇄신을 제도화하는 정부의 능력이 이 이야기의 핵심 교훈이다.

찬나르 반란 The Channar Revolt

파라얀들Parayans은 께랄라 주 카스트 제도의 최하위 계급에 속한다. 그들은 인도의 불가촉천민에 속하는데, 말 그대로 버림받은 자들이자 '불결한' 일들을 수행하는 것과 관련하여 인간 이하의 취급을 받는 사람들이다. 이들이 하는 일에는 가장 보잘것없는 형태의 육체노동과 시신, 고기, 피, 청소, 해충 방제 등과 관련된 것들이 포함된다. 인도의 카스트 제도는 정교하게 정해진 신분 지표이며, 카스트 사다리에서 아래로 내려갈수록 구성원의 피부색은 어두워진다. 인도 카스트 제도의 신분 차별과 착취는 마치 조금씩 색깔이 변하는 색상도처럼 보인다. 오늘날 인도에는 가장 최하위 계급에 속하는 약 1억 명의 불가촉천민 또는 달리트가 살고 있다.

파라얀들은 만질 수 없었을 뿐만 아니라 자신을 드러낼 수도 없었다. 그들은 상위 카스트의 사람들에게 자신들을 노출시키거나 그들 가까이에 있을 수 없었다. 영어 단어 'pariah'(부랑자, 버림받은 사람)의 어원이 Parayan인 것은 이런 배경이 있다. 정교하게 정해진 규칙에 따라 파라얀에 대한 접촉이나 접근이 금지되었다. 이러한 금기를 위반하면 사형에 처해질 수 있었다.

파라얀들은 상위 카스트 사람들이 만진 것은 어떤 것도 만질 수 없었다. 만일 파라얀의 그림자가 어느 브라만에게 떨어지면, 그 브라만은 반드시 목욕을 하여 부정함을 씻어내야 한다. 파라얀들은 빗자루로 자신들의 발자국을 쓸어내며 뒤로 기어서 나가야 했다. 그래야 브라만들이 우연히 파라얀의 발자국을 밟아 더럽혀지는 일이 없을 것이다. 다른 불가촉천민들과 마찬가지로 파라얀들은 공공 도로를 이용하는 것도, 우산을 들고 다니는 것도, 사원에 들어가는 것도 허용되지 않았다. 그들은 자신들의 집을 지붕으로 덮을 수도 없었다. 그들은 글을 읽을 수도, 학교에 들어갈 수도, 교육을 받을 수도 없었다. 그들은 공공 우물을 사용할 수도 없었다. 그들은 다른 힌두교도들과 마찬가지로 자신의 계층 밖 사람들과는 결혼할 수 없었다. 말할 때도 대화하는 상대를 더럽히지 않도록 입을 가려야 했다. 그리고 다른 하위 카스트 여성들처럼, 파라얀 여성들도 가슴을 가리는 것이 금지되어 있었다.

가슴을 드러내는 것은 치욕적인 굴욕의 표시였다. 믿기지 않겠지만, 모든 하위 카스트 여성들은 유방세인 물라카람Mulakaram의 대상이었다. 관리가 집집마다 방문하여 가슴을 가리고 싶어 하는 사춘기를 지난 모든 여성에게 세금을 징수하곤 했다. 세금 징수원들은 여성의 가슴 크기에 따라 세금을 부과했다. 관리는 여성의 가슴을 손으로 만져서 세금을 결정하곤 했다. 이 세금은 여태껏 여성들에게 부가된 가장 역겨운 세금이었을 것이다

시리아 기독교인들도 불가촉천민 신분의 규칙을 고수했다. 그러나

힌두교도와 달리 시리아 기독교 여성들은 그들의 가슴을 가릴 수 있었다. (적어도 남성들 사이에서) 하나님 앞에서의 평등이라는 기독교 교리가 분별 있게 적용된 데다 영국 선교사들이 그 규칙에 대해 수치심을 느꼈기 때문이었다. 누군가의 가슴을 가릴 권리가 도화선이 되어 남인도 개혁의 불을 지폈다.

평등권 투쟁에서 전환점이 된 것은 나다르족^{Nadar} 여성들의 반란이었다. 나다르족은 규모가 큰 하위 카스트로 이들의 전통 직업은 나무타기였다. 나다르족의 나무 타는 사람들은 께랄라 주의 농촌 경제와 생활방식에 필수적인 코코넛과 종려 잎을 수확하기 위해 야자나무를 오르곤 했다. 나무 타는 사람들은 마치 애벌레가 움직이는 듯이 나무 몸통 위로 조금씩 움직여 30미터 이상 올라가곤 했다. 낙상은 물론 치명상과 삶을 파괴하는 장애를 입는 것이 흔한 보잘것없고 위태로운 삶이었다.

많은 나다르족 여성은 재앙과도 같은 비천한 불가촉천민 신분에서 벗어나기 위해 종종 기독교로 개종했다. 기독교 자매들이 자신들의 상반신을 덮는 긴 팔 재킷을 입는 것을 보고 나다르족 여성들은 상류 계급의 힌두교도들이 걸치는 찬나르^{channar}라는 긴 상의를 걸치기 시작했다. 예상했던 대로 악랄한 반격이 가해졌다. 시장에서 상류 계급의 힌두교도 남성들은 여성이 입고 있던 옷을 찢었다. 좀 더 신중한 남성들은 카스트 제도의 접근 금지를 준수하며, 마체테 칼을 긴 장대에 부착하여 안전한 거리를 두고서 여성의 옷을 잘라냈다. 한번은 몸을 가린 나다르족 여성 두 명이 시장으로 걸어가고 있었는데, 한 관리가 모두가 보는 앞에서 그들의 옷을 벗겨서는 나무에 매달았다.²

여성들은 신속하고 단호하게 대응했다. 그들은 상점들을 약탈하고 억눌린 분노를 터트리며 상위 카스트 동네와 마을을 공포에 떨게 했다. 반란은 들불처럼 번졌다. 이내, 하위 카스트 힌두교도 여성들도 시위에 가담하여 상위 카스트 여성들이 걸치는 옷을 입기 시작했다. 반란은 께랄라 주에 이웃하는 타밀나두 주와 남인도 전역으로 퍼졌다. 카스트 특권의 댐에 금이 가고 있었고, 개혁의 거대한 물줄기에서 물꼬가 트이고 있었다.

반세기 동안의 투쟁 끝에 1859년 7월 26일, 트라반코어의 마하라자*는 나다르족 여성들에게 가슴을 가릴 수 있는 권리를 부여하는 칙령을 내렸다. 그것은 인도에서 여성들이 권리를 획득한 첫 번째 큰 승리였다. 이 획기적인 승리는 오늘날 현대 께랄라 주를 형성한 사회 운동들에 박차를 가한 중대한 사건으로 여겨진다. 나다르족 여성들이 촉발한 개혁의 물결은 께랄라 주의 모습을 브라만 계급이 지배하던 봉건적 벽지에서 개발도상국 중 가장 진보적인 정치 체제를 지닌 곳 가운데 하나로 바꾸어 놓았다. 청년, 학생, 여성, 농민, 노동조합, 정당, 개혁가, 영적 지도자, 사회 참여 지식인이 모두 이 사회적 격동에 휘말렸다.

이 사회 형성기 동안 께랄라 주에서 발생한 일은 무력에 의지하지 않고 한 사회가 문화적·사회적·정치적 전환을 꾀한 엄청난 실험이었다. 그러나 누가 정부 권력을 쥐고 있든 간에 개혁을 위한 기나긴 투쟁을 궁극적으로 밀어붙인 것은 정당과 무관하게 갑자기 생겨난

---

* Maharaja of Travancore, 과거 인도 왕국 중 한 곳을 다스리던 군주 - 옮긴이

광범위한 개혁 운동들이었다.

께랄라 주의 근대성은 서구의 산업화 모델에서 그려진 것처럼 자본주의 발전의 산물도, 전통적인 사회주의의 전형에서 나타난 것처럼 중앙에서 계획을 수립하는 주정부의 역할에서 비롯된 것도 아니었다. 아래로부터 급진적 민주화에 대한 압박이 꾸준히 있었고, 이러한 압박에 긍정적으로 반응하여 주정부 정책들이 만들어진 결과였다. 그 과정에서 주정부, 정부의 역할, 통치 행위에 관한 개념들이 크게 바뀌었다.

* * *

1957년에 인도 공산당이 독립 이후 처음 선출된 께랄라 주 행정부로 집권했다. 인도 서부에서 처음 선출된 사회주의 정부였으며, 그 정부에서 도입한 개혁들은 급진적이고 포괄적이었다. 여기에는 토지개혁, 부의 재분배, 보건과 사회복지 개혁, 보편적 공교육과 문해력 증진이 포함되어 있었다. 그러나 개혁 과정은 개별 정책이나 프로그램 훨씬 너머까지 이루어졌다. 여기에는 주정부의 의사결정 구조 안에서 민주주의를 심화하려는 단호한 노력도 있었다.

정치권력을 분권화하고 정부에 대한 대중 참여를 동원하려는 움직임은 그 행정부가 사회 개혁과 주정부 간의 관계를 어떻게 보았는지를 반영한다. 그것은 주정부의 기구가 당의 지배하에 있어서 중앙에서 직접 결정을 내리던 전통적 방식과 극명한 대조를 보였다. 께랄라주의 민주화는 그 반대의 경우를 시도했다.

그것은 시민사회를 주정부의 의사결정 과정과 연계했다. 주정부의 역할은 이 의사결정 과정을 촉진하는 것이었다. 보건과 사회복지 개혁에서 경제 발전 촉진에 이르기까지 시민들에 의한 분권화와 직접적 의사결정이 폭넓게 적용되었다. 더욱이 시민권력의 힘과 조직력 덕분에 이 과정은 정부에서 어떤 정당이 권력을 쥐든 상관없이 살아남았다.

계획 입안 단계에서부터 대중 동원의 수단이자 주정부/시민사회 파트너십에 관한 실험이라는 고전적인 형식으로서 분권화가 추진되었다. 처음부터 시민사회 조직들은 께랄라 주의 민주화 프로젝트와 유관 조직의 개념화에 결정적인 역할을 했다. 민주주의를 심화하고 경제 발전을 촉진하기 위한 수단으로 구상된 '지방 분권적 계획입안을 위한 주민캠페인People's Campaign for Decentralized Planning'은 1996년에 시작되었다. 이를 현실화하기 위해서는 정부 기관들의 운영 방식뿐만 아니라 사람들의 행동 방식에도 근본적인 변화가 필요했다. 제도 변화는 사람들의 가치들이 어떻게 진화해 나가는지에 달려 있었다. 그들의 가치가 민주주의를 지향하게 하고 그 결과 그들의 사회관계를 변화시킬 수 있어야 한다.[3]

최종 목표는 숙의 민주주의의 심화와 주정부와 시민사회 간의 새로운 시너지 효과였다. 위에서 언급한 사회적 분열과 불평등을 감안하면 그것은 대단한 비전이었다. 여성, 최하층 카스트, 공식 지정된 부족들 등 사회에서 가장 소외된 존재들에게 특별한 관심이 집중되었다.

주민 캠페인은 판차야트panchayat(마을위원회) 수준에서 그람 사바gram

sabha(시민의회)에 사람들을 동원함으로써 시작되었다. 여기에서 성공 여부는 대중들을 끌어들이는 데 중요한 두 가지 쟁점, 즉 인식 제고와 적절한 준비를 어떻게 행하느냐에 달려 있었다. 이를 실행하기 위해 집중적인 언론 홍보와 대중 연극 공연, 컨퍼런스 등을 수반하는 대규모 교육 프로그램이 시작되었다. 1,000명이 넘는 자원 인력이 동원되어 토론 그룹에서 촉진자 역할을 하도록 교육을 받았다.

1996년 9월 15일, 께랄라 주의 주도인 트리반드룸이라는 해안 마을에서 팡파르가 화려하게 울려 퍼지며 첫 시민의회가 개최되었다. 영국의 식민지 시대 건축물이 들어서 있고 청록색 바다와 작열하는 백사장이 펼쳐져 있는 이 소도시는 수많은 주민, 정부 관리, 정치인, 활동가, 정당 발기인, 마을 사람들이 인도에서 유례가 없었던 장기간 이어진 사회적 대화의 첫 번째 자리에 수천 명씩 몰려들면서 활기를 띄었다. 그 후 몇 달 동안 마을의회와 구의회는 께랄라 주 전역에서 열리는 주요 행사가 되었다. 에메랄드 빛 바다처럼 드넓게 펼쳐진 논과 코코넛 야자나무들 사이에 자리 잡은 이 마을 저 마을에서 200만 명이 넘는 사람이 이 의회들에 참여한 것으로 추산된다. 이 모임들은 께랄라 주 전역을 아우르는 계획 입안에 관한 공적 토론을 촉발했고 주정부의 정치·사회생활의 주요 관심사가 되었다. 조직화 관련 전문 지식을 제공하고 자원봉사자들을 연계해주는 시민사회단체의 역할은 성공적인 자원과 인력 동원에 필수적이었다.

대중의 인식과 대중 동원이라는 관점에서 볼 때, 의회들은 농촌 지역에서 최고의 참여율을 보이며 놀라운 성공을 거뒀다. 그러나 여성, 하위 카스트 구성원, 그리고 공식 지정 카스트 구성원의 참여도는 실망스러울 정도로 저조했다. 그럼에도 이 단계에서 대중의 일상과 관심사를 다룬 쟁점들을 둘러싸고 주정부 차원의 토론이 이뤄진 것은 엄청난 성과였다. 라슈미 샤르마가 서술한 바와 같이 그것은 "일반적으로 대중 동원이 이루어지는 표 결집을 위한 미사여구와 반정부 시위와는 영 딴판"이었다. "그것의 교육적 가치만 따져보면, 그 운동은 괄목할 만하다."[4]

그러나 아직 배워야 할 것이 많았다. 계획 입안, 대중 동원, 참여의 원칙, 교육과 기술적 전문지식의 역할에 관한 초기 추정들을 수정해야 했다. 분권화가 때때로 효과적인 계획 입안을 저해했다는 사실이 이내 밝혀졌다. 일부 결정들은 지역 단계에서 내리는 게 도움이 되지 않았다. 마을위원회가 주민의 기본적 필요를 해결하도록 지역 차원에서 압박을 가하는 것이 반드시 장기 프로젝트나 대규모 계획 입안에 효과가 있는 것은 아니다.

일부 문제는 지방정부 기구들과 시민단체들이 해결하기에는 완전히 그들의 역량 밖에 있었다. 다시 말해 분권화는 실업 감소나 오염 문제 해결, 또는 산업 진흥과 같은 복잡한 쟁점들을 해결해야 하는 책임을 방기하게 된다. 이 모든 쟁점은 지역 차원에서도 심각하게 느끼지만, 이러한 문제들을 지역적으로 해결하는 데 필요한 제도적 역량이나 기술적 전문지식이 거의 없다. 그런 프로젝트들에 전문지식을 연결시키는 것이 시급했다. 예산과 자금 운용 같은 기본 기술이 부족한 경우가 많았다.

더욱이 자금 운용을 지방정부에 이양하는 것은 간단한 중앙집중식 체계보다 훨씬 더 복잡한 행정, 정보 공유, 관리 감독 체계가 뒤따른다. 주정부 자금의 거의 50%가 지출을 위해 지방정부로 이양되었다. 분권화는 계획 입안 결정 과정을 복잡하게 만들고 사용 가능한 인적, 재정적 자원을 세분화하여 때로는 모순되거나 중복되는 효과를 낳는 경우가 많았다.

또한 기존 사회적 관계들과 힘의 제휴라는 암울한 현실이 수면 위로 떠올랐다. 지역 정치인들은 그들이 의회에서 정한 계획 입안 우선순위와 관계없이 지출할 수 있는 자금을 따로 책정해줄 것을 요구했다. 중앙집권적 관료제의 관리들은 의사결정권을 시민에게 이양하는 것을 주저했다. 제도적 이기심과 타성이라는 반복되는 문제가 계속 고개를 들었다.

이러한 불리한 조건이 있었지만 분권화 과정은 꾸준히 지속되었고 변화가 찾아오며 상황이 개선되었다. 지방단체들과 특별 전담 조직의 계획 입안 작업에 숙련된 도움이 활용되었다. 개발 사업은 더욱 신속하고 확실하게 수행되었다. 동시에 께랄라 주의 우유와 야채 생산이 크게 개선되었다. 마을위원회 기반시설의 개선은 주민 캠페인이 거둔 한 가지 성과였다. 컴퓨터와 건물, 팩스기, 전화, 차량 같은 장비와 자원은 인도의 다른 주보다 께랄라 주정부 조직과 부서에서 이용도가 더욱 높았다.

주민 캠페인은 엄청나게 힘든 사업이었지만 그 효과는 강렬하고 오래 지속됐다. 가장 큰 성과 가운데 하나는 의료 서비스의 분권화와 농촌 지역에 의료 서비스를 제공하는 1차 의료센터의 설립이었다. 소득 수준이나 카스트, 부족, 성별에 관계없이 모든 사람에게 의료 서비스가 확대되었다. 지역사회가 함께 모여서 지역 보건 시설 강화에서 식수와 위생 시설 안전 개선에 이르기까지 다양한 주제로 어떤 건강 문제가 가장 시급하고 주의가 필요한지를 결정했다.[5] 중앙정부가 의료 서비스의 민영화를 추진하는 동안 께랄라 주에서는 공공의료 서비스를 확대했고 의료 서비스와 대중 사이에 신뢰를 구축했다. 이 모든 조치가 께랄라 주가 전염병에 대처하는 과정에서 중요한 역할을 한 것으로 드러났다.

최초의 공산당 행정부가 추진한 개발 우선순위는 수십 년에 걸쳐 형성되어 온 세계관과 정치적 전략을 반영했다. 공산당은 전통 사회의 카스트 분리와 과거 봉건주의의 잔존물로 끈질기게 남아 있는 착취 상황에 이의를 제기하는 개혁 의제들 주변으로 하위 계급들을 결집시켰다. 분권화와 민주적 관행, 정치 문화의 발달이 잘 엮여져 주민 캠페인의 동원으로 이어졌다. 그리고 이런 실천들은 교육과 농지 개혁을 이행하기 위한 치열한 투쟁과 경제 정의, 젠더 정의, 사회 정의를 증진하기 위한 폭넓은 투쟁에서도 똑같이 적용됐다.

농지 개혁의 경우 께랄라 주에서 달성한 성과는 인도의 여타 주에서 이뤄진 유사한 노력들을 훨씬 뛰어 넘었다. 200만 에이커에 달하는 토지가 지주들로부터 130만 가구로 재분배되었다. 토지가 없는 사람들을 위한 개혁이 미친 영향은 엄청났다. 1959년에 농촌 가구의 3분의 1이 토지를 소유하지 않았다. 1980년대에 이르면 농촌 노동 가구의 92.2퍼센트가 토지를 소유했다. 우멘이 지적했듯이 께랄라 주는 "인도의 여러 주들 가운데 유일하게 봉건적 지주 제도를 모조리 폐지한 독특한 특징을 갖고 있었다."[6]

토지를 이용할 수 있게 되면서 장인, 농장의 일꾼, 농업 노동자를 비롯해 역사적으로 비천한 계급이 그들의 임시 막사가 있는 땅에 대한 소유권을 얻고, 식량과 수입을 어느 정도 안전하게 확보하며, 그들의 완전한 종속 상태를 줄일 수 있게 되었다. 불가촉천민들은 또한 동물처럼 땅바닥에 쪼그리고 앉는 대신에 지주에게 지시를 받을 때 인간처럼 앉을 권리를 요구했다.[7]

토지 계획 입안과 교육 개혁을 둘러싼 대중 동원은 자기 소리를 내지 못하고 지배층에 예속된 하위 계급을 정치 과정과 깊이 계층화된 사회의 집단생활 속으로 끌어들였다. 사회 구성원들은 그들에게 부여된 권리를 내면화하고 그것을 표현했다. 그리고 주정부에 의해 민주화 과정이 이행되는 동안, 그것이 결실을 맺도록 하기 위해 시민사회 활동가 조직들의 도움이 필요했다.

께랄라 주가 거둔 성과는 인정과 칭송을 받고 있다. 그러나 건강, 문맹 퇴치, 교육, 기본 인프라와 같은 부문에서는 결과가 분명히 드러나는 반면, 경제 발전의 영역에서는 그 결과가 빈약했다. 남반구의 다른 국가들을 훨씬 능가하는 높은 수준의 사회복지와 비교적 낮은 수준의 경제 발전 간에 확실히 모순이 있었는데, 많은 사람들이 이 점을 당혹스러워했다. 이것은 높은 수준의 사회 발전이 높은 수준의 경제 발전, 특히 산업 발전의 결과라고 주장하는 발전 통설과 상충되기 때문이다. 께랄라 주의 사례가 이것이 틀렸음을 증명했다.

물질적 삶의 조건을 개선하기 위해 반드시 경제 성장에 목멜 필요는 없다. 개인 복지와 사회복지에 한계를 지우는 것은 불평등과 한 사회 내의 착취적인 사회관계다. 토지의 재분배나 기초 의료 서비스와 교육을 받을 수 있는 기회는 경제 성장의 결과가 아니라 정치적 선택이다. 께랄라 주의 사례는 특히 지구온난화 상황에서 경제 발전과 사회복지 간의 관계를 다시 생각하게끔 해준다. 지속가능성을 위한 계획 입안과 탈성장과 경기 위축에 대한 전망은 우리로 하여금 높은 수준의 성장이 없어도 기본적인 사회복지와 삶의 질을 달성하는 모델을 모색하도록 요구한다. 그 모델이란 꼭 집어 말한다면 바로 께랄라 주가 성취한 것이다.

꾸둠바슈리

짙푸른 초목이 무성한 께랄라 주 오지에서 밝은 옷을 입은 여성들이 한쪽으로는 쟁기질을 한 비옥한 적색토 밭으로, 다른 쪽으로는 바나나 과수원으로 갈라지는 길을 따라 한 줄로 늘어서서 걷고 있다. 밭의 가장 끄트머리에서 바나나 나무의 넓적한 에메랄드색 잎들이 오후의 햇살을 받아 바람에 흔들리며 짙은 초록 숲을 배경으로 눈부시게 빛난다. 바나나 나무 위쪽에서 자그마한 사람 하나가 두 손에 한껏 힘을 주고 무릎을 지렛대 삼아 애쓰며 위로 기어오르고 있다. 그녀의 발은 마치 낡은 가죽처럼 뻣뻣하고 야위고 주름이 져 있다. 친근해 보이는 동그란 얼굴 뒤로 진회색 머리카락을 넘긴 자안키^{Jaanki}는 께랄라 주 내륙에 있는 첸간누르^{Chengannur}에서 농장 일꾼으로 일한 적이 있는 수줍은 미소가 매력적인 60세 여성이다. 이곳은 적색토와 후추, 그리고 1,650여 년 전에 지어진 고대 시리아 기독교 교회로 유명한 지역이다.

지난 7년 동안 자안키는 몇 명의 여성들과 함께 공동 기금을 조성하여 손바닥만 한 땅뙈기를 사들여 협동조합 형태로 함께 바나나를 재배하고 토지를 경작했다. 이 농장은 생산 기업들의 광범위한 네트워크인 꾸둠바슈리Kudumbashree의 지원으로 싹을 틔운 7만 개의 상하크리시스sangha krishis(공동 농장) 가운데 하나다. 꾸둠바슈리는 인도에서 가장 큰 규모로 야심차게 이뤄진 여성 빈곤 퇴치 활동의 산물이다. 꾸둠바슈리의 도움으로 집단 농장들은 벼, 타피오카, 감자 같은 괴경 작물, 생강, 야채, 향신료를 재배하여 불모의 땅을 비옥하고 생산적인 밭으로 바꾼다. 공동 경작을 통해 1,000만 에이커가 넘는 땅이 경작되고 있다.[8]

지역 농산품의 만성적 부족을 겪고 있었지만 이곳 토지는 예전에는 농사를 짓지 않고 놀리고 있었다. 식량은 께랄라 주 외부에서 수입해야 했다. 꾸둠바슈리는 유휴 토지를 여성들을 고용하여 생계를 꾸리게 할 수 있는 기회로 보았다. 이 단체는 께랄라 주에 압력을 가해 토지를 농장 그룹에 임대해 주게 했다. 작은 땅 조각이 평균 2.5에이커 미만인 가운데, 께랄라 주에서는 현재 25만 명이 넘는 여성들이 공동으로 토지를 경작하고 있다. 비아 깜뻬시나의 관행을 따라 이 여성들은 그들의 농장을 "식량 정의"의 원칙에 따라 운영했다. 공동 농장의 모든 가족은 각자의 필요를 충족한 후에만 잉여 농산물을 시장에 내다 팔 수 있다.

이들 협동조합의 소규모 농장들이 거둔 성공은 인도의 그 어떤 다른 성공 사례를 훨씬 뛰어 넘는다. 인도의 한 행정구역에서는 협동조합 구성원들이 농장을 운영하기 위해 빌려간 대출금의 상환율이 98.5%이다.[9] 꾸둠바슈리가 지역 신용계와 결합하여 께랄라 주 개발

은행과 맺고 있는 관계를 보면, 이들 여성과 가족이 그들의 농장을 운영하여 지역 고리대금업자의 손아귀를 벗어날 수 있음을 알 수 있다. 꾸둠바슈리는 많은 마을에서 지역 은행의 최대 예금자다.[10]

이 단체는 집단과 개인이 소유한 수많은 기업들을 지원해왔다. 이 기업들은 꾸둠바슈리 조합원들로 등록되고 성공에 필요한 기술과 자원을 제공하는 중첩된 지원 체계에 연결된다. 농장 그룹들은 보조금과 종자, 천연 비료, 소액 대출을 지원 받고, 유기적 방법으로 공동 농장을 운영하는 데 필요한 교육을 받는다.

꾸둠바슈리는 께랄라 주와 시민사회단체 간의 합동 프로그램으로 구상되었다. 그것은 가난한 여성들로 구성된 지역사회 기반 단체들community-based organizations, CBOs의 네트워크를 통해 운영되며, CBO는 지방정부의 날개 역할을 한다. CBO 체계는 3단 구조로 되어 있다. 1차 단계에서는 근린 집단들neighborhood groups, NHGs이 주로 가난한 가정 출신의 여성으로 구성된 10~20명의 조합원으로 조직된다. 그런 다음 NHG는 구 단위의 지역발전협회area development society, ADS에 통합된다. 하나의 판차야트/지방자치제에 속한 모든 ADS는 그 다음에 지방자치정부local self government, LSG에 등록된 지역사회발전협회community development society, CDS 아래 연합을 이룬다. 께랄라 주 여성의 무려 60%가 꾸둠바슈리에 속해 있다. 450만 명의 조합원을 보유한 이 단체는 께랄라 주에서 시작한 시민단체와 동원의 놀라운 성과이며 아마도 세계 최대 규모의 젠더 정의와 빈곤 퇴치 프로그램일 것이다.

근린 집단들은 조합원들의 집에서 매주 만난다. 이러한 모임에서 모든 조합원은 그들이 저축한 돈을 들고 오는데, 이 돈을 모아서 조합원들에게 대출금으로 재분배한다. 각 집단은 집단의 일상적인 업무를 책임지고 관리하는 자체 지정 간사가 있다. 그 다음에 각 근린 집단은 지역구 차원에서 ADS에 앉힐 대표를 선출한다. ADS의 총괄 기구는 NHG 연합의 모든 회장, 비서, 3명의 부문별 자원봉사자로 구성된다. 게다가 이 CBO 체계는 지정된 취약 계층뿐만 아니라 최하위 카스트와 지정 카스트의 비례대표를 선출한다.

꾸둠바슈리 시스템은 조례에 의해 규제되는데, 이 조례는 시스템의 작동 방식뿐만 아니라 결정적으로 시민사회가 함께 정한 목표들을 중심으로 께랄라 주와 상호작용하는 방식을 규정한다. 따라서 꾸둠바슈리는 빈곤 퇴치 프로그램을 위한 단순한 전달 메커니즘을 훨씬 넘어선다. 그것은 한쪽에는 정부의 독특한 역할과 권력, 또 다른 한쪽에는 더 넓은 시민사회를 두고, 둘 사이의 지속적 대화를 보장하기 위해 지정된 공간과 구조다. 핵심 방식들에서 시민사회와 께랄라 주의 거버넌스 기구를 상호 연결하는 이 구조는 우리가 나중에 살펴볼 파트너 국가의 본질적 특징을 구현한다. 께랄라 주는 협동 시민/주정부 거버넌스 모델이 실생활에서 어떻게 기능하는지 보여주는 대표적 사례다.

대다수의 여성들에게 꾸둠바슈리는 그들의 첫 번째 공적 삶으로의 진출 통로이다. 많은 여성이 숨 막히는 가정 울타리 밖으로 한 번도 나가본 적이 없었다. 대부분은 사회 집단에 속해 본 적이 한 번도 없었다. 그들이 새롭게 얻은 독립 소득자라는 사회적 지위는 가정과 공동체에서 그들에게 새로운 지위를 부여했다. 한 응답자는 어느 연구에서 언급했듯이, "이전에는 매사에 남편과 상의한 후에 결정을 하곤 했어요. … 그러나 저만의 돈이 생기니깐, 집안일에 대한 결정을 대부분 제가 해요." 이것이 실제로 삶을 변화시키는 작은 힘이다.

꾸둠바슈리가 문제가 전혀 없는 것은 아니다. 이처럼 최근에 여성의 권한이 강해지면서 일부 여성은 대표자로 선출되어 그 권한을 한 번 맛보고 나면 놓지 못하는 경우가 발생하기도 한다. 선출직이 영구적인 직책으로 전환되는 경우가 많다. 꾸둠바슈리는 타인의 권리를 침해하는 관료 체제화와 부패를 경계해야 한다. 많은 NHG는 2년의 선거 기간을 지키지 않는다. 프로그램이 하나의 시범 프로그램에서 확장되어 주 전체에 적용됐을 때, CBO들은 이를 정부 활동으로 보기 시작했고 보수를 받을 자격이 있다고 느꼈다. 꾸둠바슈리는 수백만 명의 여성을 동원할 역량까지 갖추고 있어서 정치적으로 누구나 이런 지위를 탐냈다. 특정한 의제를 가진 정당들과 종교 집단은 빈곤 퇴치보다 이데올로기 증진에 더 관심이 있는 사람들과 함께 이 단체에 침투하려고 한다.[11] 이 단체는 추종자가 많고 뿌리가 깊으며, 폭넓은 인정과 존경을 받고 있다. 그래서 정치적 영향력을 행사한다.

이러한 쟁점들은 분권화 과정 자체에도 존재한다. 많은 참관인들은 정치적 당파성과 편견이 계획 입안 결정이 어떻게 내려지고 누구에게 이익이 돌아가는지에 미치는 영향을 접할 수 있었다. 비타협적인 관료주의와 권력의 축적은 여전히 건재하다. 카스트 위계구조와 후견주의가 사회적 지위를 보장하는 두 가지 발판이자 성공으로 가는 길이 되는 문화 속에서 각계각층의 정치인과 공무원이 민주화에 저항하는 것은 당연하다.

이러한 저항은 위계구조의 DNA 속에 박혀 있다. 이러한 시스템을 관리하는 사람들은 그들이 누리는 지위와 혜택이 바로 권력 축적 덕분이라고 생각한다. 인도의 관료제는 께랄라 주에서든 다른 어느 곳에서든 작은 독재자들이 좋아하는 서식지다. 인도의 카스트 제도에서 정부 관료제는 사회 위계를 반영하고 강화한다. 이 모든 사실에도 불구하고 께랄라 주에서 주목할 만한 점은 지방분권화와 시민사회의 역량 강화를 통한 민주주의 심화가 얼마나 성공적이었는가 하는 것이다.

여성의 경제적 권한 강화와 함께 분권화 프로젝트 덕분에 인도에서 가장 심하게 카스트 제도에 시달리고 불평등한 사회 가운데 하나였던 곳이 완전히 탈바꿈했다. 교육 기회 균등화, 문맹 퇴치, 토지 재분배, 건강 증진 등을 위한 캠페인이 모두 이 과정에 기여했다. 오늘날 께랄라 주에서는, 한때 인도 최악의 수준이던 카스트 차별이 인도의 다른 지역에서보다 더 낮은 수준이 되었다. 종교적 편협성과 불관용은 인도의 다른 지역에서는 전염병처럼 퍼지는데 이곳에서는 상대적으로 보기 드물다. 2019년 연방 선거에서 나렌드라 모디 총리의 압도적 승리를 부추긴 분열과 허위 정보를 이용한 정치는 께랄라 주에서 거의 힘을 발휘하지 못했다. 모디 총리는 께랄라 주에서 단 한 석도 얻지 못했다. 선거 기간 동안 그는 그의 추종자들을 북돋우며 께랄라 주에서 자신이 승리할 것이라고 주장했는데, 선거 이후에 그가 트리반드룸에 도착했을 때, 여러 항의에 부딪혔고 집으로 돌아가라는 말을 들었다.

주정부의 민주화 노력이 께랄라 주에서 이러한 문화적, 사회적 특성을 형성하는 데 어느 정도 기여했는지 확실히 말할 수는 없다. 우리는 최근의 징후들을 지금의 현실, 께랄라인들이 생생한 체험을 통해 여실히 드러내는 차이들, 그리고 이것이 현재 인도의 나머지 지역에서 펼쳐지는 현실과 어떻게 다른지를 서로 비교할 수 있을 뿐이다. 이것은 희망과 절망을 동시에 안겨주는 광경이다. 다른 한편으로는, 되살아나는 힌두 민족주의의 북소리가 항상 인도의 종교적, 문화적 유산의 특징이던 관용의 목소리를 잠재우고 있다. 그러나 사회 평등을 향한 께랄라 주의 부단한 노력은 한 세기에 걸친 사회 개혁을 위한 투쟁 덕분에 편협함과 무지에 맞서는 교두보가 마련되었음을 보여준다. 그리고 모디 총리와 그의 추종자들에게 맡겨진 권위주의적 통제의 중앙집권화로 인해 국가 차원에서 계속되는 시민권의 쇠퇴를 보이는 반면, 께랄라 주에서는 정치권력과 의사결정의 분권화를 통해 시민권력을 제도화하는 한편 기층의 정치 참여를 시민의 당연한 권리로 확립했다.

토지 소유권을 재분배하는 형태로든 여성을 훈련하여 소득을 얻는 직업을 갖게 하는 형태로든, 경제적 역량 강화는 사람들의 사회관계와 정치적 전망을 완전히 바꿔 놓는다. 께랄라 주의 경우, 깨어 있는 주정부는 지속적인 민주화를 사회경제적 발전을 위한 길로 선택했다. 그리고 점진적 경제 발전이 이곳의 사회적 성취에는 미치지 못하지만, 께랄라 주의 주민들은 인도의 나머지 지역과 개발도상국의 최상위 국가들과는 비교가 되지 않는 높은 수준의 생활을 누린다.

이것은 주정부의 관대함 때문이 아니다. 주정부의 제도들과 동원된 시민사회의 혁명적 목표들이 만들어낸 시너지 효과다. 이러한 동원은 정당들이 이끄는 공식적인 정치 운동이 부상하기 전에 이뤄졌다.

이것이 바로 께랄라 주 사례의 핵심 교훈이다. 시민사회는 좌파와 우파 양측의 정부들이 통치하고 싶으면 충족시켜야 할 사회적 기준점을 확립했다. 께랄라 주에서 사회 정의는 광범위한 사회 내의 조직화된 시민권력과 불완전하긴 해도 주의 거버넌스 구조 내의 대표단 간에 생기는 창조적 긴장이 빚어낸 산물이다.

주정부의 권력 구조 외부에서 시민권력을 제도화하는 것은 완전하게 구현하기 쉽지 않지만 깊이가 있고 오래간다. 께랄라 주가 우리에게 전하는 가장 중요한 교훈 가운데 하나는 신자유주의가 우리에게 믿게 하려는 것처럼 사회 정의와 집단 복지가 팽창하는 자본주의 경제의 부산물이 아니라는 점이다. 그것은 거버넌스와 의사결정 기구를 민주화하여 사회경제적 관계를 동등하게 하고 시민권력을 제도화하기 위한 지속적인 대중 투쟁의 산물이다. 최상류층이 부를 빼돌려 버리는 성장에 집착하지 않고, 우리가 최상류층의 복제를 최소화하는 사회 전환에 힘을 기울인다면, 우리는 모두가 존엄하고 인간다운 삶을 누리는 사회를 만들 수 있다.

07 허가받지 않는 삶
:로자바의 국가 없는 민주주의[1]

지금까지 우리는 국민국가의 근본적인 역할을 당연하게 생각해왔다. 사회적·경제적·정치적 변화를 요구하는 대중 운동이든, 정치 체제를 민주화하려는 스페인이나 인도 께랄라 주의 노력이든, 국가는 이러한 개혁적인 노력의 대상이거나 행위자였다. 전제는 국가는 개혁 가능하다는 것이었다. 다시 말해 국가는 개혁적인 노력들을 뒷받침하는 정치적 가치를 구현하거나 적어도 발전시킬 수 있다는 것이었다.

이것은 망상일지도 모른다.

시리아 북동부에서 일어나고 있는 혁명은 그렇다고 믿고 있다. 로자바의 민주연합주의Democratic confederalism는 국가 자체를 문제로 본다. 자본주의와 국민국가는 서로 반대의 개념이 아니라 근대를 규정하는 폭력과 불평등의 포괄적 단일 체제를 구성하는 두 측면이다. 민주연합주의는 최대로 확대한 민주주의에 기반하여 근대성의 대안적 모델을 제시한다. 바로 중앙집권화된 국가권력 구조를 체계적으로 해체하는 국가 없는 민주주의다.

현재 시리아 북동부에서 일어나고 있는 일은 직접민주주의, 젠더평등, 생태학에 기반한 협동조합 형태의 정치경제를 구축하려는 세계에서 가장 야심 찬 시도일 것이다. 그들은 국민국가의 개념을 포기함으로써 그런 시도를 해왔다. 그것은 서아시아에서 유일한 진짜 민주주의이며, 목숨을 건 싸움이다.

* * *

로자바는 2014년 가을 쿠르드족의 도시 코바니가 ISIS에 포위당했을 때 세계의 주목을 받았다.[2] 이때까지만 해도 ISIS의 시리아 진격은 로자바 전역에 걸쳐 테러와 혐오를 확산시키는 것으로서 저지할 수 없을 듯 보였다. 전 세계는 공중파와 소셜미디어에 넘쳐나는 잇단 참수형과 잔혹 행위들을 지켜봤다. 상상을 뛰어넘는 소름끼치는 공포감을 조장하려는 계산된 캠페인의 일환이었다. 알카에다나 탈레반보다 더 나쁜 조직이 있을 수 있을까? 그렇다. 있는 것으로 드러났다. 테러 행위에서 ISIS가 사악함의 새로운 기준을 세우고 있었다.

2014년 10월부터 2015년 3월까지 쿠르드군은 미국의 공습, 터키와 이라크 지역 쿠르드족 전사의 증원, 그리고 시리아민주군SDF의 지원을 받아 ISIS의 코바니 공격을 서서히 격퇴했다. 집집마다 찾아가 공격하는 야만적인 전투에서 지상군 병력이 미군 폭격기들에게 좌표를 전달하면, 이 폭격기들은 도시 지하에 숨어 있는 ISIS 무장세력을 표적으로 삼곤 했다. 건물 하나가 파괴되면, 쿠르드군이 진격하여 현장을 점령하고 나서 다음 작전을 위해 좌표를 보내 서서히 그 지역을 탈환했다.

코바니에서의 ISIS 격퇴는 지하드 투사^{jihadist}(지하디스트)들에게 첫 패배를 안겼다. ISIS는 학살된 민간인, 강간당한 여성, 머리 없는 시체 더미를 남기며 퇴각했다.[3] ISIS의 무적 신화는 산산조각이 났다. 그들에게 패배를 맛보게 한 것이 바로 여성들이었다는 사실이 그만큼 중요한 의미가 있었다. 여성방위대 YPJ는 쿠르드 민병대의 심장부인 인민방위대^{YPG} 남성들과 함께 싸웠다. 여성을 혐오하는 ISIS에게 그런 사실은 갑절의 굴욕이었다. 그리고 YPJ의 여성 전투원들이 명성을 얻으면서 세계는 처음으로 투쟁에 나선 이 페미니스트들의 얼굴을 봤다. 승리를 거두고 나서 YPJ 사령관 루켄 지리크^{Ruken Jirik}는 환희에 찬 표정으로 다음과 같이 말했다.

지하디스트들은 그들이 곧장 천국으로 간다고 생각하기 때문에 죽음에 대한 두려움이 거의 없다. 그들은 목에는 천국행 열쇠를, 허리띠에는 마호메트와 함께 먹기 위한 숟가락을 걸고 다닌다. 그러나 그들은 여성들에게 죽임을 당하는 것을 두려워한다. 그러면 천국에 갈 수 없기 때문이다. 그들은 여성 투사들을 두려워한다. YPJ 투사들은 그들이 누구를 상대로 싸우고 있는지 분명하게 알려줄 것이다.[4]

그러한 두려움은 충분히 근거가 있었다. YPJ가 쏟아내는 뼛속까지

오싹하게 만드는 포효가 2017년 10월 락까에서 ISIS가 최종 패배할 때까지 달아나는 그들의 뒤에서 울려 퍼졌다.

이제 시리아 내전이 발발한 지 10년이 흘렀다. 피로 얼룩진 세월이었다. 처음에는 정치적, 경제적 개혁을 위해 시작한 평화 운동이 이 지역의 파벌 통제에 시간과 노력을 쏟아 붓는 대리전 양상의 이익 경쟁으로 바뀌었다. 2012년 11월, ISIS 군대는 사전 정보를 충분히 입수하고 터키의 승인을 얻어 터키에서 시리아의 국경 마을 세레카니예Serekaniye를 통해 진입했다. 그 이후로 터키는 ISIS와 다른 지하드 요원들을 앞잡이로 내세워 시리아에서 영향력을 행사했다. 2018년 3월, 터키군은 시리아의 아프린을 침공했고, 이슬람 무장 폭도들의 도움을 받아 인종 청소, 납치, 강간, 탄압 행위를 자행했다. 이 사태로 시리아 인구의 절반이 난민이 된 것으로 추정된다. 많은 사람이 탈출하여 시리아 북동부의 쿠르드족 지역인 로자바로 피난했다.

로자바의 쿠르드족

시리아는 여러 종족이 뒤섞여 있는 국가다. 아마도 서아시아 국가들 가운데 가장 다양한 종족들이 모여 있을 것이다. 이곳 사람들은 수니파 이슬람교도와 시아파 이슬람교도, 이스마일파, 알라위파, 드루즈파, 그리스 정교회, 투르크멘인, 가톨릭 마론파, 그리고 다른 기독교 종파로 구성되어 있다. 이 지역에서 가장 오래 살았던 사람들 가운데 쿠르드족이 있다. 그들의 전통적 고향인 쿠르디스탄은 시리아 북부 국경 지역 가장자리를 가로질러 뻗어 있고 북쪽으로는 터키까지,

동쪽으로는 이라크와 이란으로까지 뻗어 있다. 다른 서아시아 국가들과 마찬가지로 시리아의 건국은 제1차 세계대전에서 오스만 제국이 패한 후 옛 오스만 제국의 영토를 유럽 열강이 분할한 결과였다. 쿠르디스탄은 새로 생성된 4개 국가로 분할되어 나누어졌다. 그 결과 시리아에서는 이 지역의 쿠르드족이 터키와 이라크에 있는 그들 조상의 땅에서 단절되고 말았다. 프랑스 당국에서 그은 국경은 쿠르드인들에게 민족적, 언어적, 문화적으로 이질적인 새로운 사회적, 정치적 정체성을 갖게 만들었다.

터키와 시리아에서 쿠르드족은 하나의 고유한 민족으로 인정받지 못했다. 그들의 언어와 음악이 금지되었고 지속적인 문화 박멸 정책이 시행되어 오늘날까지 이어지고 있다. 인구가 4,000만 명인 쿠르드족은 세계에서 가장 규모가 큰 국가 없는 종족집단이다. 쿠르드족은 고국을 되찾는 일을 한 번도 포기한 적이 없었다.

로자바는 '쿠르디스탄 서쪽'을 뜻한다. 이곳은 시리아 북동부에 있는 아프린, 코바니, 자지라라는 3개 주로 구성되어 있다. 2014년 1월, 이 3개 주는 자치를 선언하고 현재 시리아 북부에 있는 쿠르드족 우세 지역뿐만 아니라 남쪽의 비 쿠르드족 영토까지 지배하는 혁명적인 정권을 설립하는 데 성공했다. 국가로 인정받기 위한 쿠르드족 투쟁의 역사와 이 지역에서 시리아 정권의 붕괴로 발생했을 수 있는 수많은 재앙을 감안할 때, 이것은 놀라운 결과다. 전쟁으로 폐허가 된 이 지역에서 다름 아닌 쿠르드족의 정치적 정체성이 출현했기 때문에도 그렇지만 그것이 지닌 특징 때문에 더욱더 놀랍다.

* * *

　시리아 북동부의 혁명 운동을 이끈 정치적 비전은 민주연합주의다. 민주연합주의는 터키 쿠르디스탄 노동자당PKK의 창시자이자 혁명에 영감을 준 압둘라 외잘란이 펼친 정치철학이다. 1978년 외잘란이 PKK를 설립했을 당시 그는 전통적인 마르크스주의자였다. 그는 쿠르드족을 위한 중앙집권적 사회주의 국가를 목표로 하고 있었고 1980년대 내내 그런 국가를 수립하기 위해 싸웠다. 그러나 1991년 구소련에서 사회주의가 붕괴한 이후에 PKK의 목표와 정치적 전망이 위기를 맞았다. PKK는 사회주의적 가치를 근본적으로 재정립하고 정통 마르크스-레닌주의 정치 이론과 결별한 민주적 사회주의 버전을 수용했다. 특히 외잘란은 자신의 사상을 재평가하며 직면한 딜레마에 대응하고 새로운 길을 모색했다. 국가와 하향식 권력 구조의 해체가 이 과정의 핵심이었다. 쿠르드 여성운동Kurdish Women's Movement은 이러한 노력에 중추적인 역할을 했다. 외잘란은 페미니스트의 정치적 사고에 깊은 영향을 받았으며, 젠더 평등은 그의 철학의 기본 원칙이 되었다.

　이러한 변화의 핵심은 국가에 대한 철저한 재평가와 거부였다. 이것이 터키 PKK의 자매당이자 로자바에서 가장 강력한 정치 세력인 시리아 민주동맹당PYD의 핵심 논제다. 페미니즘적 정치 비판 수용, 국가 없는 직접민주주의, 생태학에 대한 집중은 터키의 PKK를 세계에서 가장 혁신적이고 미래 지향적인 좌파 조직들 가운데 하나로 만들었다. 민주연합주의는 로자바에서 PYD의 정치 목표로 부상하기 전까지는 외부 세계에 크게 알려져 있지 않았다.

민주연합주의

민주연합주의[5]는 시리아 북동부의 국가 없는 민주주의의 정치 이론을 말한다. 이 모델은 2007년에 PYD에서 처음 채택했고, 2011년 3월에 시리아 정부군이 로자바에서 철수하면서 쿠르드족 영토 전역에 적용되었다.

민주연합주의는 자유 사회의 근간으로서 보편적인 직접민주주의를 옹호하고 국가를 그것을 실현하기 위한 전제 조건으로 보지 않는다. 이러한 민주적 자치 정부는 포용적이고(인종이나 종교에 관계없이 지역에 사는 모든 사람에게 민주적 권리를 부여한다) 평등주의적이며(특히 젠더 평등과 완전한 시민으로서의 여성 해방에 적용된다), 자율적이고(공동체의 자치권을 인정한다), 생태적이다(인간 사회와 자연의 상호의존성 및 자연 보호의 필요성을 인정한다). 이러한 원칙들은 북동시리아 자치정부의 거버넌스 체계의 틀을 규정하고 이 지역의 헌법인 사회계약Social Contract에 포함되어 있다.

민주연합주의에서 '국민'이라는 개념은 전적으로 민주적 시민권의 실천에 기반한다. 그것은 인종이나 언어 또는 실제로 어떤 다른 형태의 집단적 정체성을 기반으로 한 집합체로서의 일반적인 국민 개념과 분리된다.

서로 다른 시기에 서로 다른 집단에 의해 여러 부분으로 나뉘고 다양하게 이해되는 쿠르드족 정체성이라는 측면에서 보면, 이것은 매우 중요하다. 모든 사회는 본질적으로 이질적이다. 이처럼 다양한 이해관계, 정체성, 성향, 세계관은 공동의 신화 만들기와 강제력 같은 행위를 통해서만 단일한 집단 정체성으로 포괄될 수 있다. 민주연합주의의 관점에서 이 과정은 인간 사회의 자연적 구성요소들과 개인의 자유를 침해한다.

외잘란은 이것을 다음과 같이 표현했다.

> 민주연합주의는 사회생활의 산물이다. 국가는 권력 독점의 이익을 추구하기 위해 중앙집권주의를 계속 지향한다. 연합주의의 경우는 그 반대다. 독점이 아니라 사회가 바로 정치적 초점의 중심에 있다. 사회의 이질적인 구조는 모든 형태의 중앙집권주의와 모순된다. 뚜렷한 중앙집권주의는 사회적 분출을 초래할 뿐이다. 우리가 기억하는 한, 사람들은 항상 느슨한 집단의 씨족이나 부족, 또는 연방적 특성을 띤 여타의 공동체를 형성해왔다. 이렇게 해서 그들은 그들 내부의 자율성을 유지할 수 있었다. … 중앙집권주의 모델은 사회가 원하는 행정 모델은 아니다. 대신에 그것은 독점권의 보존에 뿌리를 두고 있다.[6]

우리는 민주주의를 국가 제도를 통해 운영하는 정부의 한 형태로 생각하는 데 익숙하다. 그러나 국가 없는 민주주의는 도대체 어떤 모습일까?

스페인의 바르셀로나 엔 꼬무와 께랄라 주의 공산당 행정부의 경우에 민주화, 분권화, 시민 참여를 위한 노력들이 정치를 어떻게 개혁하려 하는지를 분명히 보여줬다. 비아 깜뻬시나와 그것의 분산된 의사결정 방식도 마찬가지다. 시민권력의 동원은 이러한 모든 노력에서 중요한 부분이다. 스페인과 께랄라 주의 경우에 최종 권한은 여전히 국가의 손안에 있고, 대의 정부의 선출된 관리들이 이 권한을 행사한다. 시민 참여 정도에 관계없이 합법적 권력은 항상 국가 기관들에 주어진다. 행정과 사법, 입법 기능에, 그리고 경찰과 군인들에 이르는 다양한 무장 기관의 집행 체계에 주어진다. 관료 기구 또한 확고하게 국가의 장관들과 피임명자들의 통제 하에 있다. 시민사회는 여전히 외부 세력으로 남아 있다. 아마도 정책과 의사결정 같은 사안들에는 다양한 단계에서 정부와 협의하거나 집단행동에 동원되거나 관여할 수 있다. 그러나 공식 권력은 항상 중앙에서 바깥쪽으로 흐르고 국가 내부의 확립된 위계구조에서 아래로 흐른다.

민주연합주의는 이 과정을 뒤집는다. 외잘란의 비전에서 최종 권한은 사회 자체에 의해 정해진 대로 행정 기능을 지방자치에 위임함으로써 시민사회의 기관들에 주어진다. 그것의 목적은 사회를 거버넌스의 통제 하에 두는 것이다. 이것을 어떻게 달성할 수 있을까?

평의회 제도 The Council System

로자바 자치 행정부의 거버넌스 체계는 아직도 만들어지고 있으며 경험과 상황이 이끄는 대로 계속 발전한다. 이 거버넌스 구조의 기초는 평의회 제도다. 자치와 직접민주주의는 일련의 중첩된 의사결정 기구들을 통해 이루어지고 이론적으로 이들 의사결정 기구들은 그 아래 단계의 기구들에 대해 책임이 있으며 지역의 도시, 소도시, 촌락에 있는 동네들의 실제 거주민들과 가장 긴밀히 연결되어 있다. 이 행정부는 코뮌, 구역neighborhood, 지구district, 주canton, 지방region이라는 5가지 서로 연동되는 단계들을 통해 기능한다. 이 모든 것은 시리아민주평의회Syrian Democratic Council, SDC라는 포괄 조직과 연결되어 있다.[7]

이 제도의 토대는 한 주택가의 30~200가구를 아우르는 심의기구인 코뮌이다. 대도시에는 한 코뮌에 최대 500가구 정도가 있을 수 있다. 모든 구역에는 코뮌이 있는데, 한 구역에는 10~30개의 코뮌이 있으며, 각 코뮌은 15~50명의 사람으로 구성되어 있다. 이러한 기구에 대한 참여는 자발적이며 모든 사람에게 열려 있다. 코뮌에서는 주민들의 일상을 논의하고, 재화와 서비스를 공급하며, 공동의 문제들에 대한 해결책을 이끌어낸다. 한 활동가는 이렇게 말한다.

코뮌은 민주적 자치의 최소 단위이자 기반이다. 그것은 사람들의 요구를 충족하는 데 관심이 있다. 여러분 동네의 거리에 무엇인가가 필요하다고 가정해보자. 과거의 체제에서는, 진정을 내야 그것이 다마스쿠스로 전달될 것이다. 누군가가 마침내 알아차리고 그 문제를 처리하는 데 몇 년이 걸릴 수도 있다. 우리 체제는 훨씬 더 효과적이다. 길거리에서 여성 관련 문제가 발생하거나, 가족 내에서 갈등이 생기면, 코뮌이 그 문제들을 해결하려고 한다. 그 문제를 해결하는 게 코뮌의 역량을 벗어난다면, 그건 바로 윗 단계인 구역 평의회 등으로 넘어간다.[8]

각 코뮌에는 특정 영역을 책임지는 위원회(commission 또는 committee)도 있다. 여성, 자기 방어Self-defense, 경제, 순교자들의 가족, 정의와 화해, 교육, 예술과 문화, 건강, 청소년과 스포츠 등 9개의 영역이 있다.

자치정부의 일은 대부분 이 시스템의 모든 단계를 구성하고 있는 이러한 위원회들을 통해 수행된다.

각 코뮌 조정위원회co-ordinating board 의원은 주민들이 선택하고 2명의 공동의장(남성과 여성 각 1인)이 선출되며, 일반적으로 남성 1명과 여성 1명이 각 위원회commission를 대표한다. 이 젠더 평등은 자치정부의 부처들을 포함하여 모든 의사결정 직위에 적용된다. 조정위원회는 매주 소집되며 회의는 일반에 공개된다. 조정위원회에 선출된 위원들은 그들이 과반수의 요구를 충족시키지 않을 경우 언제든지 소환될 수 있다.

다음 상급 단계는 일반적으로 7~30개의 코뮌으로 구성되어 있는 구역 평의회다. 지역 코뮌의 조정위원회는 구역 평의회의 심의기구를 이룬다. 구역 평의회에서 구성원들은 조정위원회와 남성 공동의장을 선출한다. 여성 공동의장은 이 체제의 모든 단계에서 운영되기도 하는 여성 평의회에서 선출한다. 구역 평의회는 또한 동일한 9개의 책임 영역에서 운영하는 자체 위원회를 설립한다.

세 번째 상급 단계는 한 도시와 그 주변 촌락들을 아우르는 지구district이다. 구역과 촌락 평의회의 조정위원회는 지구의 심의기구를 구성하고 각각의 평의회를 대표한다. 여기에서 다시 조정위원회가 구성원들에 의해 선출되며, 영역 위원회들이 구성된다. 많은 구역 평의회와 코뮌을 대표하는 지구의 조정위원회를 TEV-DEM(민주사회를 위한 운동Movement for a Democratic Society)이라고 한다. TEV-DEM은 20~30명으로 구성되고 지방의 정치·사회 생활에서 중추 역할을 한다.

거버넌스 체계의 네 번째 단계는 인민의회People's Assembly인데, 이것은 주canton 단계에서 운영되고 모든 지구 평의회의 대표자들로 구성된다. 이 체계의 나머지 단계와 마찬가지로 하위 단계 (이 경우에는 지구 단계)의 조정위원들이 주의 TEV-DEM의 심의기구를 구성한다. 각 TEV-DEM 위원뿐만 아니라 여타 활동가들과 전문가들은 로자바를 위한 모든 활동을 조정하는 9개 위원회의 위원이 된다. TEV-DEM 기구들은 자율적으로 기능하는 로자바의 각 주에서 운영된다.

마지막으로, 전체 체계를 아우르는 최상위 단계는 시리아 분쟁 해결을 위한 정치적 뼈대를 제공하는 시리아민주평의회SDC이다. 이 평의회는 2018년 터키군이 아프린을 침공하기 이전에 발전한 거버넌스였다.

그 침공 이후, 시리아민주평의회는 산하 7개 자치 민정을 수립하여 통합 정부를 구성하기로 결정했다.[9] 현재, 북동시리아 자치정부는 민정을 대표하는 회원 70명으로 구성된 총의회General Council, 7개 민정의 공동의장들로 구성된 집행위원회, 사법 체제를 관리하기 위한 회원 16명의 사법위원회로 이뤄져 있다.

집행위원회의 공동의장인 베리반 칼레드Berivan Khaled는 이에 대해 다음과 같이 설명한다.

집단 의사결정 단계, 관습법의 단계에서 이들 7개의 지역 행정부를 통합하고, 사회 내 평등과 경제적 수준의 평등을 구축하고, 공동의 관점을 발전시키고, 지역 간에 문제가 발생할 경우 조정하고, 중재자 역할을 하기 위해 모든 것을 포용하는 북동시리아 자치정부가 필요했다.[10]

이제 SDC의 우선순위는 이 지역에서 터키 및 이슬람 준군사 세력의 침입에 대항하고, 시리아 분쟁을 해결하고, 사람들the country을 위한 새 헌법을 초안하기 위한 정치적 과정에서 유의미한 역할을 하는 것이다.

새로운 길

민주연합주의는 개인화된 자유라는 자유주의적 개념뿐만 아니라 사회주의 체제에서 설명하는 평등관과도 결별한다. 그것은 민주적 실천을 통해 사회의 창조적 에너지를 결집하여 평등과 자유라는 계몽주의적 가치들을 제도화하는 대안 철학으로서 '민주적 현대화'를 제시한다.

외잘란에게 이 철학의 실천은 전환적이다. 그것은 이 철학의 현실화에 참여하는 개인을 변화시킨다. 민주연합주의는 종족의 특수성을 초월하는 '새로운 쿠르드인'이라는 새로운 사회적 정체성을 형성한다. 혁명은 개인적 전환 과정을 수반하는데, 이는 사회 변화라는 정치적 목표와 분리할 수 없다. 평의회 제도는 이러한 신념을 일상의 실천에 적용한다.

이 평의회 구조가 난데없이 등장한 것은 아니었다. 그 뿌리는 고대부터 1960년대와 70년대에 이르기까지 전통적인 쿠르드 사회의 문제들을 판결한 부족 장로들의 평의회 제도에서 찾을 수 있다. 쿠르드의 역사를 통틀어 부족의 정체성과 자치에 단단히 기반을 둔 집단주의와 상호원조 같은 공동의 가치들은 모든 형태의 중앙집권적 권력에 맞서는 문화적 보루 역할을 해왔다. 분권화된 지방자치에 중점을 두는 민주연합주의는 이러한 전통의 연장선상에 있다. 그것이 사회 혁명 프로젝트로 공식화된 것은 터키의 PKK가 이 모델을 적용하면서 구체화되었다. 1978년 외잘란이 PKK를 창당했을 당시 당의 목표는 사회주의 쿠르드족 국가를 수립하는 것뿐만 아니라 종족이나 정치적 전망과 상관없이 여성을 비롯하여 사회의 모든 사람을 해방시키는 것이었다. 그것은 보편주의적 사회 해방 프로젝트였지만, 여전히 국민국가의 개념에 기초하고 있었다.

PYD는 정치를 탈종족화하는 동시에 국가의 중앙집권적 구조에서 자유롭고 종족성에 국가 개념이 결합되는 것에서 자유로운 정치 체제를 확립하고자 했다. 시리아의 쿠르드 민주당과 같은 전통 정당들은 종족성을 쿠르드족 영토인 시리아 쿠르디스탄에서 쿠르드인의 이익을 대변하는 새로운 정치 체제가 지닌 본질적인 특징으로 본다. PYD의 전략은 국가와 영토의 기존 국경을 완전히 무시한다. PYD의 목표는 종족이나 여타의 뚜렷한 차이들과 상관없이 공동체가 그것의 원칙들을 채택하고자 하는 곳이면 어디에서든 민주연합주의를 확립하는 것이다.

로자바 지도부는 이 체제를 쿠르드족뿐만 아니라 시리아와 중동 전역에서 전제적 통치 하에서 고통 받고 있는 다른 종족집단들에게 지속적인 평화를 보장하는 최선의 수단으로 본다. 로자바의 쿠르드족은 여전히 그들이 시리아에 속해 있다고 생각한다. 그들은 다른 사람들이 뭐라고 주장할지라도 분리주의자들이라는 딱지를 거부한다.

전환하는 정치

사회 제도의 본질과 운영 논리를 바꾸면 그 제도를 활용하는 사람들의 태도와 성향이 바뀐다. 사람들은 민주주의를 실천함으로써 민주적 관행을 배운다. 협동도 마찬가지다. 부족사회가 변모하고 있는 상황에서 이것은 매우 중요하다. 민주연합주의의 실천 속에서 작용하고 있는 것의 의미를 파악하는 한 가지 방식은 사회자본이라는 표현을 사용하는 것이다.

부족의 열렬한 충성(심)과 이러한 부족 정체성이 부족집단 간에 만들어내는 어려움 사이의 긴장감이 결속형 사회자본과 교량형 사회자본 간의 차이다. 사회자본은 한 집단이나 사회가 협동을 통해 공동의 목표를 달성할 수 있도록 해주는 상호신뢰의 저장고다. 결속형 사회자본은 높은 수준의 유사성을 공유하는 집단 또는 공동체 구성원 간의 협동적 관계를 결속하고 규정한다. 부족이나 종교집단, 또는 종족 공동체가 전형적인 예다. 교량형 사회자본은 다양한 집단 간의 협력과 연결성을 가능하게 한다.

민주연합주의가 평의회 제도를 통해 시도하려는 바는 지역의 유권자 집단을 새로운 형태의 주권, 즉 사회적 주권으로 통합할 수 있는 교량형 사회자본을 생성하는 것이다. 이를 위해서는 사회 운영과 관련된 제도의 성격을 변화시켜야 한다. 정치의 혁신은 사회의 경제·사회 관계를 민주적으로 전환함으로써 달성된다. 민주연합주의 관점에서 국가는 위계구조와 불평등, 그리고 자유 없는 사회를 재생산한다.

국가 없는 민주주의는 민주적 실천을 가능한 한 광범위하게 확산시킴으로써 사회적 자유와 공공선을 증진한다. 지방자치와 직접민주주의가 정치 생활과 시민 생활을 완전히 바꿔 놓는 열쇠라면 그것들은 경제의 궁극적인 목표를 재구상하는 데에도 똑같이 중요하다. 수많은 장애물에도 불구하고 로자바에서 구체화되고 있는 협동조합 경제는 민주적 전환의 경제적 얼굴이다.

이것이 비전이다. 현장에서는 그것이 어느 정도 실현되었을까?

* * *

로자바의 쿠르드족 장악 지역들은 계속되는 국경검문소 폐쇄로 이동이 심하게 제약을 받긴 해도 여전히 시리아에서 가장 안전하다. 이곳의 지형은 평평하고 건조하다. 먼지 낀 노란 빛깔이 이곳 풍경을 물들인다. 채유탑이 거대한 곤충처럼 서 있다. 마치 움직이지 않고 명상에 잠긴 듯한 사막의 파수꾼 같다. 로자바는 시리아에서 가장 풍부한 유전 위에 자리하고 있다. 전쟁 그리고 터키, 이라크, 이란에 의해 취해진 경제봉쇄로 교체 부품과 물자를 구할 수 없고 시장에 접근할 수 없어서, 정부는 처음부터 완전히 다시 경제를 재건해야 했다. 정유 공장은 전기를 생산하는 발전기를 작동시키는 디젤을 생산하도록 용도가 변경되었다. 전기가 배급되지만 밤이 되면 소도시와 촌락들이 깜깜해진다.

에너지 공급 관리에서 식량 생산에 이르기까지 협동조합은 로자바 경제에서 중요한 위치를 차지해왔다. 협동조합은 생존 전략을 넘어 민주연합주의의 원칙들을 경제 분야에까지 확장한다. 가족 및 민간 기업들이 경제의 중요한 부분으로 받아들여지고 독점 기업들은 불법이다. 이전에 시리아 국가가 소유 또는 몰수했던 토지나 ISIS로부터 탈환한 토지는 공유지로 취급되어 코뮌의 관리 하에 놓인다. 협동조합에서 사용하는 토지와 부동산은 결국 지역 경제 문제들을 책임지고 관리하는 코뮌에 의해 협동조합에 제공되었다.

로자바의 협동조합들은 다른 곳의 여느 협동조합과 매우 비슷하다. 협동조합은 공동 소유하고 조합원들이 민주적으로 운영하며 조합원들은 각자 한 표의 투표권을 갖는다. 협동조합은 조합원에 의해 선출되고 조합에 대해 책임을 지는 행정기구를 갖고 있다. 조합원 자격은 협동조합의 규칙을 받아들이는 모든 사람에게 열려 있다. 그리고 협동조합은 다양한 훈련과 교육 활동을 통해 조합원들 사이에 협동의 윤리를 함양할 것으로 기대된다. 로자바에서는 여성에 대한 동등한 처우와 인종차별 거부에 대해 구체적으로 언급한다. 게다가 로자바의 협동조합들에게는 사회적 주체뿐만 아니라 경제적 주체로서 그들이 담당하는 역할에 매우 명확한 공동체적 성격을 부여하는 여러 특징이 있다.

여기서 협동조합들은 주로 사회 전체의 이익에 기여하는 경제조직으로 간주된다. 서구에서는 협동조합의 목적이 대개 개별 조합원에게 혜택을 제공하는 것으로 인식되어 있다. 로자바에서 협동조합들은 사회의 집합적 이익에도 기여한다. 이것은 협동조합의 개방적인 조합원 제도에 반영되어 있다. 그 지역에 살지만 협동조합을 위해 일하지 않고 있는 개개인은 여전히 조합원이 되어 협동조합을 지원할 수 있다. 개방적인 협동조합 운동은 이 제도의 독특한 특징이며 협동조합 경제의 광범위한 잠재력을 이해할 수 있는 중요한 교훈을 담고 있다.

2018년 3월에 내가 로자바를 방문했을 때, 약 100개의 협동조합이 있었다. 이 글을 쓰는 시점에는, 그 수가 두 배가 되었다.

카스릭 협동조합

카스릭 협동조합Kasrik Co-op은 카미실리 시에서 남서쪽으로 120km 떨어져 있다. 타는 듯이 더운 땅에서 솟아나는 녹색 오아시스와 같은 곳이다. 갈색 삼림토*에 고랑들이 나 있고 올리브 나무와 정원들 사이에 자리한 여러 온실은 플라스틱 시트로 만들어진 아치 모양의 캐노피 아래에 서 있다. 양들이 녹색의 익어가는 옥수수 줄기들 사이를 돌아다닌다. 이 협동조합은 이전에 국가가 소유하고 밀 재배에 사용되었던 5,000헥타르의 토지를 사용한다. 수십 년 동안 이 토지는 단일 재배용 공간을 만들기 위해 벌채되었고, 화학비료의 사용은 토양의 영양분을 심각하게 고갈시켰다.

원래 농민 집단에서 시작한 카스릭 협동조합은 현재는 그 지역을 위한 야채, 옥수수, 가축, 치즈, 식용유를 생산한다. 모든 농산물은 유기농인데, 특히 화학비료를 더 이상 사용할 수 없기 때문에 광범위한 재교육과 훈련이 필요했다. 온실을 증설하고, 협동조합의 양 가축을 1,250마리에서 1만 마리로 늘리고, 소도시와 촌락에 지역 시장을 만들고, 코뮌에서 제공하는 3,000헥타르의 토지에 나무를 심는 계획들이 진행되고 있었다. 정부가 종자, 장비, 훈련을 제공하기도 했다.

----

* 온난 습윤 지역의 활엽수림 밑에서 생성된 비옥한 토양 – 옮긴이

내가 카스릭을 방문했을 당시, 이 협동조합에는 5,000명의 조합원과 100명의 노동자가 있었다. 그들의 목표는 1,000명을 고용하는 것이었다. 조합원 지분의 비용은 100달러였으며, 그 비용을 감당할 수 없을 경우에 조합원은 노동력을 기부하여 해결할 수도 있었다. 지역 내 누구나 조합원 지분을 구매할 수 있으며, 지배권의 지나친 집중을 방지하기 위해 그 좌수를 10개로 제한했다. 지역 전역의 조합원들이 지분을 구매하고 노동력 제공을 자원함으로써, 카스릭 협동조합은 첫 해에 50만 달러의 운영 자금을 축적할 수 있었다. 생산품이 팔릴 때마다 노동자들은 생산품 가치의 8%를 받고 나머지는 협동조합에 재투자된다. 노동자들은 또한 개인적 용도로 생산품의 일정 양을 할당 받는다. 로자바에 있는 대부분의 다른 협동조합과 마찬가지로 모든 노동자에게 동일한 금액이 지급된다.

카스릭은 협동조합의 공동 조합원제도common membership를 통해 생산자와 소비자를 연결하는 수십 개의 농업 협동조합 가운데 하나다. 이 공동체 조합원제도 모델은 매우 중요하다. 이것은 협동조합에 동원 가능한 자본 풀을 확대할 뿐만 아니라 이질적인 집단 간의 연대를 구축한다. 협동조합의 포용적 책무는 공동체 의식을 재건하는 데 중요한 수단이다. 수세기 동안 인종적 적대감이 쌓인 고도로 분열된 사회에서 협동조합은 신뢰를 구축하는 데 매우 효과적인 전략이다. 그리고 곧 살펴보겠지만, 이것은 정치적 양극화로 인한 분열을 치유하는 데 초석이 된다.

카스릭과 같은 협동조합은 코뮌을 위한 일자리와 식량의 주요 원천이다. 다른 협동조합들은 에너지와 물 같은 필수적인 기본 서비스를 제공하는 데 주력하고 있다. 위기의 시기에 협동조합은 그들이 봉사하는 공동체에 필수 불가결한 존재다. 그러나 협동조합의 중요성은 지금의 전쟁 위기를 넘어 시리아뿐만 아니라 전 세계에 대해서 정말로 불길한 예감이 드는 미래의 요구에 응답하는 정치경제 모델을 미리 보여주는 것이다. 로자바의 협동조합들은 포용성, 지역사회 봉사, 평등, 생태에 중점을 두고 있는데, 이런 점 때문에 이 지역의 경제·사회 생활의 원동력을 민주적 자율성과 연결 짓는 기반 제도로서 자리 잡고 있다. 로자바에서 구축되고 있는 협동조합 경제는 필요와 이념의 산물이다. 그것은 민주연합주의의 정치철학이 자연스럽게 확장된 것이다. 그것을 좌절시키려고 혈안이 되어 있는 세력들의 틈바구니 속에서 그것이 성공하고 있다는 사실은 기적 같은 일이다.

모순과 난제

로자바의 혁명적인 모델이 해결해야 할 최대 난제는 국가의 기능들을 사회 내부로 흡수하는 일이다. 이것이 궁극적으로 국가 없는 민주주의가 의미하는 바다. 성취하고자 하는 목적은 국가 제도에 단단히 자리 잡은 권력 위계구조와 부정을 없애는 것이다. 우리는 다음과 같은 질문을 해야 한다. 이것이 실현 가능할까? 국가와 사회의 구분이 없어지면 어떻게 될까? 외잘란의 가르침에서 보면, 국가의 역할로 여겨지는 거버넌스 기능들은 평상시에는 특정 공동체의 사람들이 직접 관리하는 시민단체들의 행정 기능에 포함된다. 자치정부 기구 전체와 평의회 제도가 이 신념을 잘 보여주는 전형이다.

이 철학에는 두 가지 문제가 있다. 첫 번째는 위계구조와 관련된 모순과 국가 구조 내 권력 집중이 다시 나타나 사회 전반에 확산되지 않을 거라는 보장이 없다는 점이다. 실제로 권력 구조가 눈에 잘 띄지 않으면, 불평등한 권력의 문제는 더 악화될 수 있다. 국가와 공식적인 정부의 경우, 권력의 발생 장소 그러니까 권력의 운용과 남용은 비교적 명확하고 가시적이며 식별 가능하다. 그러나 이러한 기능들이 사회구조 자체에 흡수된다면, 사람들이 어떻게 그것들에 맞설 수 있을까? 사람들이 어떻게 그것들을 인식하겠는가? 제도화되긴 했지만 비공식적인 사회 위계가 미치는 영향력이 훨씬 더 서서히 퍼지고 통제하기 어렵지 않겠는가?

두 번째 문제는 민주연합주의의 적용을 가능하게 하는 사회적 태도와 가치가 부재한 가운데, 그것이 실제로 실행 가능할지 여부다. 외잘란이 말한 것처럼, 이러한 태도들은 바로 민주연합주의의 실천을 통한 사회와 개인의 재구성에 달려 있다. 태도 변화는 민주연합주의에 달려 있고, 민주연합주의의 성공 여부는 태도 변화에 달려 있다. 이것이 바로 혁명적 변화를 추구하지만 그것이 추구하는 가치는 민주적인 모든 정치 운동이 직면한 역설적 상황이다. 변화는 이러한 혁명적 역할을 떠맡은 기구나 정치 운동에 의해 시작되고 지속되어야 한다. 그것이 바로 전위 정당이나 운동의 역할인데, 이것이 효과가 있으려면 사회 내에서 조정 능력이 있어야 한다. 사회의 자유와 자율성이 궁극적 가치가 되려면, 사회 자체가 자율성을 유지하고 이 혁명적 운동에서 발생할 수도 있는 폐단에서 스스로를 보호할 수 있는 수단을 갖추어야 한다. 역사는 이러한 원칙을 어겼을 때 어떤 일이 일어나는지를 보여주는 사례들로 넘쳐 난다. 한 계급이 단순히 또 다른 계급으로 대체되는 것이다.

국가 없는 민주주의가 국가 통제주의자의 억압에 대한 해법이라면, 자주적 시민사회를 건설하는 동시에 혁명적 변화를 도모하는 역설은 최대 정치적 난제다.

TEV-DEM (Tevgera Civaka Demokratik) : 민주사회를 위한 운동

민주사회를 위한 운동은 이러한 도전들에 대처하기 위한 야심 찬 시도다. TEV-DEM은 2011년 8월에 직접민주주의 평의회와 위원회 구조를 조직하고 지원하는 한편 민주연합주의에서 구상한 기능들을 담당할 시민사회를 동원하기 위해 만들어졌다. 다시 말하자면, 시민사회 내에 조직화된 기구와 포럼을 하나씩 만들려고 했던 것인데, 이것들을 통해 사회 전체는 스스로를 표현하고 그들의 관심사를 사회에 그리고 새로운 자치정부 체계를 운영하기 위해 설치된 조직들에 알릴 수 있게 된다.

TEV-DEM의 공동의장인 젤랄 예거[Zelal Jeger]는 TEV-DEM의 역할을 다음과 같이 설명한다.

TEV-DEM은 자치정부 바깥의 사회를 조직한다. 하지만 우리의 목표는 자치정부에 반대하는 것이 아니다. 우리는 자치정부에 적대하지 않는다. 우리 정부는 국가가 아니고, 우리의 사상은 국가의 사상과 다르기 때문이다. 사람들이 불만이 있으면 사회의 불만사항들을 적어 자치

정부에 보낸다. 우리는 자치정부를 비판한다. 그래서 우리는 민주적 연합체 안에서 자치정부를 보완하는 역할을 한다. 그러나 자치정부가 우리의 말을 듣지 않는다면, 우리는 메시지를 보낼 것이다. 들고일어 날 것이라고 말이다.

TEV-DEM은 조합들과 일부 시민 결사체를 비롯하여 모든 시민사회 단체를 위한 우산 조직 및 평의회의 역할을 한다. … TEV-DEM의 역 할은 이러한 단체들의 일원이 아닌 사람들을 조직하고 그들의 권리를 보호하는 데까지 확장된다. TEV-DEM은 자치정부에 대항력으로 작 용하며 자치정부가 스스로를 국가처럼 복제하지 못하게 하고 민주연 합주의의 가치들을 보호한다.[11]

표면적으로, 이 진술은 시민사회를 정치적으로 동원하고 거버넌스 체계가 사회 전체에 책임을 지도록 하는 시민 기관에 대한 설명이다. 민주연합주의의 최종 목표는 사회를 거버넌스 제도보다 더 강력하게 만드는 것이다.

민주연합주의에서 국가의 소멸은 전통적인 마르크스-레닌주의 이 론에서처럼 계급 폐지에 달려 있지 않다. 국가는 직접민주주의의 실 천을 통해 사회가 국가의 기능들을 흡수함으로써 해체된다. 직접민 주주의는 또한 국가에 의해 영속되는 권력의 위계를 해체한다. 주권 사회는 자율적이며 이 사회의 구성요소와 연관된 어떤 특정 이데올 로기나 영향으로부터 독립적이다. 그렇다면 혁명 운동은 사회 전체 와, 그리고 정치적 통일체 내에서 실제적으로 운용되는 정치권력과 는 어떤 관계일까? 권력이 어디에 있고 어떻게 통제되는지와 같은 쟁점이 체제 변화라는 주제의 핵심 사안이며, 로자바의 경우 그것의 복잡한 특징들 대부분이 초점이 된다.

PYD와 TEV-DEM은 모두 시리아 북동부의 다른 정당들과 시민사회 활동가들로부터 비판을 받고 있다. 종족 및 여성 인권과 관련하여 그들이 이룬 성과는 인정받고 있지만, TEV-DEM이 자치정부의 정치 문화와 목표를 통제하고 특정 집단, 즉 PYD와 시리아 국경 너머에 있는 그 협력자들의 이데올로기를 장려한다는 주장이 제기되기도 한다.

또한 정당들이 SDC에 참여하는 동안 이 제도의 타당성을 인정하지 않는 정당들은 배제되거나 합법적인 정치 행위자로 인정받지도 못한다. 이것은 이 제도 내에서 주요 논쟁거리로 남아 있다. 이 점 때문에 자치정부가 이 제도를 대표하지 않으며 시리아민주군과 PYD의 정치적 이해관계에 따라 좌지우지되고 있다는 비난을 받아왔다. 시리아민주군과 PYD의 쿠르드 대표들이 이 제도를 장악하고 있다. 이 자치정부가 일부 지역에서 아랍인들을 차별한다는 비난도 제기되었다.[12]

시리아민주군이 이 제도를 만들었다는 사실을 감안하면, 시리아민주군이 그 제도 내에서 지배적 세력이 되는 것은 놀라운 일이 아니다. 포용에 대한 약속과 민주적 권력 공유를 통해 PYD와 그 협력자들이 유의미한 도전을 펼칠 정치적 공간을 만들어낼 수 있을까? 시간이 지나면 알겠지만, 부족과 종족집단 간 분열을 조장하여 러시아와 터키, 그리고 아사드[*] 같은 외부 이해관계자들이 이 제도를 무너뜨리기 위

---

[*] Bashar Hafez al-Assad, 시리아의 대통령으로 2000년부터 지금까지 장기 집권하고 있다. - 옮긴이

해 벌이는 지상전과 계속된 시도들이 그 과업을 더욱 어렵게 만들고 있다.

평의회 제도 자체도 많은 구조적 문제와 씨름하고 있다. 선거는 문제투성이였으며, 이로 인해 선거 과정의 정당성에 의문이 제기되었다. 또 평의회의 효과적 운영 방식, 제공하는 서비스, 지역주민들에 대한 대표성과 관련해 심각한 불균형이 존재한다. 께랄라 주의 분권화 과정에서 보았듯이 지역 평의회의 자치권은 종합적인 정책들을 적용하고 조정하는 일을 어렵게 만든다. 여기까지 읽은 사람이라면 누구나 이해할 수 있듯이, 매우 복잡한 이 제도는 운용은 말할 것도 없고 완전히 이해하기 어려우며, 이것은 사람들의 시간과 에너지를 엄청나게 요구한다. 시간이 지나면서 대중 참여가 서서히 줄고 소수의 사람이 실제 권력을 휘두른다 해도 전혀 놀랍지 않을 것이다.

이러한 문제들은 국가의 중앙집권식 제도가 부재한 자치 직접민주주의 체제가 자연스럽게 직면하는 도전들이다. 문제는 그런 도전들이 사회기구 내에서 위계와 권력 불평등을 답습하지 않고도 해결될 수 있는가 하는 점이다.

시리아 북동부에서는 젠더 평등, 문화적 다양성, 생태 같은 개념들이 전통적인 사고방식에 도전하고 있다. 그러한 혁명적인 가치 체계의 채택은 일반적으로 지지를 받기는 하지만, 여전히 미완성 상태로 남아 있다. 이러한 것들에 대한 이해 증진은 느리고 인내를 요하는 활동이며, 그것이 지속될 수 있는 유일한 방법은 자치정부에서 이러한 가치와 관행을 목격하는 대중의 점진적 수용을 통해서다. 이러한 가치와 관행은 더 나은 미래를 위한 구상들뿐만 아니라 현재의 생존에 필요한 요구에 대한 실제적이고 구체적인 해결책도 제공해야 한다. 안보, 식량, 물, 고용 등은 이 정부가 그들에 맞서 가해지는 치명적인 무력과 싸우는 동안 주의를 기울여야 하는 근본 쟁점들이다.

그래도 활동은 계속된다. '코뮌'과 '평의회' 같은 개념들은 지역 어휘목록의 일부가 되었으며, 또 다른 가능한 세상을 향한 창을 열었다. 로자바에서의 혁명은 오랜 세월 고통 받아온 사람들에게 희망과 빛 그 이상의 것을 제공한다. 그것은 심층 민주주의가 무엇을 의미하고 어떻게 그것을 실천할 수 있는지에 대한 새로운 이해의 장을 열어준다. 그러한 이해는 과거의 공동 가치들에 뿌리를 두면서도 공동체의 협동조합적 토대와 자치의 전환적 힘에 초점을 맞춤으로써 보편적 적용을 위해 그 가치들을 재형성하는 현대적 비전을 제공한다.

종족과 국적으로 인한 분열을 초월함으로써 민주연합주의는 국민국가에 대한 집착에서 벗어나서 일상생활에서 맺는 관계들에 깊숙이 박혀 있는 급진적 민주주의의 실행 모델을 제공한다. 민주연합주의가 지속되는 한, 로자바는 억압받는 사람들에게 등대 같은 존재이자 본보기가 되며 압제자들에게 치명적인 위협이 된다. 종국에는 시리아의 유혈 사태가 끝날 것이다. 지금 그들은 미래를 위해 싸우고 있다. PYD와 그 동맹들이 함께 엮어가고 있는 공동체 의식은 모든 사람이 인정받을 권리와 평화롭게 살 자유가 있다는 믿음을 전제로 한다. 이것이 민주주의가 제공할 수 있는 단 하나의 희망이다. 그리고 바로 이를 통해 이 지역의 독재 세력을 완전히 끝장내려고 하는 것이다.

08 민낯을 드러낸 세계

미국의 자본은 파괴되지 않았다. 우리 인적 자본은 일터로 돌아갈 준비가 되어있다.
- 트럼프 행정부 경제자문위원장 케빈 헤셋

말도 안 되는 이야기 같지만, 페스트와 싸울 수 있는 유일한 방법은 성실함이다.
- 알베르 까뮈의 1947년 소설 《페스트》 등장인물 의사 베르나르 리외

코로나-19가 세계를 휩쓸었을 때 우리는 많은 것을 배웠다. 처음 몇 달 동안은 생생한 현실의 지정학 실험실에 그 어느 때보다도 집약적이고 강도 높게 재현한 거대한 사회적 패턴이 전시되는 것 같았다. 팬데믹은 마치 돋보기와 같아서 각국의 정치 문화와 민주주의적 가치(또는 민주주의적 가치의 부재)가 거버넌스에, 국가와 공공선의 관계에 어떤 식으로 영향을 미치는지 확대하여 보여주었다. 이에 관한 것이 이 책의 주제이다.

코로나가 혼란을 몰고 올 무렵, 과학자들은 일찍이 이번 전염병의 파장이 특정 영역에 국한되지 않고 총체적일 것을 감지했다. 미시적 관점에서 코로나 바이러스는 인간 몸속에 잠재된 질병을 노출시켜 생명활동을 교란했다. 거시적 관점에서 팬데믹은 겉으로 보이는 일상의 안락함이라는 표피 아래 숨어 있던 현실을 드러내 보였다. 코로

나-19는 오늘날 우리가 살아가는 세상을 엑스레이처럼 찍어 보이며 미래가 절대 밝지 않다는 정치적 진단을 내렸다.

이번 사태는 생물체의 서식지 감소가 얼마나 거대한 재앙을 낳는지 경고하는 자연이 보낸 메시지다. 인간이 감염되는 병원체의 75%가 동물에서 인간으로 옮겨가는 인수공통 전염병이다. 생물체의 서식지 감소는 인간과 야생 동물이 서로 질병을 옮기는 사례가 증가하게 됨을 의미한다. 유엔은 인간의 환경파괴 양상이 바뀌지 않는 한 이번 팬데믹과 같은 사태가 더 빈번하게 발생할 것으로 예측한다. 생물다양성 보존, 지구온난화 저지, 집약적 농업 종식, 육류 소비 감소, 끔찍한 결과가 불 보듯 뻔한 자원 채굴을 중단하는 등의 노력을 중심으로 한 새로운 경제 시스템을 구축하여 돌이키기 어려운 결과에 빠진 인간과 자연을 보호해야 한다. 유엔은 또한 보고서를 통해 미래 위협에 대응하기 위한 보건의료와 공공 인프라의 중요성을 강조했다. 팬데믹은 인간이 환경과 생명체 위기에 관련된 전 세계적 문제들을 그 어느 때보다 정면으로, 그리고 각기 행동하는 개인이나 개별 국가로서가 아닌 글로벌 공동체로서 직시하게 했다.

각국 정부의 초기 대응 모습은 다양했다. 중국은 일단 상황을 전면 은폐하다 결국 도시를 봉쇄했다. 그리스와 뉴질랜드는 곧바로 봉쇄에 들어갔다. 미국과 브라질은 현실을 부정했다. 영국은 도대체 무슨 일이 일어난 것인지 파악하지 못했다.

전염병을 막아내기 위해 정부가 쏟은 노력의 효과 또한 천차만별이었다. 아수라장 속에서 우리는 팬데믹의 두 가지 양상을 볼 수 있었다. 하나는 정부가 일사불란하게 조치를 취한 결과 전염 추세가 감소하는 듯한 발병 초기 패턴이었다. 다른 하나는 정부의 무대응과 현실 부정으로 감염이 급증하는 패턴이었다. 정부가 두 가지 중 어떤 선택을 했느냐는 주로 해당 정부가 팬데믹을 보건의료 위기로 판단하여 이에 따라 행동했는지, 아니면 보건의료가 아닌 당파적 이익을 우선하는 정치적 이슈로 취급했는지에 따라 달랐다. 그리고 대중의 사회적 태도, 즉 더 넓은 범위의 사회적 선에 따라 행동하려는 개인의 의지가 팬데믹 전개 양상의 중요 요인으로 작용했다. 물론 정부의 방향과 대중의 태도 이 두 가지 요인은 원인과 결과로 서로 뒤얽혀 있었다.

아시아 국가들과 서방국가들의 팬데믹 진행 양상을 비교한 통계는 이러한 사실을 더욱 명확히 보여준다. 우수한 자원과 기술을 보유했지만, 서방국가들의 감염률과 사망률 결과는 한국, 일본, 대만과 비교하면 너무나 초라했다. 미국, 캐나다, 유럽 지역을 포함한 서방국가들의 인구는 총 10억 명가량으로 추산된다. 인구 5,100만 명의 한국은 2020년 11월 기준 아시아 평균과 비슷한 수치인 600명의 코로나-19 사망자를 냈다. 아시아 국가들의 사망률 평균과 비교하면, 서방국가의 사망자 수는 약 12,000명 정도에 그쳐야 했다. 실제로는 50만 명이 죽음을 맞이했고 그 수는 계속 증가했다. 아시아 국가들의 행보를 참고하여 지역 봉쇄, 전국 단위의 코로나 검사와 추적, 자가격리 등 전방위적인 방법을 동원하여 바이러스 전파를 막았다면 어땠을까? 팬데믹 대응의 목표는 사망률 그래프 곡선이 완만해지도록 관리하는 것이 아니라 전염병을 퇴치하는 것이어야 했다.[1]

무엇이 각국 정부의 행동에 차이를 만들었을까? 돈도 권력도 자원도 아니다. 더 심오한 무언가다. 그것은 사회적 신뢰, 연대, 위기 속에서 함께 견디고 서로 끌어주는 능력, 힘없고 약한 사람들을 바라보는 시선 등 우리가 중요하게 생각하는 것들을 뒷받침하는 일련의 가치가 존재하는지 여부다. 다시 말해, 돈이라는 편협한 자본주의의 한계와 개인의 사리사욕이라는 지독한 자기애를 초월하는 관용의 정신이 그 사회에 자연스럽게 녹아있는지에 따라 정부의 행동 방향은 다르게 나타났다.[2]

* * *

전염병이 퍼져나가는 과정에서 국가의 역할은 너무나 컸다. 누군가 정부가 전염병을 어디까지 관리해야 하는지, 혹은 국가가 어떤 조치를 하든(아니면 취하지 않든) 나와 무슨 관련이 있는지 냉소적이었더라도, 막상 내 가족이나 사랑하는 사람이 확진되어 고통 받고 직장을 잃는다면 생각이 달라질 것이다.

국제노동기구ILO에 따르면, 전 세계적으로 비공식 경제활동에 참여하는 인구는 가장 취약한 조건에서 일하는 노동자 수의 절반에 이르는 15억 명이며, 이들은 생계를 위협받고 있었다.[3] 4억 3,600만 개에 달하는 기업들이 파산 위기에 놓인 상태였다. 팬데믹 이후 기존의 불평등은 더 심화되었고, 가장 취약한 조건의 사람들이 가장 크게 고통받았다. 취약한 노동조건에 놓인 집단을 구성하는 이들은 대부분 여성이다. 팬데믹으로 인해 이들의 상대적 빈곤은 전 세계적으로 34% 더 증가할 것으로 예상되고 아프리카와 남아메리카의 최빈국들이 가장 큰 타격을 받을 것으로 보인다. 2020년 7월 중순 발표된 유엔 통계에 따르면, 라틴아메리카와 카리브해 지역에서 4천5백만 명의 신빈곤층이 생겨났으며, 이 중 극빈층에 해당하는 사람들은 2천8백만 명에 달했다. 이 지역 전체 인구의 절반가량이 식량 불안정 상태에 있었다. 같은 해 가을까지 이 수치는 더욱 나빠졌고 악몽 끝에 얼마나 많은 희생자를 내게 될지 아무도 알지 못했다. 2021년 1월에 옥스팜 OXFAM이 발표한 불평등 보고서는 세계 최빈곤층이 이번 코로나로 인한 손실을 만회하려면 약 10년이 걸릴 것으로 예상했다. 반면에 세계 상위 1,000명의 부자들은 단 9개월 만에 코로나로 인한 손실을 회복했다.[4]

사망률을 좌지우지하는 것은 소득 불평등이다. 미국의 빈곤층, 흑인, 라틴계 인구의 사망률은 백인 인구 사망률의 두 배였다.[5] 이들은 정육가공센터 작업자들이거나 농장 노동자들로 가장 많은 위험에 노출되어 있다. 노동 피라미드의 최하층에서 일자리를 보호받지 못하고 건강보험도 없으며 가장 낮은 급여를 받는다. 세계가 대대적인 혼란을 겪는 가운데, 팬데믹은 개인의 경제 기여도와 개인의 사회적 지위가 반비례한다는 것을 보여주었다. 스스로에게 물어보자. 파업에 돌입하는 농장 직원, 혹은 시도 때도 없이 연기처럼 사라지는 CEO 중 하나가 될 수 있다면 누구를 선택하겠는가?

한편, 억만장자 계층의 부는 급증했다. 팬데믹의 처음 3개월 동안 미국 억만장자들의 부는 20% 증가하여 5,840억 달러를 기록했다.[6] 이는 연방정부가 1억 5천만 미국인에게 재난지원금으로 지급한 금액의 두 배 이상이다. 반면에 같은 기간 동안 6조 5천억의 가계소득이 사라졌고 4,550만 명의 미국인이 일자리를 잃었다. 역사상 최대 폭이다. 2020년 6월을 기준으로 미국인 3분의 1은 월세를 내지 못하거나 주택담보 대출금을 상환하지 못했다. 하지만 같은 기간 미국의 주식시장은 호황이었고 2021년 1월 미국 억만장자의 부는 40%나 증가하여 1조 1천억 달러에 이르렀다.[7]

  사람들은 팬데믹이 우리를 둘러싼 세상을 변화시켰다고 이야기한다. 하지만 팬데믹은 기존의 흐름을 가속화했을 뿐이다. 2020년 3월 전 세계가 누른 정지 버튼은 아무도 경험해 본 적 없던 집단 사태에 관해 고민해보는 계기가 되었다. 곧 진지한 논의가 시작되었고 팬데믹이 우리에게 준 핵심 교훈, 즉 모든 것은 연결되어있고 상호의존한다는 깨달음에 전 세계가 동의하고 있다. 우리의 삶과 집단적 안녕은 자연 세계와 함께 구성되는 단일체의 일부를 이룬다. 인류가 이 사실을 인정하고 받아들일 것인가에 우리의 생존이 달려있다. 당장 오늘 위협이 닥쳤기 때문만이 아니라 장기적으로 인간의 생존을 위해 현재의 제도를 바꿀 수 있는가 하는 역량에 인류의 존망이 걸려있다. 자본주의 패러다임의 근간인 개인주의, 승자독식 태도, 타인에 대한 소외가 이제 막다른 골목에 이르렀다. 이러한 가치를 부채질하는 정부와 국가 제도도 마찬가지다. 우리는 변화하여 공동의 가치로 서로를 향해 연결하고 경제, 공공보건, 기후까지 모든 것은 별개로 존재하는 것이 아님을, 그리고 글로벌화된 세상에서 우리는 함께 생존하거나 아니면 모두 생존할 수 없다는 인식으로 하나가 되어야 한다. 이는 패러다임의 변화뿐 아니라 인식의 변화도 수반한다.

* * *

    이 책의 기본 가설은 우리 사회는 두 가지 경향 사이의 긴장 속에서 끊임없이 줄다리기를 해야 한다는 것이다. 한편에는 공동의 이익을 위한 협력이, 다른 한 편에는 개인적 이익 추구를 위한 경쟁이 자리하고 있다. 가설을 통해 내가 증명하려고 하는 것은 민주주의를 통해 정치적 힘을 분산하고 희석함으로써 사회가 엘리트의 약탈 행위에서 자신을 보호할 수 있다는 사실이다. 정부가 팬데믹 대응을 위해 취하는 조치를 보면 해당 정부가 두 가지 경향 중 어떤 방향을 선택했는지 쉽게 알 수 있다. 팬데믹은 또한 국가의 역할, 이념, 시민의 역량이 대중 의식과 사회적 결과에 어떻게 영향을 미치는지 보여주었다. 언젠가 오늘의 위기를 낳은 습관과 패러다임에서 벗어날 방법을 찾게 된다면 모두가 마음속에 깊이 새겨야 할 교훈이 바로 여기에 있다.

    보건의료와 관련된 문제에서 거버넌스 체계와 공공선의 관계는 매우 명확하다. 민주주의 국가에서 선거를 통해 정부가 구성되면, 이 정부는 더 많은 대중에게 이익이 되는 프로그램을 지원하려는 동기가 생긴다. 재선을 위해 유권자들의 지지가 필요하기 때문이다. 보건의료 프로그램은 대중들의 환심을 살 수 있는 대표적 수단이다. 독재국가에서는 그렇지 않다. 독재 정부는 엘리트와 특수 이익집단의 지지에 의존한다. 대중의 힘은 이들의 이해관계에 반한다. 독재자들은 대중의 힘을 키우기 위해서가 아니라 해체하기 위해 민주주의 수사법과 선거를 도구로 사용한다. 민주주의와 보건의료 사이의 관계는 민주주의 국가와 독재국가 간 차이에 대한 이론을 뒷받침하는 증거가 된다.

일반적으로 민주주의가 높은 수준으로 실현된 국가는 공중보건의 수준도 높다.[8] 반대로 공중보건의 수준이 낮다면 국가가 비민주적으로 운영됨을 미루어 짐작할 수 있을 것이다. 전 세계를 대상으로 조사한 바에 따르면 민주주의 지수가 높은 국가의 기대수명은 최하 72세였다. 반대로 민주주의 지수가 낮은 국가의 기대수명은 60세를 넘지 못했다. 30년에 걸쳐 170개국의 데이터를 조사한 2019년 연구에서도 같은 결론에 도달했다. 독재국가보다 민주주의 국가가 공중보건에 더 앞장선다는 것이다. 팬데믹 대응에서 최악의 결과를 가져온 국가들을 분석한 글로브 앤 메일Globe and Mail* 보고서에 따르면 브라질에서 짐바브웨에 이르기까지 하위 9개 국가 모두가 전형적인 독재국가의 모습을 보였다고 한다.

팬데믹이 밝혀낸 것은 민주주의 수준에 따라 공중보건의 수준도 달라진다는 필연적 인과관계다. 민주주의를 제창한다고 하더라도 민주화의 완성도가 떨어지면 비민주주의 정권과 비슷한 수준의 공중보건과 공공재의 위기를 낳는다. 이러한 현상은 서구에서 자유민주주의 쇠퇴의 세계적인 상징이 된 두 나라, 즉 영국과 미국에서 뚜렷하게 나타난다. 영국과 미국은 코로나19로부터 국민을 보호하기 위한 기본적인 조치조차 취하지 않아 유럽연합 국가들은 러시아, 브라질, 인도에 이어 영국과 미국 여행객의 입국을 거부했다. 당시 이 국가들에서 정권을 잡고 있었던 것은 모두 우익 이데올로기와 우파 정당이었다.[9]

---

* 캐나다 신문사 - 옮긴이

이는 결코 우연이 아니다.

코로나-19가 전파되는 과정에서 보건의료와 경제 발전 사이에 균형을 찾는 모습은 정부의 진짜 성격을 드러내는 시험대였다. 신자유주의 색채가 가장 짙은 국가에서 모순이 가장 잘 드러났다. 정부가 행동하는 방식은 정부가 봉사해야 하는 대중에 대한 책임의식을 반영한다. 나오미 클라인이 말한 대로, 팬데믹으로 인한 혼란은 재난 자본주의*의 시작을 알린다. 위기를 겪는 동안 자본의 이해는 정부와 결탁하여 민주주의를 약화하고, 자본의 주인인 자신들과 결탁하지 않으면 벗어날 수 없는 장치를 구석구석 설계하여 그들의 특권을 더욱 공고히 한다. 이는 경제 시스템이 구제 불능으로 가고 있다는 징후다.

팬데믹이 시작되었을 무렵 미국의 도널드 트럼프와 영국의 보리스 존슨 정부가 보인 행보는 재난 자본주의 등장의 교과서적인 예였다. 보리스 존슨은 공공의료 시스템과 공공의료 전문가의 지식을 활용하는 대신 자신의 본능에 따라 기업 영역을 강화하고, 제대로 작동할 리 없는 코로나 대응 민간 시스템을 구축했다.[10] 이미 수십 년간 이어진 긴축정책으로 어려움을 겪던 영국의 국민보건서비스NHS는 민간 계약자에게 자리를 내주어야 했다. 결과는 참담했다. 전염 상황은 더 심각해졌고 공공 시스템은 더 악화되었다. 그러나 정부 정책은 의료 민영화를 원하는 사람들의 입맛에 맞춰 움직였다.

재정 긴축과 아웃소싱은 NHS를 누더기로 만들었고 시민이 아닌 주주들의 의견에만 귀를 기울이는 독단적인 민간 계약자들에게 NHS

---

* 재앙과 같은 사건이 벌어질 때 이 위기를 이윤 극대화의 기회로 삼아 자본과 공권력이 취약해진 경제 시스템을 공략하여 자신들에게 유리한 방향으로 산업을 재구성하는 행태 - 옮긴이

가 종속되는 구조를 만들었다. 그리고 이 민간 계약자들의 공급망은 공중보건을 위한 것이 아닌 계약을 따내고 이윤 극대화만을 중심에 두는 비즈니스 사고방식에 따라 조직되었다. 이러한 상태에서 팬데믹이 세계로 확산되자 민간 중심의 공급 시스템은 작동할 수 없을 정도로 무너져버렸다. 수개월이 지나 정부가 마침내 코로나 검사를 시작했을 때에도 영국 정부는 130개의 공공 연구소와 대학, 연구시설 등 정부가 활용할 수 있는 기존 자원을 이용할 생각은 하지 않고 비공개 계약을 통해 회계법인 딜로이트가 운영하는 초대형 시설 세 곳을 설립했다.[11]

이 시설들은 바로 문제에 부딪혔다. 민간 계약을 맺은 드라이브스루 코로나 검사소는 이용 자체가 어려웠고 검사 결과도 부정확했다. 아수라장 속에서 민간 검사소는 피 검사자들의 NHS ID를 기록하지 않아 35만 명의 검사 결과가 본인에게 전달되지 못하는 실수를 저지르기도 했다. 왕립병리학회the Royal College of Pathologists가 민간 계약자들의 코로나 관리시스템을 모니터링한 결과, 다음과 같은 어이없는 실수들이 발견되었다. "표본채취 불량, 라벨이 잘못 부착되거나 라벨의 상세내용이 정확하지 않음, 검사결과 도출이 오래 걸림, 품질관리 불량, 결과가 본인에게 제대로 전달되지 않음, 결과가 부적절하게 적용됨, 임상적 정보 혹은 감독 부족."[12]

코로나 검사가 제대로 이루어지지 않아 각 지방의 의회들은 해당 지역의 감염률을 판단하고 상황에 맞게 보건 대책을 수립할 수 없었다. 명확한 목표 없이 기계적 조치만을 취하며 상황을 전혀 파악하지 못하고 계기판만을 들여다보는 비행을 이어간 것이다.

코로나-19를 핑계로 존슨의 토리당 정부는 정상적인 조달 규정 적용과 공공계약의 경쟁 입찰을 중단했다. 아니나 다를까, 이 계약의 대부분은 토리당 핵심 후원자, 내부자, 정부 고위직과 연결되어있는 기업에 돌아갔다. 노동당 의원 탄 드헤시의 말대로 팬데믹 계약은 "심지어 비밀리도 아니고 눈앞에서 대놓고 이루어진 민영화 약탈 행위"였다."[13]

이렇게 되어버린 한 가지 직접적인 이유는 부패이다. 또 다른 이유는 이데올로기다. 보리스 존슨 정부처럼 민간부문의 우위에 최선을 다하는 정부는 위기 상황에 준비되어있고 국민 건강을 위해 기꺼이 제 역할을 할 수 있는 공공분야를 지원하지 않는다. 존슨 정부는 공중보건 시스템을 의도적으로 파괴했고 코로나 확산에 불을 지폈으며 그간 정부가 보여준 무능력과 무책임의 수준을 한 층 더 업그레이드했다. 몇 개월을 전염병에 시달린 후에야 팬데믹을 견뎌낼 역량은 공중보건 시스템의 효율성에 달려있다는 것을 명확히 알 수 있었다. 영국에서 민간 계약자들이 NHS에 끼친 손상은 결국 공중보건 시스템 전체를 잠식해버렸다. 민간 계약자들의 행태는 마치 공중보건 시스템을 갉아 먹는 벌레와도 같아서, 이 벌레로 인한 피해는 위기가 가하는 압박 끝에 결국 전체 구조가 무너진 후에야 눈에 보이기 시작한다.

미국에서는 코로나 바이러스의 대응을 둘러싼 이데올로기적 맹목과 악의가 이성적으로 이해할 수 있는 수준을 넘어섰다. 미국 정부가 바이러스 전염에 대해 아무런 조치를 하지 않은 것이 고의적이었다는 사실이 드러났다. 도널드 트럼프의 사위이자 사실상 연방 코로나 전략수립 담당자였던 재러드 쿠슈너는 피도 눈물도 없는 계산을 했다. 코로나 발병률이 가장 높은 주가 대부분 민주당 주였기 때문에 연방정부의 지원을 보류하고 그 여파로 인한 비난을 주지사에게 돌리는 것이 정치적으로 이득이 될 것이라는 셈이었다. 그러나 코로나 바이러스가 당을 가려 전파될 리가 있겠는가? 공화당 주도 대혼란을 겪기 시작했다. 하지만 영국과 마찬가지로, 미국 정부도 메시아급 능력을 가진 시장market을 믿고 코로나 관리에 대한 정부의 개입을 선택지에서 뺐다. "자유시장이 이 문제를 해결할 것이고 정부가 여기에 개입해서는 안 된다."고 말한 쿠슈너의 발언에서도 정부의 방향이 어디를 향했는지 알 수 있다.[14] 과거보다 더 모질고 기업가적인 마인드가 요구되었다. 트럼프 주변 대부분의 실무자들은 코로나 대응에 관해 같은 생각을 공유하고 있었다. 공무원들의 전문성은 무시되었고 자원봉사자와 사업가 인맥들이 재계에서 영입되었다. 이 과정에서 등장한 것은 경험은 없고 이념만 들이대는 아마추어 집단이었다. 일부 공직 관계자들은 이들을 "슬림 정장 패거리"라고 불렀다.[15]

곧 부패가 만연했다. 일반적인 조달 규정을 무시하고 비공개 계약이 넘쳐나면서 네덜란드 회사로부터 4,300개의 인공호흡기를 구매할 때 필요 이상의 금액인 5억 달러짜리 청구서가 미국 재무부에 날아오기도 했다.[16] 냉소주의, 정치적 편향, 시장에 대한 광적인 믿음은 수많은 사람들에게 고통과 죽음을 몰고 왔다.

미국 최악의 정부 실패는 트럼프의 공화당이 행정부를 운영한 시기와 거의 정확하게 일치했으며 트럼프의 통제 아래 있었던 연방 관할 영역의 실적도 마찬가지였다.[17] 미국의 악명 높은 민간 의료 시스템은 만약 공중보건을 최우선으로 했다면 이 위기를 벗어나기 위해 취해야 했을 방향과 정반대로 갔다. 통합된 공중보건 시스템의 부재, 파편적인 민간 의료 계획, 각 주별 보건 책임 분산으로 협력 대응 역시 불가능했다. 백악관에서 국민 건강에 대한 책임과 리더십을 포기한 것까지 생각하면 미국이 전염병의 세계적인 진원지가 된 것은 당연한 결과다. 전 세계 인구의 4%만을 차지하지만, 코로나 감염률은 25%에 이르렀던 미국은 전염병이 전혀 관리되지 않는 바이러스의 온상이었다. 국가가 취해야 할 조치를 인식하는 행정부가 새로 출범하고 나서야 상황 파악이 제대로 시작되었다.

팬데믹 시작 후 2,700만 명의 미국인들이 의료보험 자격을 잃었다. 보험이 없는 사람들의 코로나 검사와 치료 비용은 적게는 42,000달러, 많게는 74,000달러에 이르렀다. 보험을 가지고 있더라도 그나마 가장 합리적인 검사와 치료 비용은 22,000달러 내지 39,000달러에 달했다.[18] 이런 상황인데도 공공건강보험 반대와 적정부담 의료법 폐지는 아직도 공화당의 신념으로 남아있다.

6월 중순까지 미국의 코로나 누적 사망자는 60만 명을 넘어섰다. 백신이 개발되었지만 보건의료 시스템 기반이 약하고 국가 전략의 부재로 국민에게 백신을 제대로 접종하지 못하는 상황이다. 글을 쓰는 지금 이 순간에도 4천만 명의 미국인이 당장 거리로 내몰리기 직전이고 음식을 구하기도 힘들다. 바이든 정부는 1조 9천억 달러 규모의 구호법안을 통과시키는 데 성공했는데, 이때 단 한 명의 공화당 의원도 이 법안에 찬성하지 않았다.

2020년에 첫 번째 코로나 구호법안이 통과되었을 때 공화당 의원들은 공공 보조금 때문에 근로 의욕이 저하될 것이라고 불평했다. 공화당 의원들이 걱정하는 것은 노동자들이 두려워하는 바이러스의 위험도, 일자리가 사라지는 것도 아닌 노동자들이 너무 게을러서 일하지 않는 것이다. 이는 오래전 계급적 악의 속에서나 볼 수 있었던 사고방식이다. 마치 1800년대 지배계급이 그랬듯, 공화당 의원들의 사고 저변에 흐르는 기본 의식은 임금에 의존하는 사람들이 머릿속에 새겨야 할 확실한 노동의 동기, "일하지 않으면 굶는다"였다. 한편 영국에서는 적어도 하루에 150만 명의 사람들이 음식을 구하지 못하고 있다.[19]

경제 활동 재개에 관한 경제계의 압력은 공중보건과 "경기 회복"이 마치 대립하는 것 같은 이상한 구도를 만든다. 하지만 제대로 돌아봐야 할 문제는 2008년 발생한 금융위기를 수습할 때와 마찬가지로 위기 직전에 만연했던 경제적 불평등이 똑같이 반복되고 그 수위가 깊어졌다는 것이다. 이번 위기를 회복하기 위한 대가는 인간의 목숨이다. 봉쇄가 너무 일찍 완화된 지역은 감염자들이 속출했다. 하지만 더 아픈 사실이 있다. 현재 경제 시스템은 인간의 희생이 필요하다는 점이다. 팬데믹은 자본주의가 만든 세상의 한 부분을 뚜렷이 보여주었을 뿐이다. 경제적 풍요와 공중보건이 서로 단절되어 있다는 사실은 훨씬 더 심각한 문제가 존재한다는 징후이다. 이 문제는 바로 가치의 위기인데, 자본주의 문화에서는 생계와 목숨, 이 중 한 가지를 선택해야 한다는 것이다. 사회가 생산할 수 있는 모든 부를 적절히 사용한다면, 지속가능한 생계와 풍족한 삶이 서로 별개가 아닌 하나일 수 있지 않을까? 이것이 또한 팬데믹이 우리에게 던지는 질문이다.

미국과 영국은 세계에서 가장 부유한 경제 대국이며 이론적으로 전염병에 대처할 수 있는 가장 좋은 장비를 갖추고 있음에도 공중보건 실패의 대표적인 상징이 되었다. 이 맥락에서 성공을 결정짓는 것은 부도 기술도 전문지식도 아니다. 오히려 국가가 시민들에게 느끼는 책임 정도, 시민들이 정부에 부여하는 신뢰, 공공복지를 위해 봉사하는 민주적 제도의 건전성과 회복력이 공중보건을 성공으로 이끄는 열쇠이다.

바람직한 사회는 추상적인 것이 아니다. 연민, 연대, 집단적 복지가 가장 시급히 요구되는 순간, 즉 위기 앞에서 바람직한 사회의 의미가 무엇인지 가장 명확하게 알 수 있다. 이 위기 속에서 우리는 인간이 품는 이데올로기의 효과, 그리고 정치적 삶과 정치 제도를 민주화하려는 노력이 어떻게 공공선으로 승화하는지 목격할 수 있다.

한 예로 인도 남부에 위치한 주인 께랄라를 살펴보자.

인도는 공중보건에 대한 투자가 만성적으로 부족하다. 정부가 지금까지 보건 분야에 지출한 금액은 GDP의 1.28%뿐이고 병상 확보율은 인구 1,000명당 0.7개, 의료종사자는 10만 명당 20명이다. 인도는 팬데믹에 전혀 준비되어 있지 않았다. 팬데믹 발생 6개월에 접어들었을 때 인도는 1인당 코로나 감염률과 사망률 면에서 상위 6개국 안에 들었다. 모디 인도 총리는 국가적 행동의 필요성을 계속 무시했다. 전염 상황이 잠시 소강상태에 이르자 모디는 재빠르게 규제를 완화했다. 거대한 정치 집회를 열었고, 그의 힌두교 지지층을 달래기 위해 세계에서 가장 큰 규모의 종교 집회인 쿰브멜라를 평소처럼 진행할 수 있도록 허가했다. 9백만 명의 순례자들이 하르드와르로 몰려와 갠지스강에서 목욕하며 쿰브멜라는 초대형 규모가 되었다. 결국 모

디의 대규모 선거 집회와 함께 쿰브멜라 축제는 인도를 집어삼킨 2차 유행을 불러왔다.[20]

미국의 트럼프 대통령과 브라질의 보우소나루 대통령이 그랬듯, 모디의 나르시시즘과 전문가 조언에 귀를 닫는 태도는 국가 의료 시스템을 붕괴시켰고 사망률이 치솟는 재앙을 불렀다. 4월 25일, 인도는 하루 24시간 동안 세계에서 가장 많은 수인 35만 명의 코로나 확진자가 나왔다.[21] 화장터와 묘지는 시신을 감당할 수 없었다. 델리에서는 공터나 시민 공원에서 시체를 불태웠고 화장에 쓰일 연료를 공급하기 위해 공원의 나무를 베라는 지시가 공원 관계 당국에 내려졌다. 밤이 되자 델리의 밤하늘은 화장용 장작더미가 뿜는 빛으로 대낮처럼 환했다.

모디의 독재적인 정부 운영으로 인도 전역은 날이 갈수록 엉망이 되었다. 하지만 코로나 바이러스가 인도에 처음 전파되었을 때, 께랄라 주는 모디 정부와는 정반대의 리더십으로 세계적인 관심을 받았다.[22] 인도에서 첫 코로나-19 사례가 발견된 곳이 바로 이곳 께랄라였다. 모디 총리가 인도 시민들에게 부분적 통행금지를 당부하고 박수와 냄비 두들기기 따위로 의료 종사자들을 위한 응원을 독려했을 때, 께랄라 주지사는 시민들을 위해 2억 7천만 달러의 지원금을 풀었다. 께랄라 주의 구호 활동에서 핵심적인 역할을 한 것이 여성단체인 꾸둠바슈리였다. 꾸둠바슈리를 통한 가족 대출, 농촌 고용보장제도의 보장 강화, 노인 연금 2개월 지급, 무료 식자재 보급, 저렴한 가격의 식사 제공을 위한 지역 식당 보조금 지급 등이 께랄라 주 지원 프로그램에 포함되었다. 전기와 수도세 납부, 부채에 대한 이자 상환도

일시적으로 유예되었다.

　께랄라 주는 인도에서 비교적 작은 주에 속하지만, 전국에서 가장 많은 수의 코로나 검사를 시행했다. 확진자의 이동 경로를 알리는 맵을 개발했고 자신이 밀접 접촉자라고 생각되면 보건당국에 연락하여 격리 조치와 코로나 검사를 받을 수 있도록 했다. 이 경로 맵은 소셜 미디어와 주 정부가 개발한 애플리케이션인 Gok 다이렉트GoK Direct를 통해 많은 사람이 이용할 수 있었다. 께랄라 주 소속 공무원과 의료 종사자들은 확진자를 찾아내고 밀접 접촉자들의 격리를 도왔다.

　코로나 바이러스가 공기 중으로 전파되고 물체의 표면에 일정 시간 남는다는 사실이 확인되자 께랄라 주는 손 세정제와 마스크 생산을 위해 자원을 동원했으며 시민들을 모집하여 공공장소와 버스를 소독하는 대규모 캠페인을 벌였다. 버스 정류장에도 손을 씻을 수 있도록 공간을 마련했다. 이 모든 노력은 시민사회의 도움이 있었기에 가능했다. 꾸둠바슈리는 회원들과 마스크를 만들어 배포하였으며 께랄라 주에서 가장 큰 규모의 노동조합 연합 조직이 공공시설 방역을 위해 함께할 노동자들을 모집했다. 빈 건물에 코로나 바이러스 센터가 마련되었고 지방 정부의 비용으로 자가 격리 중인 사람들에게 식사와 치료를 제공했다.

　또 코로나로 인해 정신적 고통을 겪는 사람들을 위해 140명의 상담원으로 구성된 콜센터를 운영하여 위로와 조언을 이어나갔다. 중앙 정부의 전국 봉쇄령 시행으로 수백만의 노동자들이 수백 마일을 걸어서 고향으로 돌아가야 했던 반면, 께랄라 주는 약 10만 명의 노동자들을 위해 46,000개의 보호시설을 마련하여 이들에게 식사와 치료를 무료로 제공했다.[23] 1년 후 2차 유행이 시작되었을 때도 께랄라 주의 확진자 수는 인도에서 두 번째로 많았지만 사망률은 인도에서 가장 낮았다. 이는 께랄라 주의 방역 조치와 지역사회 수준에서 필수 서비스를 제공한 강력한 의료 시스템 덕분이었다.[24] 또한 권한을 분산하기 위해 노력해온 께랄라 주가 거둔 결실이기도 했다.

이 모든 조치는 수십 년 동안 민주적 사회 발전에 투자하고, 시민 교육과 시민 동원의 경험을 실험하고 배우며 분권을 촉진한 결과였다. 그리고 무엇보다도 께랄라 주와 시민사회 기관 사이에 상호 신뢰와 협력관계를 구축했기에 가능했다. 코로나 대응에서 주 정부와 사회의 연대 효과가 뚜렷이 나타난 것은 우연이 아니다. 사회 정의를 발전시키고 집단적 선을 구축하기 위해 오랜 시간 노력한 결과이다. 연대로 인한 효과는 주 정부의 성과를 측정할 수 있는 척도가 된다. 이러한 노력으로 얻을 수 있는 첫 번째 결과는 약자와 소외된 집단을 대하는 태도가 올바름의 기준이 되는 더 바람직한 사회를 만들 수 있다는 것이고, 두 번째 결과는 사회자본과 상호신뢰가 더 강해진다는 것이다.

시민이 협력할 수 있도록 지원하고 공공선을 위한 집단행동을 촉진할 수 있는 국가의 능력은 건강한 사회와 행복을 추구하기 위해 매우 중요하다. 시민 협력과 집단행동 촉진을 위해 노력한다면 국가는 정당성을 더욱 공고히 할 수 있을 것이다. 이는 민주적 문화의 특징이며 대중이 국가의 목소리에 귀 기울여 공공선에 다가가기 위해 협력할 가능성을 훨씬 더 높인다. 시민사회와 국가는 소수의 특권 집단이 아닌 사회 전체의 이익을 위한 공동의 노력에 서로 파트너가 될 수 있다. 이와는 반대로 정부가 정당성을 잃거나 정치적 이데올로기가 해롭게 작용한 결과, 공공복지를 위한 협력이라는 정부의 의도에 시민들이 의심이나 반감을 느끼면 대중은 협력할 동력을 잃는다.

공중보건 문제와 관련된 요소인 국가의 권위, 공동의 가치, 개인의 주체의식은 서로 복잡하게 얽혀있다. 위기에 봉착한 지금, 소외를 경험하고 존엄성이 침해당한 사람들과의 신뢰를 다시 회복하는 것이 필수이다. 신뢰를 잃은 사람들에게 공포까지 중첩되면 반사적으로 저항이 일어난다.

이러한 반사적 저항의 예는 오늘날 미국 유권자들 사이에서 나타난다. 마스크 착용 거부자, 음모론자, 백신 접종 거부자들은 공공기관에 대해 비슷한 종류의 불신을 품고 있다. 그리고 언론은 이들에게 관심을 보인다. 미국이라는 나라에서 이러한 극단적 형태의 저항이 개인의 권리와 자유 수호로 포장되는 것은 놀라운 일이 아니다. 이러한 프레임을 이용해 개인의 주체성이 상징화되고 정치화될 수 있다. 공공기관의 결정에 저항하는 이들이 원하는 것은 정당성을 완전히 잃은 공공 시스템에 반대하고 개인적인 통제력을 되찾고자 하는 것이다. 하지만 이 거부 행동은 그 이상의 의미가 있다. 적의 가득한 유독한 개인주의는 단순히 국가의 '통제'에 대한 불만이 아니다. 거부 행동은 정부의 정당성 자체를 무너뜨리고 분노를 거듭 노출함으로써 불신과 사회정치적 양극화를 키우기 위해 수십 년간 의도적으로 계산된 캠페인의 결과이다. 이들의 모습은 팬데믹을 계기로 목격하게 된 병든 우리 사회의 한 단면인 것이다.

신뢰와 공권력의 정당성을 회복하는 일은 절대 간단하지 않으며 당연히 신뢰와 정당성을 악마화하는 작업보다 훨씬 더 많은 노력과 에너지가 든다. 회복을 위해서는 공공 및 정부 기관의 기초부터 재건해야 한다. 시민에게 실질적인 권한을 이양하여 궁극적으로 공공복지가 정치화된 상황을 해결할 뿐 아니라 당파적 이익을 위한 국가 운영으로 붕괴된 사회적 신뢰를 회복할 수 있다. 현재 상황을 되돌리려면 시민 교육과 정치 개혁이라는 전에는 볼 수 없었던 장기적인 캠페인이 필요하다.

하지만 이렇게 노력하더라도 감당할 수 없는 반동적이고 심각하게 반민주적인 요소들이 사회에는 여전히 남아있을 것이다. 우리의 정치적 과제는 반동적, 반민주적인 집단이 불만스러운 분노와 좌절을 표출할 수단을 찾지 못하는 훨씬 더 많은 사람의 관심을 끄는 행위를 최소화하는 것이다. 이 과정에서 국가는 변화와 발전을 추구하는 시민 기관과 연계하여 스스로를 개혁하고 방향을 재설정해야 한다. 언론이 반복해서 퍼다 나르는 분열된 모습은 대중의 우려를 낳고 사기를 떨어트린다. 이는 우리의 긍정적인 의지를 무력화하고 희망을 뒤흔들 것이다. 하지만 언론에 비추어진 이러한 분열은 팬데믹이 드러낸 한 측면에 불과하다. 눈에 잘 띄지는 않지만, 우리가 조명해야 할 것은 당파적 이익을 위해 코로나-19를 정치적으로 이용한 정치인들의 파괴적인 행동에도 불구하고 시민들 사이에 피어난 공동체와 연대의식, 협력과 상호부조이다.

* * *

위기 앞에서 상호부조가 긴밀해지는 것은 당연하겠지만 경쟁적 세계관이 지배하는 현대의 상황을 고려하면 지금 눈앞에 펼쳐지고 있는 협력적인 시민들의 모습은 감동적이다. 만약 자유시장이 추구하는 가치만을 따랐다면 사람들은 서로 등을 돌렸을 것이다. 하지만 그러지 않았다. 양극화가 나타나는 것은 사실이지만 많은 경우 이는 의도적으로 분열을 조직한 결과이다. 팬데믹 상황이 심해지면서 사람들은 자신의 협력적인 마음과 친절을 드러내 보였다. '상호부조'라는 용어를 최초로 사용한 표트르 크로포트킨은 다음과 같이 말했다. "자연계에는 상호 투쟁의 법칙 외에 상호부조의 법칙도 존재하며, 생존 경쟁에서 살아남는 것과 아울러 특히 종들이 진화하기 위해서는 상호부조의 법칙이 상호 투쟁의 법칙보다 훨씬 더 중요하다."[25]

영국에서는 수천 개의 상호부조 단체가 나서서 식료품을 전달하고 의약품을 배송했으며 노인들을 위해 디지털 장비를 설치해 주었다. 의료계와 과학계는 코로나-19 연구원들이 협력하여 팬데믹과 싸우는 데 사용할 수 있는 모든 자원을 확보하기 위해 총력을 기울이고 있다. 이들의 웹사이트 crowdfightCOVID-19는 단체의 목표와 미션을 다음과 같이 설명한다.

이곳은 코로나19 연구자들을 위한 공간입니다. 연구자들은 시간 집약적인 단순 업무(데이터 입력, 사진 설명 입력)부터 자신의 전문 영역 외의 분야에 관한 답변, 혹은 협업 등 각종 요청사항이나 자신의 연구과제를 이곳에 공유할 수 있습니다. 연구자들은 필요한 사항이 있으면 그 내용을 간단히 적어주세요. 곧 도움을 받으실 수 있을 것입니다.[26]

이러한 국제적 협력으로 기록적인 시간 내에 효과적인 백신을 개발할 수 있었다.

이와 비슷하게, 세계보건기구, 유럽 위원회, 프랑스는 2020년 4월 글로벌 프로그램을 시작하여 모든 국가에서 코로나 검사와 치료, 백신 접종이 가능하도록 했다. 코백스는 참여국뿐 아니라 개별 연구자, 사업가, 재단, 시민사회에게 기부금을 모아 백신 생산, 구매, 보급을 보조하는 글로벌 활동이다. 이 프로그램은 부유한 국가들로부터 백신 비용을 미리 받아 자금을 형성하여 백신 개발과 생산에 쓰이도록 한다. 캐나다 등 경제적으로 여유로운 나라들은 자국민을 위한 백신 1회 투여분을 구매할 때 가난한 나라를 위한 백신 1회 투여분을 더 구매하는 50/50플랜에 서명했다. 190개가 넘는 국가가 이 기념비적인 활동에 동참했는데, 이는 본질적으로 협동 보험프로그램이 전 세계적 규모로 운영된 사례이다. 2021년 말까지 20억 회분의 안전한 백신이 확보될 것으로 예상하고 있으며 이 중 13억 회분은 세계 최빈국 92개 나라에 전달될 예정이다.[27] 2021년 4월 기준 102개국이 백신을 제공받았는데 그 중 50개국은 저소득 국가이며 코백스만이 유일한 백신 공급원이었다.[28]

조지 몽비오*는 전문가부터 일반 시민까지 공동체들과 시민정신을 갖춘 사람들이 지금 세계적으로 실천하고 있는 상호부조의 사례를 정리했다. 몽비오가 소개한 팬데믹 초기의 의료장비 협동 생산 사례는 다음과 같다.

---

* 영국 가디언 지의 칼럼니스트이자 동물학자, 환경 운동가 - 옮긴이

겨우 일주일 만에 크라우드소싱을 통한 인공호흡기 옥스벤트^{OxVent} 개발을 위해 의사, 기술자, 기타 전문가들이 자발적으로 모였다. 옥스벤트는 쉽게 구할 수 있는 부품을 사용해 1,000파운드* 이하의 금액으로 생산할 수 있는 인공호흡기다. 또 다른 인공호흡기로는 벤틸레이터 PAL^{VentilatorPAL}이 있는데, 이를 개발한 기술자는 370달러 미만으로 제품 생산이 가능하다고 했다. 코로나바이러스 테크 핸드북^{Coronavirus Tech Handbook}은 오픈소스 라이브러리 풀링 기술을 활용하였으며 팬데믹 퇴치를 위한 새로운 조직 모델을 선보였다. 미국에서는 자체적으로 조직된 전문가 그룹이 코로나 검사와 확진자 추적 프로젝트를 시행하고 취약계층 명단을 정리하고, 의료 전문가들이 필요한 의료기관에 전문가들을 빠르게 연결하는 등 공중보건 서비스의 절망스러운 공백을 일부나마 채워나가고 있다.[29]

상호부조 사례는 여기서 끝이 아니다. 웹사이트인 COVID-19 뮤추얼 에이드 UK^{COVID-19 Mutual Aid UK}는 전 세계적으로 상호부조 활동이 펼쳐지고 있는 곳을 취합하여 자신의 주변 어디에서 도움을 받을 수 있는지 실시간으로 알려준다. 내가 속한 브리티시컬럼비아 주의 공동체들은 로컬푸드 시스템을 강화하고 외곽에 거주하는 토착민 집단을 위한 식량과 의약품 꾸러미 배부, 월세 지원, 성매매 종사자나 마약 의존자들을 위한 위생과 방역 용품 배부 등 필수 서비스를 제공하기 위해 힘을 모으고 있다. 커밍투게더^{Coming Together} 페이스북 그룹은

---

* 한화 약 155만 원 - 옮긴이

가능한 방법을 모두 동원해 밴쿠버에 거주하는 약 3만 명의 주민들을 서로 연결하고 소통을 도우며 연대하는 모습을 보여주었다. 커밍투게더 페이스북 그룹은 캐나다에서 가장 많은 사람이 함께한 대규모 풀뿌리 구호 활동으로 발전했다.

어떤 공동체든 위기 상황이 오면 연대한다. 공동체는 우리 인간이라는 종이 본능적으로 물려받은 공감과 협동을 끌어낸다. 이는 개인이 의식적으로 선택한 가치가 아닌 모든 인간 사회의 생물학적 토대가 되는 자연스러운 행동이다. 한 사회 내에서 협력이 당연히 따라야 할 규범으로 받아들여지는 정도는 사회 제도가 얼마나 적극적으로 협력적 행동을 육성하는가에 따라 달라진다. 협력과 정반대의 가치인 경쟁과 상호 적대감을 사회에 퍼트리려는 엘리트 집단의 한결 같은 노력에도 불구하고 협력과 상호부조는 절대 사라지지 않는다. 정부와 국가 운영의 방향은 경쟁과 협동 중 어떤 가치가 사회 속에서 더 우위를 차지할지 결정하는 데 중심 역할을 한다.

팬데믹은 개인 사욕과 경쟁 만능에 뿌리를 둔 자본주의 이데올로기가 거대한 집단적 위기에 대응할 수 있는 사회적 역량을 얼마나 약화시켰는지 명확히 보여주고 있다. 나아가 자본주의 윤리는 서로 관련을 맺으며 상태를 더욱 고착화하는 두 가지 현상이 본질적으로 엮어져 있다. 바로 개인들 사이의 점진적 소외, 그리고 자연 세계와 인간 공동체 사이의 소외이다. 두 현상 모두 우리 앞에 닥친 도전에 대응할 수 있는 능력이 시들고 뿌리 뽑혀 궁극적으로 목적 없이 흔들리는 마음가짐과 의식이 우리 안에 스며든 결과다. 우리 사회가 겪고 있는 이러한 위기는 단순히 유행병의 문제, 혹은 정치적이거나 경제적인 문제가 아니라 인간의 실존적인 문제이다. 번영을 내세운 자유주의 경제의 약속은 더 이상 지켜질 수 없다. 안정과 안전을 보장하겠다는 권위주의 정권의 약속은 사람들의 두려움과 분노에 편승한 거짓된 수단일 뿐이다. 오늘의 난관을 안전하게 헤쳐 나가려면 완전히 새로운 해결책이 필요하다. 공동체 안에서 연결을 강화하고 공동의 부를 강화하며 자연 세계와 교감을 확대할 수 있는 치료법이 절실하다.

공동의 부에 관한 인식을 새로 세우는 일은 아마도 코로나 바이러스가 각국에 남긴 가장 어려운 과제일 것이다. 인간은 당장의 팬데믹 사태에 대응하는 것에서 끝이 아니라 지구온난화가 전하는 강력한 경고에 귀를 기울여야 한다. 이제 국가와 시민사회와의 관계, 그리고 진화가 필요한 거버넌스 시스템이 정치적 담론의 중심에 있다. 이러한 거버넌스 시스템을 규정하는 가치는 이후 형성될 집단 복지와 사회가 지닐 태도에 매우 중요한 역할을 할 것이다.

근본적으로 현재의 벼랑 끝으로 우리를 내몬 것은 우리 정치의 부족함, 즉 불완전함이다. 공공복지를 향한 집단적 과업이라는 정치의 본래 목표를 반드시 되찾고 확대시켜 나가야 할 것이다. 이는 장차 아마도 회복의 정치가 될 것이라는 생각을 해본다. 자본주의적 사고방식이 낳는 소외와 파괴적인 경향을 극복하려면, 진보주의자들이 주문을 외우듯 외치는 단순한 포용의 정치가 아니라 사람들 사이의, 인간 공동체와 자연 세계 사이의 연결성을 인식하는 거버넌스를 구축할 수 있는 상호의존의 정치가 필요하다.

09 변화와 통합

국가는 한 덩어리의 획일적인 존재도 아니고 불변하는 존재도 아니다. 중앙의 계획과 영토 통제 시스템이라는 기원부터 그리스 폴리스의 발흥과 근대 국민국가까지, 국가는 그 안에 존재하는 사회 집단들 사이의 경쟁과 권력 관계를 담고 있다. 민주주의와 시민권력이 등장하면서 국가의 존재 이유가 과거 엘리트 집단의 통제 기제에서 이제는 사회의 집단적 복지를 돌보는 역할로 바뀌었다. 국가 역할의 이러한 변화는 민주주의 프로젝트의 궁극적인 목표였다. 하지만 이 목표를 향한 여정은 아직 진행 중이다. 모든 사회에서 약탈적인 소수와 대중 사이의 갈등이 드러난다. 더구나 엘리트 이익과 집합 이익 간 불균형은 오늘날 그 어느 때보다 심각하여 혁명에 준한 대변화를 예고하는 새로운 시대로의 이행을 재촉하고 있다. 이 혁명적 변화 끝에 오늘날의 자본주의 패러다임이 민주주의 이념을 확장하는, 나아가 민주주의를 확고하게 유지하는 새로운 사회적 틀로 재탄생해 있을지는 확실하지 않다.

우리는 앞부분에서 각기 매우 다른 배경의 정부와 사회 운동이 국가의 역할을 어떻게 재정의하는지 살펴보았다. 바르셀로나와 께랄라 주에서는 정책 수립 방법과 시민이 민주적 절차에 참여하는 방식에 초점을 맞추었다. 로자바는 국가 체계 전체를 거부했고 자치, 연방주의, 협력을 실천하여 자주적인 시민의 힘으로 거버넌스를 흡수했다. 이러한 사례들은 기존의 국가 이론과 거버넌스 체계에서 나타난 급진적인 변화가 반영된 것이다. 각각의 경우 모두 거버넌스 모델로 굳어져 있던 위계구조를 거부하고 광범위한 시민 참여와 지역화된 직접민주주의 기제를 결합했다. 비아 깜뻬시나와 지난 20년의 대규모 시민 동원도 새로운 국가에 대한 이상과 맥을 같이한다. 이러한 시도와 변화들은 정치를 새롭게 상상할 수 있는 재료가 된다.

글로벌 시대에 맞게 민주주의를 재해석하려는 움직임은 거침없이 진행 중이다. 권위주의적인 반대 세력도 목소리를 내며 국내와 국제 정치에 자신의 존재를 부각한다. 이런 대립 구도 역시 전 세계적 현상이다. 정치 스펙트럼 전반에서 변화를 주도하는 에너지의 원천은 모두가 느끼는 불만이다. 사회적, 경제적 요구, 내 생각에는 심리적 요구까지, 사람들의 필요를 만족시키는 데 기존의 국가 제도가 전혀 도움이 안 되었다는 뜻이다.

현재의 불안은 과거 혁명적인 변화의 주기와는 다른 양상을 보인다. 자유주의 국가에 대한 비판은 정치적 주변부에서 주류로 옮겨갔다. 이는 특정 정책을 넘어서는 무언가에 대한 불만이 팽배해 있음을 시사한다. 그리고 이 불만의 깊은 곳에는 불안이 존재하는데, 이 불안은 공적인 삶에서 어떤 의미를 찾아야 하는지에 대한 사람들의 갈증, 삶의 질과 방향에 관련된 변화, 틀에 박힌 정치가 아닌 가치를 추구하는 정치에 대한 간절한 바람에서 비롯된다. 당연한 결과로 사회에 가득한 불만은 심각한 사회적 양극화를 몰고 왔다. 가치를 위한 투쟁 과정에서 매우 다른 두 가지 정치적 감수성도 나타났다. 하나는 복고적이고 보수적인 감성이다. 인종, 국가, 심지어는 성별과 관련된 전통적인 정체성을 위협으로부터 보호하려고 한다. 또 하나는 기존의 집단적 정체성을 하나의 상호의존적인 통일체, 즉 우리 주변의 자연 세계와 연속하는 커다란 통일체로 인식하고 인간 공동체라는 더 넓은 관점 안으로 집단적 정체성을 들여 놓는 감성이다. 최근 새롭게 부상한 이러한 집단적 정서는 전 지구적 변화이자 전 세계적인 대중 운동의 특징이 되었다. 세계 곳곳에서 나타나는 다양한 대중 운동들은 지구 온난화부터 세계적 불평등까지 하나의 종으로서 인간이 당면한 문제들은 모두 사슬처럼 연결되어있다는 점을 인식한다. 인간의 상호의존성을 자각하고, 나아가 상호의존성과 인간의 공동 생존이 서로 맞물려 있음을 이해하기 시작한 것이다.

진보적인 관점에서 어떤 정치적 시각으로 이러한 현상을 표현할 수 있을까? 이러한 시각이 미래 유토피아가 아닌 현재에 효과를 발휘할 수 있는 수단은 무엇일까? 국가의 어깨에 지워진 책임은 무엇인가? 그리고 시민의 책임은 무엇인가? 정치적 분열의 반대편에 있는 사람들과도 함께 공유할 수 있는 공감대가 있는가? 사람들을 분열에 이르게 한 태도와 행동이 변해야 할 필요성과 이 공감대는 무슨 관련이 있는가?

공적인 삶의 의미 상실, 인간 경험의 연결성, 정치의식 변화에 관한 문제들은 본질적으로 정신적인 문제이며 물질적인 목적과 수단에 관한 것은 아니다. 공공선이라는 개념은 인간의 연결성, 의식, 책임감에 대한 인식을 우리 내면에 더 강하게 불러일으킨다. 이것이 여기서 내가 말하는 정신인데, 어떤 신념이나 종교적 실천을 위한 특정 체계가 아닌 인간의 경험과 삶 자체의 공감대에 대한 인식과 연결을 이야기한다. 우리는 타인과 연결된 느낌을 다양한 형태로 경험한다. 종교적 믿음은 신앙과 의식을 통해, 철학과 과학은 근거를 통해, 그리고 이건 내 생각인데, 정치는 공동체 형성을 통해 경험한다.

정치에서 정신적 측면이란 무엇으로 사람들을 통합할 수 있을지 이해하고 집단적 행복과 복지에 기여할 인간적 공감의 결속을 다지는 것을 의미한다. 공공선을 추구하고 공공선을 위해 봉사한다는 것이 바로 정치에서의 정신을 뜻한다. 오늘날 전 세계적으로 목격되는 인간의 파국적인 행동을 변화시키고자 하는 다양한 시각의 토대에 이러한 정신적 측면이 자리하고 있다. 다음 세대의 정치는 교감의 정치여야 한다.

정치는 대체로 가치의 문제이며 가치가 어떻게 도덕적 선택과 의지를 이끄는가에 관한 것이다. 이에 관한 질문은 모든 공동체의 사회적 관계 저변에 흐르고 있다. 사람들이 서로를 대하는 방식과 사람들 간 관계의 질은 인간 생물학, 인간 본성에서 나오는 사회적 규범, 공동체 자체의 더 깊은 어딘가에서 비롯된다. 도덕과 타인에 관한 관심은 종교적 신념이나 정치 이념과는 관계없이 자연스럽게 작용한다. 반대로, 슬픈 사실이지만 종교나 이데올로기는 도덕성을 보증하지 않는다. 정치라는 개념 저변에 깔린 정신적인 측면을 자각하는 것은 계몽주의 철학자들이 그러했듯 정치사상을 다루기 위해 꼭 필요한 단계였다.

좌파가 가장 크게 실수한 것은 이러한 정치의 정신적인 영역을 종교적 우파에게 맡기고, 공적인 삶과 정치적 삶에서 파생되는 깊은 정신적 공허를 채우는 활동을 사회의 가장 반동적인 세력에 넘겨줬다는 점이다. 상황이 이러하니 많은 사람이 정치가 자신과 무관하다고 생각하는 것이 이상할 리 있겠는가? 우리의 분석 결과, 공공선을 둘러싼 질문은 이 시대에 필요한 변화를 일으킬 힘이 정치 안에 있음을 시사한다. 정치를 통해 변화를 일으켜야 할 첫 번째 대상은 국가 그 자체이다.

8장에서 설명했듯, 팬데믹 대응에서 보인 각국 정부의 실패는 공공복지를 돌보는 청지기로서 행동해야 하는 국가의 역할이 얼마나 중요한지, 그리고 신자유주의 시스템 안에서는 국가가 이 역할을 할 수 없음을 보여준다. 오늘날 국가가 직면한 정당성의 위기는 목적이 훼손되고 신뢰가 배신당한 결과이다. 이는 국가를 자연권과 이성의 원칙을 바탕으로 하는 보편적 연방이라고 정의하는 계몽주의 이상을 다시 생각해 보는 하나의 전환점으로 작용한다.

로크와 스피노자 같은 계몽주의 철학자들에게 이성은 정의로운 사회를 이끌며 시민을 통합하는 위대한 힘이었다. 시민 생활에서 이성이 꽃 피운 것은 자연권의 표현이었을 뿐 아니라 본디 인간사에 내재한 보편적 힘 또는 정신의 표현이었다. 헤겔에게 국가는 개인들의 의식이 굴절하여 작용하는 보편정신Universal Spirit이 스스로를 자각하는 수단이었다. 불완전한 의식 속에서 인지하고 행동하는 각 개인은 자신이 살아갈 세상을 만들어내기 위해 그리고 그 세상을 알기 위해 의식적으로나 무의식적으로 보편적 지성이라는 위대한 노동에 참여한다. 헤겔에게 국가란 인간사의 진화 과정 중 정점에 있는 것이다. 인간사에서의 이러한 내재성은 기독교에서는 신자들을 결속하고 공동체 생활에 기초가 되는 사랑과 공감에 생기를 불어넣는 성령의 개념으로도 표현된다.

그러나 계몽주의 철학자들이 꿈꾸던 이성의 왕국은 무너졌다. 인류진보에 대한 계몽주의의 약속은 산산이 깨져버렸고 인간을 고립시키는, 즉 인간을 타인과 자연 세계로부터 소외시키는 불안정하고 불안한 개인주의를 낳았다. 오늘날 세계를 지배하는 것은 불합리이고 이성의 빛은 나날이 어두워지고 있음을 누구도 부인할 수 없을 것이다. 그리고 한때 이성이 보편적 진리로 가는 길을 밝혀줄 수 있다고 가정했다면 현재의 포스트모던 사회에서는 진리라는 개념 자체가 공격받고 있다. 우리는 대안적 사실*을 목소리 높여 주장하는 가운데 진리의 빛이 저물어가는 시대에 들어섰다. 뜬소문과 음모가 과학적 증명이나 우리 감각의 증언과 동등한 위치에서 경쟁하는 시대인 것이다. 정치의 쇠퇴는 야만적 시대의 시작을 의미한다. 자애로웠던 보편정신은 이 시대의 정치에서는 이제 흔적조차 찾아볼 수 없다.

미국을 비롯한 자유민주주의 국가들을 통해 우리가 목격하고 있는

---

* alternative fact, 사실이 아닌 내용을 대안적 사실이라고 하는 것. 2017년 트럼프 행정부가 사실이 아닌 내용을 대안적 사실이라고 표현했다는 논란에서 생겨난 신조어 - 옮긴이

사회의 쇠퇴는 공통된 준거 틀이 사라지고 개인의 경험은 타인의 경험에서와 마찬가지로 동일한 객관적인 데이터를 토대로 한다는 인식이 무너진 현실과 분리하여 생각할 수 없다. 이것은 의도된 것이다. 정보를 조작하고 개인을 혼란스럽게 하여 고립시키려는 의도가 우리의 의사소통에, 그리고 세상을 이해하는 데 일상적으로 이용되는 미디어에 강력한 영향력을 미치고 있다. 개인의 선입견이 소셜 미디어를 통해 반응을 얻어 강화되는 반향실 효과는 사회를 분열시키는 양극화를 부채질한다. 더욱 경계해야 할 것은 우익 언론이 퍼뜨리는 잘못된 정보이다. 거짓 정보는 잘못된 현실 인식을 불러와 사람들의 마음에 불신의 싹을 틔우고 정부의 역할을 비롯하여 공공기관과 민주주의에 대한 믿음을 뒤흔들어 놓는다.

사람들은 같은 사회, 같은 공간에서 생활하지만 서로 다른 세상을 살고 있다. 인류 역사상 처음 있는 일이다. 이러한 현상은 2020년 미국 대선에서 그대로 드러났다. 대중이 현실에서 느끼는 불만이 본질적으로 같은 지점에서 출발하고 있음에도 미국은 절반으로 나뉘어 서로 완전히 다른 현실에 있는 것이다. 불만을 조장하고 쌓이게 하여 사람들이 느끼는 부당함의 진짜 이유와는 상관없는 민주주의 제도, 즉 언론, 선거 과정, 정치 자체에 분노를 표출하게 하면서 의도적으로 대중을 분열시키는 것은 권위주의 정권의 전형적인 모습이다. 대중이 하나가 되면 독재자와 엘리트에게 실존적 위협이 되기 때문이다.

함께하는 세상에 대한 인식이 사라지고 모두에게 참되고 공통된 것을 지각하는 우리의 능력이 실제로는 존재하지 않는 망상이라면, 그리고 모든 것은 개인적 해석의 문제이거나 개인 사익의 문제라면 정치의 근거는 무엇인가? 정치적 책임의 근거는 무엇인가? 또, 사회 진보 이념 혹은 공공복지의 근거는 무엇인가? 공동체의 기본 요소인 토론이 사라졌다. 독재주의에서 그랬듯 이것이 바로 트럼프주의의 진짜 의미이다. 그들에게 진실이 무엇인지는 상관없는 것이다. 모든 정치는 잔인한 힘, 개인의 이익, 거침없는 자아가 벌이는 허무한 경쟁일 뿐이다. 사이코패스의 무기인 속임수는 모든 이의 생각과 삶의 태도를 병들게 한다. 각자의 만인에 대한 전쟁이라는 토마스 홉스의 어둡고 디스토피아적인 상상이 끔찍한 현실로 나타나는 것이다.

모든 것이 뒤얽힌 위기 가운데 있지만 한 가지 명확한 사실은 우리 인류가 살아남기 위해서는 소속감을 되찾고 인간과 죽어가는 우리 주변의 세상을, 그리고 나와 타인을 연결할 수 있는 공동의 목적의식을 회복해야 한다는 것이다. 이를 위해서는 인간의 이성에만 의지하는 것은 충분하지 않다. 우리에게는 복원의 정치, 즉 관계와 공통성commonality의 정치가 필요하다. 인간의 결속과 연대를 목적으로 하는 정치가 절실한 것이다. 이러한 정치를 실현하는 것이 우리 시대 시민사회와 국가가 풀어야 할 궁극적 과제이다.

지금까지의 이야기를 통해 우리는 정치, 특히 민주주의가 어떻게 공공선을 지향하는 사회를 이루기 위한 노력의 수단이 되어왔는가를 설명하고자 했다. 여기서 공공선에 대한 정의는 어떤 신성한 존재가 계시하는 것도, 사회 내의 특정 권력층이나 단체가 대중에게 알려주는 것도 아니다. 민주주의에서 공공선은 시민 스스로가 정의한다. 시민들은 함께 행동하며 건강한 공동체와 제대로 기능하는 시민사회의 기반인 협동과 상호관계를 실천한다. 앞서 살펴본 사례들은 공공선을 정의하는 과정이 얼마나 다양하고 복잡한지 보여준다. 그러나 본질적으로 이 과정은 집합적 복지 안에서 사람들을 결속하게 만드는 것이 무엇인지 찾는 것, 그리고 결속을 이루어내기 위해 사람들이 어떻게 권한을 획득할 수 있는지에 관한 것이다.

새로운 흐름의 정치적 감수성-국가와 시민사회의 분열을 초월한 새로운 정치적 주제-을 찾으려는 로자바의 시도는 공공선을 정의하려는 이러한 방향에 부합하는 선구적인 노력이다. 상처 입은 사회를 치료하려는 노력을 방해하고 사회 집단을 파괴에 이르게 한 분열을 다시 봉합하려는 노력도 마찬가지로 공공선을 정의하려는 선구적인 시도이다. 이런 의미에서 정치적 평등과 지속가능한 생태에 관한 약속은 매우 특별하다. 이 약속은 두 가지 정치적 원칙이 혼합된 상태에 기반을 두고 있다. 첫 번째 원칙은 정치를 공공선 실현을 위한 수단으로 보는 아리스토텔레스적 개념으로의 회귀이고, 두 번째 원칙은 정치적 자유란 국가가 하는 일에 의존하는 것이 아니라 자유롭게 협력하는 개인들이 모인 자주적 공동체가 스스로를 위해 취하는 행동에 의존한다는 인식이다. 이 약속은 아리스토텔레스가 말한 정치 혁명, 즉 통치 주체의 변경뿐 아니라 체제의 근본적인 변화, 즉 사회적 혁명을 목표로 한다.

갈등과 경쟁은 정치적 혁명의 정치, 즉 정치권력의 쟁취를 규정하는 용어이다. 혁명과 권력 쟁취를 위한 정치는 기존 권력에 대해 충돌하는 집단의 이익이라는 틀 안에 사회를 가두어버린다. 그리고 분열을 영속시킨다. 내가 주장하고 싶은 것은 협동과 상호관계는 사회적 혁명의 정치, 즉 사회적 가치와 집단적 목표의 근본적인 변화를 규정한다는 것이다. 경쟁과 갈등이 개인의 이익을 그 사회의 궁극적인 선으로 추구하고 있음을 반영하는 반면, 협력과 인간적 공감은 개인의 안녕과 공공선의 기초가 되는 더 강력한 공동체적 유대를 표현한다. 그리고 특정 정책을 추구하기 위해서는 정치적 혁명이 필요하지만, 사회가 어떻게 집단적 삶의 궁극적인 목표를 세우고 전달할지 결정하는 근본적인 가치들을 바꿔놓지는 못한다. 이런 이유로 우리 사회에는 일종의 사회적 변이가 일어나야 한다. 개인의 자유와 대중에 의한 민주주의가 승리하면서 과거의 계급적 봉건질서에서 18세기 자유주의 시대로 이동했던 흐름도 이와 비슷했다.

협동과 사회 변화

로버트 액설로드는 저서 《협력의 진화_The Evolution of Co-operation_》에서 게임 이론을 적용하여 협동의 동학을 연구했다.[1] 액설로드는 자연의 생물학적 시스템과 인간 공동체의 사회적 시스템 연구를 통해 단지 호혜 원칙을 기반으로 한 협동이 세력을 확장하여 결국 비협동적 문화를 대체하는 '뉴노멀' 사회를 구축할 수 있음을 보였다. 단, 이를 위해서는 여러 가지 조건이 뒷받침되어야 한다.

첫째로, 협동이 이루어지기 위해서는 한 사람만으로는 부족하다. 비협동적인 상태에서 호혜를 실천할 수 있는 협동적인 사람들이 필요하다. 이들은 심지어 비협동적인 사람들과의 상호작용에서도 호혜를 실천해야 한다. 중요한 것은 협동하는 사람과 그렇지 않은 사람을 구별해야 한다는 점이다. 둘째로, 협동이 자리 잡기 위해서는 각 개인이 미래에 서로 마주칠 가능성이 커야 하고 이전에 상대방이 했던 행동을 알고 있어야 한다. 한 개인이 상대방에 대하여 적절하게 행동을 취하고 비협동적인 행위를 억제하려면 이러한 투명성이 중요하다. 호혜주의 안에서 나의 행동은 다른 사람의 행동으로부터 영향을 받는다. 협동하면 보상을 받고 협동하지 않으면 제재 받는 것이 바로 협동이다.

놀랍게도 개인의 성격이나 사회 환경과 관계없이 이러한 원칙은 언제 어디서나 적용된다. 개인은 이성적이지 않아도 된다. 협동의 진화 과정에서 개인은 협동을 해야 하는 이유나 방법을 알지 못하더라도 성공적으로 협동할 수 있다. 중요한 것은 다른 사람들이 과거에 어떻게 행동했는지와 그들을 알아보는 능력이다. 정치 공동체의 크기가 중요한 이유가 바로 이것이다. 개인의 평판에 관한 정보와 공동체 안에서 직접 마주치게 되는 가능성을 통해 형성되는 책임감으로 협동이 강화된다. 액설로드는 또한 협동을 위해 이타주의나 개인들 사이에서 이미 형성된 신뢰가 반드시 전제되어야 하는 것은 아님을 발견했다. 호혜를 발휘함으로써 비협동적인 행동을 초라하게 할 수 있다. 마지막으로 협동을 강제하기 위해 일종의 중앙 기관이 필요하지 않다. 호혜만으로 충분히 자체적인 협동이 이루어질 수 있다.

협동의 원칙은 성공적인 공유재에 관한 엘리너 오스트롬의 연구와 공동체가 공유재의 관리 규칙을 시행하는 방식에서도 확인할 수 있었다.[2] 이러한 연구와 사례들을 종합해보면, 공공정책이나 학교, 직장 같은 규범적 기관이 사회 변화의 방향과 단계에 어떤 영향을 줄 수 있는지 알 수 있다. 자유시장 옹호자들은 이 사실을 언제나 인지하고 있었다. 그래서 이들은 자신의 이익과 편견을 투영한 세계관을 더욱 강화하는 경쟁과 이기주의 이데올로기를 확산시키기 위해 막대한 자원을 사용했다. 수십 년간 이러한 시각과 가치를 널리 전파할 싱크탱크, 자선재단, 대중매체, 대학, 정책기관을 설립하고 운영하는 데 돈을 쏟아 부은 것이다. 그 영향으로 해로운 개인주의의 득세와 사회의 쇠퇴가 초래되었고, 그들의 권위에 대항할 만한 대중의 인식으로부터 엘리트들을 차단하는 결과를 몰고 왔다.

성공적으로 관리되는 공유재에 관한 오스트롬의 규칙

1. 집단의 경계를 명확하게 규정
2. 공동재 사용에 관한 규칙을 현지의 필요 및 조건에 맞게 제정
3. 규칙의 영향을 받는 사람이 규칙을 변경하는 과정에도 참여
4. 외부 관계 당국은 공동체 구성원의 규칙 제정 권한을 존중
5. 구성원의 행동을 모니터링하기 위해 공동체 구성원들이 수행하는 시스템을 개발
6. 규칙 위반자에 대한 누진적 제재 적용
7. 분쟁 해결을 위해 접근 가능하고 비용이 낮은 수단을 제공
8. 가장 낮은 수준부터 전체 상호 연결된 시스템까지 중층 단위에서 공동 자원을 관리하는 책임 체계를 구축[3]

액설로드는 또한 인간은 원래 이기적이며 합리적인 선택에 따라 행동한다고 가정한다. 개인이 협동하는 이유는 물질적인 보상 측면에

서 협동하지 않을 때보다 더 큰 이익이 돌아오기 때문이라는 것이 그의 주장이었다. 하지만 우리는 이 견해에 동의하지 않는다. 단순히 물질적 이익만이 합리성의 기준이라고 가정하고 사람들이 투표하는 모습을 살펴본다면, 이들의 행동 기준이 오직 합리성이라는 주장이 틀렸다는 것을 충분히 증명할 수 있다. 현실에서 사람들은 자신의 가치관, 이데올로기, 집단에 대한 충성 및 친밀감, 소속감, 이념에 대한 헌신, 정체성, 장소와 지도자에 대한 애착, 개인적 안정감에 의해 동기가 부여된다. 이것들은 모두 강력한 감정적 동인이며, 물질적 보상을 좇는 외적 동기보다 이러한 내적 동기가 더 강하게 작용하곤 한다.

협동은 경쟁만큼이나 인간 사회와 개인행동에서 발견되는 특징 중 하나다. 개인의 이익이 협동 혹은 공공선과 양립할 수 없다는 시각은 매우 잘못된 오해를 불러일으킨다. 적절한 조건만 갖추어진다면 협동은 물질적, 그리고 심리적으로 경쟁보다 개인의 이익 추구에 더 유리할 수 있다. 이 점에서 우리가 삶을 살아가고 일하는 제도의 형태와 기능이 결정적 역할을 한다. 시스템 변화의 관점에서, 그리고 집단적 태도와 행동을 변화시킬 수 있는 잠재력 면에서 매우 중요한 두 가지 영역이 있다. 사회복지 조직과 생산 조직이다. 세계 경제가 거듭 변화를 겪으면서 한때 별개라고 생각했던 이 두 영역이 밀접하게 연결되고 있다. 두 영역의 경계가 점차 흐려지면서 사회적경제가 시장사회에서 살아가는 인간 삶의 질적 측면을 다루기 위한 필수 요소가 되는 결과를 낳았다.

사회적 가치의 회복

사회적경제는 전통적으로 공공부문과 민간부문에 이어 제3부문으로 여겨져 왔다. 하지만 일각의 생각과는 다르게 사회적경제는 경제 시스템의 가장자리에서 가난하고 불행한 사람들을 돕는 임시방편적 수단도, 자유시장의 실패를 수정하기 위해 시도해보는 조치도 아니다. 사회적경제는 경제가 단지 사적 자본의 이익만이 아니라 사회적, 집합적 이익에 봉사한다는 완전히 다른 개념화로 경제학에 접근한다. 이는 시장이 상업적 목적과 비상업적 목적 양쪽 모두를 위해 작동할 수 있음을(그리고 작동함을) 보여준다. 협동조합, 공유재, 자선단체, 비영리단체, 다양한 형태의 공동체와 사회적 서비스 조직은 일정 수준에서 이러한 가치를 구현하고 있다. 이러한 단체들의 공통점은 사회적 이익을 위해 상품과 서비스를 생산한다는 것이다. 대부분 민주적 거버넌스 혹은 사회가 통제하는 거버넌스를 활용한다.

사회적경제는 특히 인적 서비스 분야에서 사회적 가치 생산을 위한 새로운 구조를 꾸준히 만들어낸다. 사회적 가치를 추구하는 생산을 늘리고 사회적 가치를 구현하는 조직 형태를 지속적으로 전파해 나가는 것이 국가를 민주화하고 현재의 시장 지배적 경제 패러다임을 전환하기 위한 핵심 수단이다.

시민경제와 파트너 국가

모든 정치 프로젝트는 어떤 정당한 사회적 목적을 향해 행동을 규정하고 나아갈 방향을 안내하는 것을 목표로 한다. 많은 경우 정치 프로젝트를 주도한다는 것은 정치권력의 획득을 의미했다. 우리는 권력 획득이라는 함정을 뛰어넘는 무언가 다른 것을 목표로 한다. 우리 앞에 놓인 과제는 사회를 이루고 있는 수많은 개인들 사이를, 그리고 인간 사회와 자연 세계를 다시 연결하는 일이다. 국가의 민주화-국가의 시민화는 민주주의 프로젝트 안에서 거쳐야 할 다음 단계이다.

어떤 국가의 목적이 시민사회가 지닌 전환적 힘을 강화하여 공공선을 위해 최선을 다하는 것이라면, 이 국가를 파트너 국가라고 부를 수 있을 것이다. 파트너 국가라는 발상은 민주주의에서 정치적 정당성의 원천은 시민사회라는 원칙과 직접적인 관련이 있다. 시민사회를 공고히 하기 위한 가치, 또한 긴밀하게 연대하며 시민 참여적인 공동체를 구축하기 위한 가치를 강화하는 것이 파트너 국가가 달성하고자 하는 본질적인 목표이다.

께랄라 주의 의사결정 분권화, 바르셀로나의 사회적경제 확대, 로자바의 자치위원회 시스템은 파트너 국가를 구성하는 핵심 요소들이 실제로 적용된 사례이다. 우리는 팬데믹 시기에 화두로 떠오른 사회복지와 일자리 감소 문제에 이러한 핵심 요소들이 어떤 식으로 적용되는지 알 수 있다. 코로나 바이러스는 생산 시스템의 자동화와 인력 감축을 가속했고 자동화와 인공지능의 폭발적 성장은 사회복지에 관한 근본적인 재평가를 요구했다. 사회복지를 바라보는 새로운 시각은 정치적 안정과 사회 시스템 변화에 접근하는 방식에 큰 영향을 미칠 것이다.

사회복지를 재편성하여 얻을 수 있는 세 가지 기능이 있다. 첫 번째는 노동자를 해고하는 경제 시스템이 불러오는 사회적 여파에 대처하는 기능이다. 앞으로 20년 이내에 전 세계 노동의 50%가 자동화될 것으로 예상된다.[4] 자본주의에서 생산 구성 요소로서의 노동이 의미가 없어지고 일자리를 잃은 이들이 사회적으로 다수가 되는데, 여기에 속한 사람들 각자가 지닌 가치는 시장이 아닌 인간관계의 영역에서 실현될 것이다. 사회적 다수가 맞이할 변화에 어떻게 대처하느냐가 궁극적으로 정부와 국민국가의 운명을 결정할 것이다. 여기서 바로 사회적경제가 담당해야 할 영역이 생긴다.

사회복지의 재편으로 얻게 되는 두 번째 기능은 호혜와 사회적 가치를 일차적 조직 원칙으로 삼는 새로운 경제의 기반이 마련되는 것이다. 이는 사회적경제, 즉 사회적 가치 시장의 작동에 부합하는 시장 형태의 출현을 수반한다. 보건 서비스 및 사회적 돌봄의 확대와 민주화는 이러한 사회적 가치 시장이 형성되는 데 중요한 역할을 한다.

세 번째 기능은 사람들을 서로, 그리고 공동체 의식과 공동의 목적으로 다시 연결할 수 있다는 것이다. 안전과 집단 복지는 누구에게나 필요한 보편적 서비스이기 때문에 정치적·인종적·종교적 경계를 넘어선다. 경제적, 사회적 불안감이 커짐에 따라 이러한 사회적 재화와 서비스의 필요는 개인의 정치 성향과는 상관없이 더욱 절실해졌다. 가지각색의 정치 신념을 가진 시민들의 공동 이익과 집단행동을 결합함으로써 완성될 인적 서비스의 민주적 개혁은 사회를 재건하는 수단이 될 것이다.

위의 세 가지 기능은 사회 시스템 전반에서 심층적인 변화를 끌어낼 정치 프로그램에 반드시 포함되어야 할 것이다. 변화에 성공하기 위해서는 기존의 정치경제학이 설명할 수 없는 완전히 다른 경제적 틀이 필요하다. 바로 시민경제로의 전환이다.

* * *

국가란 집단적 계획과 사회 통제를 위한 기관 이상의 의미가 있다. 집단적 전환과 사회 진화를 이행하기 위한 메커니즘인 것이다. 국가는 그 사회의 이미지를 집약하고 있기에, 이상화된 공동의 정체성을 집단적으로 투영한다. 국가 제도를 통해 이러한 이미지를 최대한 구축하고 더 선명히 할 수 있는 사람들이 있는데, 국가는 이러한 사람들이 추구하는 가치와 열망을 반영한다. 따라서 국가는 현실에 존재하지만 또한 상상 속에 있기도 하다. 이러한 상상 속 공동의 정체성, 즉 집단적 소속감이 많은 사람들을 협력할 수 있게 한다. 유발 노아 하라리는 그의 책 《사피엔스Sapiens》에서 신화, 종교, 또는 민족국가와 같이 상상력이 동원된 체계를 만들어내는 인간의 능력이 어떻게 인간의 대규모 협력을 끌어낼 수 있었는지 설명한다.[5] 국가라는 개념을 상상하는 방식, 국가의 목적, 국가가 구현하는 가치는 사회의 진화 방식을 결정한다. 그리고 그것들은 집단적 정체성의 신화가 삶과 존재의 집단적 방식을 어떻게 전환시킬지를 결정한다.

국가를 전환하는 것은 궁극적으로 우리 자신을 전환하는 길고 힘든 여정이다. 그렇지만 더 어려운 질문을 던져보자. 전환의 목적은 무엇인가? 전환 속에서 어떤 사회적 힘이 우세할 것인가? 아메리칸 드림*

---

* 미국인들이 갖는 미국적인 이상 사회를 이룩하려는 꿈. 무계급 사회와 경제적 번영의 재현, 압제가 없는 자유로운 정치 체제의 영속 등을 의미한다. - 옮긴이

이나 사회주의 같은 상상 속의 사회를 사람들이 더는 믿지 않는다면 어떻게 될 것인가? 다른 무언가가 그 자리를 대신해야 할 것이다.

엘리트 통치와 세계적 불평등을 유지하기 위해서는 권위주의가 필요하다는 것이 이제 명백하다. 불평등의 경계가 무너지기 시작하면, 무력을 쓰지 않고서야 불평등한 상태를 유지할 수 없을 것이다. 우리는 현재 이 지점에 다다랐다. 동시에 정치에 대한 개념이 새롭게 등장하고 있다. 바로 교감과 공공선의 정치다. 이 새로운 정치 개념은 표면적으로는 현재 시스템의 부당함을 바로잡고, 심층적으로는 우리가 추구하는 변화는 인구의 특정 비율이 경제적으로 얼마나 더 풍족해졌는지 혹은 결핍되었는지에 관한, 혹은 사회가 얼마나 더 친환경적인 에너지로 전환되었는지와 같이 단지 정량적 결과에 관한 문제가 아니라는 것을 인지한다. 이러한 수치에 자꾸 집착하는 현상은 벼랑 끝에 몰린 현재의 시스템이 남긴 흔적이다. 우리가 상상하는 새로운 정치는 사회관계의 근본적인 변화, 그리고 개인의 이익과 경쟁의 관점에서 벗어나 협동과 공공복지 관점으로 전환할 것을 제안한다.

전 세계가 겪고 있는 고통은 인류가 변화의 필요성을 하루빨리 깨달으라고 재촉한다. 이기심과 소외가 물질적 파괴만을 가져온 것이 아니다. 우리 지구는 깊은 불행과 불안으로 가득 차 있다. 풍족한 삶을 보장했던 기존의 공식들은 이제 이치에 맞지 않는다. 해결책은 사람 사이의 연결과 공감에 있다. 또한 공공선 추구와 함께 이루어지는 공동체의 재발견에 있다. 이를 위해서는 민주주의 프로젝트의 후퇴가 아니라 심화를 이뤄내야 할 것이다.

새롭고 진화된 단계의 민주주의로 발전해야 하는 이유가 꼭 사람들 사이의 연결을 위해서만은 아니다. 민주주의의 진화는 파괴된 자연을 되돌리기 위한 전제조건이기도 하다. 부의 집중과 불평등이 지구를 병들게 했고 생태계를 계속 파괴해왔다. 이미 40년 전부터 모든 것을 알고 있었음에도 기업들이 화석연료산업과 지구온난화의 관계에 대한 허위정보를 지속하여 생산해온 이유는 이윤을 보호하기 위해서였다.[6] 과학적 사실을 부정하고 진실을 공격하는 것은 어떤 대가를 치르더라도 자신의 이익을 지키겠다는 욕망을 보여준다. 자본주의 패러다임에 녹아있고 기업의 반사회적 성격에 동조하는 제도적 불평등과 권력 불평등을 제거하지 않고서는 인간과 자연의 안녕을 추구하는 생태 문명을 실천하기란 불가능하다.

우리가 앞으로 나아가는 데 필요한 것은 서사, 즉 새로운 이야기라는 말을 종종 듣는다. 모두의 생존을 위한 협력만이 바로 그 새로운 이야기가 될 것이다. 그리고 그것은 단지 만들어진 이야기가 아닌 엄연한 실존적 사실이다.

민주주의 이상의 토대였던 자유, 평등, 박애의 계몽주의 가치는 변치 않고 그 자리에 있다. 이러한 이상은 개인의 사리사욕이나 부의 숭배를 통해 실현되는 것이 아니라 모두가 공공복지를 공통의 목표로 할 때 비로소 보이기 시작하는 인간애 안에서 실현된다는 것을 이제 우리는 알 수 있다. 인간의 타고난 능력인 연결성을, 그리고 모든 개인의 내면에 존재하며 서로를 보살피는 마음이 발휘되는 협동을 활성화함으로써 공공복지를 모두가 이루고자 하는 목표로 삼을 수 있을 것이다. 국가의 존재 속에서 드러나는 보편정신에 대한 헤겔의 사상을 재구성하는 것이 필요하다. 이를 위해 호혜 관계 속의 인간 정신과 공동체를 통해 피어나는 인간적 공감대가 다시 활력을 발하는 모습을 상상해본다. 이러한 가치들을 활성화하고 시민들 사이의 호혜 관계를 촉진하는 것이 정치의 새로운 소명이자 파트너 국가가 지녀야 할 대의다.

10 복지국가에서 파트너 국가로

다른 사람을 행복하게 하지 않고서는
나 자신도 행복할 수 없다는 것은 보편 법칙이다.
– 안토니오 제노베시

계몽주의 이후 사람들은 국가를 통해 공공선이 실현된다고 생각했다. 반대로 신자유주의에서는 시장을 공공선의 실현 수단으로 삼았다. 지금까지 우리가 살펴본 것들의 목표는 공공선의 진정한 원천은 주권적 시민사회이며, 주권적 시민사회를 통해 공공선을 가장 확실하게 수호할 수 있음을 보여주는 것이었다. 현재 시스템에 대한 대안적 전망이라고 할 수 있는 이 목표는 오늘날 국가와 시장이 차지하고 있는 우위에 도전한다. 앞에서 우리는 대안적 전망을 가지고 도전하는 과정이 국가의 민주화와 어떤 관련이 있는지, 또 우리 이웃과 지구촌 전역의 시민사회로 권한이 이양되는 과업과 어떤 관계가 있는지 설명했다.

이번 장에서는 우리의 대안적 전망이 실제로 어떤 모습인지 대략 설명하려고 한다. 이 과정에서 국가에 대한 근본적으로 다른 개념화에 대해, 그리고 민주주의가 현재의 교착 상태에서 벗어나기 위한 근본적으로 다른 방법에 대해 이 새로운 전망이 의미하는 바를 살펴볼 것이다.

오늘날의 절박한 상황에 대응하기 위해서는 단순히 이념을 정립하는 것으로는 부족하다. 시스템 변화를 위한 구체적인 제안이 있어야 하고, 이 제안이 현재의 문제 해결에 도움이 되려면 연결성, 상호성, 그리고 사회적, 생태적 치유 전략을 갖추어야 한다. 정치 운동은 엘리트들의 약탈적 행위에 맞서는 동시에 시민들이 서로 혹은 그들이 속한 사회와 관계 맺는 방식을 변화시키는 것을 목표로 해야 한다. 이 목표를 달성하기 위해서는 사회의식 형성의 근본이 되는 경제적·사회적·정치적 제도의 변화가 함께 이루어져야 한다.

* * *

물론 이견이 있을 수 있겠지만, 지금까지의 민주주의 프로젝트 중 가장 큰 성과는 복지국가의 등장이다. 해결할 수 없었던 많은 결함에도 불구하고, 복지국가는 공공선의 증진을 위한 도구는 국가라는 신념을 가장 완벽히 구현한 것이었다. 더욱 급진적인 사회주의의 부상을 미연에 방지하기 위한 것이든, 사회 정의를 적극적으로 추구하기 위한 것이든, 사회 안의 민주주의 세력이 강해지면서 국가가 보장하는 사회 안전망이 구축되었다. 복지국가의 출현과 쇠퇴 과정은 집합적 복지를 추진하기 위해 민주주의가 국가에 가하는 압박의 강도를 보여주는 지표라고 할 수 있다. 1장에서 설명한 바와 같이 자본이 공공재를 잠식했다는 것은 민주주의 가치와 시민의 힘, 그리고 공공재를 옹호하기 위한 정치 제도가 힘을 잃었음을 의미한다. 종국에 이것은 자유주의 국가의 정당성 위기를 촉발할 것이다.

정치가 전환을 위한 역할을 하려면, 사회복지에 관한 문제를 중요하고도 전략적으로 고민해야 한다. 민주적 시민사회가 품는 정치적 가치와 국가에게 정당성을 부여하는 조건이 가장 중첩되는 영역이 바로 사회복지 분야이다. 국가의 주요 임무로서 사회복지는 과거의 온정주의로 회귀하는 것을 뜻하지 않는다. 복지국가가 공중보건과 공공복지의 발전에 긍정적인 역할을 했음은 분명하지만, 복지국가의 실천으로 발생한 결함 역시 잊지 말아야 한다. 수많은 문제가 새롭게 등장하고 있다. 사회복지의 관료화에 따른 중앙집중식 관리 시스템의 획일적 성격은 각 시민과 공동체의 개별적 요구에 반하게 되었으며, 국가가 제공하는 복지 시스템이 개인의 무력함과 가난함을 전제로 하면서 사회복지는 큰 비판을 받게 되었다. 복지를 구성하는 사람과 사회적 요소들이 제대로 고려되지 않았기 때문이다.

가난한 나라, 부유한 나라를 막론하고 앞으로 사회복지가 진화하는 모습은 각국에서 발생할 정치적 사건들에 지대한 영향을 미칠 것이다. 지구온난화부터 대량 실업 사태에 이르기까지 우리가 겪는 주요한 문제들은 개별적으로 존재하지 않고 체제의 위기를 고조시키는 성격을 띠기 때문이다. 새로운 형태의 정치에 대한 요구와 사람들을 다시 연결해야 할 필요성에 답하기 위해 진보 전략은 대의민주주의를 넘어 관계적 변화 이론을 구체화하는 완전히 새로운 종류의 거버넌스를 모색한다. 정치에서 사회복지가 중요한 이유는 정치적·종교적·이념적 갈등을 초월하여 신뢰와 연결, 연대를 되살릴 수 있는 잠재력이 내재되어 있기 때문이다.

파트너 국가라는 개념은 코스마 오르시의 연대의 정치경제학[Political Economy of Solidity]에서 최초로 이론으로 정립되었다.[1] 이후 바실리스 코스타키스가 이를 공유재와 결부시켜 이론이 더욱 다듬어졌고[2], 동료 생산의 원칙과 공유재가 자원 수출에 의존했던 에콰도르의 경제를 어떻게 바꾸어놓았는지에 관한 연구 프로젝트에서 파트너 국가 이론이 더욱 발전하였다. 지식에 대해 자유롭고 개방된 접근이 연구를 추진하는 원동력으로 작용했고 나도 이 연구에 기꺼이 참여했다.[3, 4] 동료 생산이란, 개인들이 스스로 조직한 네트워크를 통해 재화와 서비스를 생산하는 방식을 의미한다. 여기에 함께하는 개인들은 생산 활동에 참여하고, 이익 특히 인터넷을 이용하여 창출한 이익을 함께 배분한다. 우리는 8장에서 비상 인공호흡기를 언급하며 공유재 기반 동료 생산의 사례를 이야기했다. 미셸 바우웬스는 동료 생산을 "21세기식 사회주의"라고 표현하며 집합적이고 평등한 형태의 가치 창출이 가능한 생산 방식이라고 설명했다.[5]

파트너 국가는 이 공유재에 기초한 생산 시스템의 전환과 관련하여 정식화 할 수 있다.[6] 우리 연구팀은 사회적, 정치적 관계 변화와 이 변화 과정에서 시민이 해야 할 역할에 초점을 맞추어 접근해 왔다. 사회와 정치 간 관계 변화의 방향과 시민의 역할 모두 국가의 기능은 새로운 사회적/정치적 패러다임의 기본 원칙으로 협동과 공유재를 극대화하는 것이라는 데 집중한다.

근대 이후 국가는 규제 역할의 방향을 빈번히 바꾸어 자본주의 경제를 지원하여 민간부문에 날개를 달아주기도 하고, 경제 계획을 추진하여 국가 통제 아래 재분배를 강화하기도 했다. 정부가 자본주의 경제를 촉진하면 공공부문과 사회적경제는 자본의 요구에 굴복해야 한다. 정부가 재분배를 강조하면 자본주의와 사회적경제는 중앙집권적 국가 계획의 요구에 따라야 한다. 두 모델 모두 감당하기 어려운 수준의 경제적, 사회적 비용을 발생시켰다. 그리고 두 모델은 대부분 공공부문과 민간부문의 우세가 번갈아 가는 가운데 다양한 조합으로 나타났지만, 시민사회의 요구와 사회적경제의 가치가 국가 경제 운영과 사회정책에서 우위를 점했던 예는 없었다. 이러한 현실에서 간과된 것은 사회적 가치뿐만 아니라 경제적 가치를 창출하는 하나의 요소로서 호혜를 국가와 경제 운영 모델에 포함시켜야 한다는 것이었다. 이론과 실제 상에서 이 점을 고려한 첫 번째 국가 형태가 파트너 국가다. 결과적으로 파트너 국가는 정치경제학의 이해에 완전히 새로운 틀을 대입할 것을 요구한다.

파트너 국가는 무엇보다도 시민사회에 권한을 부여하는 국가다. 파트너 국가에서는 시민사회의 역량이 극대화되어 협력을 통해 사회적 가치를 창출하고 시민사회가 공공정책 수립의 주요 주체로 활동한다. 스스로 통제하는 민간 기관에서 활동하는 시민은 공공정책의 방향과 시행에 직접적인 영향력을 행사한다. 하지만 협력하는 시민을 지원하는 국가의 역할은 사회적 가치를 촉진하는 일에 국한되지 않는다. 국가의 도움으로 개인적, 사회적 관계의 범위는 시장 관계로 확장된다. 그리고 경제에 대한 개방적 접근을 보호하고, 협동조합, P2P, 네트워크 같은 집단과 공유재를 기반으로 한 기업 등 다양한 모델을 시도할 수 있는 공간을 제공한다. 이는 국가가 시장경제의 구조에 호혜 원칙을 포함시킴으로써 가능해진다.

그러면 이러한 시스템은 실제로 어떻게 작동할까?

국가는 종합하고 촉진하는 주체가 되어 규칙을 정하고, 사회적 가치를 창출하는 경제가 번성하기 위한 주요 자금을 흐르게 한다. 국가는 전국 배경의 대규모 프로젝트를 조직할 수 있는 역량을 가지며 일반의 이익을 대변한다. 국가가 대의민주주의와 숙의민주주의를 추구할 때 사회적경제는 대인적interpersonal 민주주의와 생산적 민주주의를 추구한다. 매우 실질적인 의미에서 민주주의의 이 두 영역은 집단 시민과 개인 시민의 서로 대비되는 요구를 해소하며, 각각은 서로를 보완한다. 새로운 사회계약은 정부의 규제적·재분배적·대의적 속성과 시민사회의 사회적·도덕적·관계적 요소를 종합할 수 있는 틀을 기초로 해야 한다. 경제에 시민적 가치를 결합하여 경제를 인간화하는 노력도 필요하다. 파트너 국가의 철학적 토대인 시민경제 사상에서 이러한 틀의 실마리를 찾을 수 있다.

시민경제로의 복귀

우리는 앞서 시민사회 사상의 진화 과정, 그리고 시민사회 사상이 사회·경제·정치 조직 이론과 어떤 연결점이 있는지 추적해 보았다. 첫 번째 전통, 즉 아담 스미스의 전통에서 정치경제는 도덕적, 사회적 혹은 대인적 사항을 고려하면서 독자적으로 시장이 운영되는 하나의 사회적 체제로 이해되었다. 두 번째 전통은 역사 속에서 잊혔으나 현재의 경제 위기 속에서 다시 등장하고 있는 안토니오 제노베시의 시민경제 전통이다. 제노베시에 따르면 경제적 삶은 사회적 삶의 연장이며 또한 공동체의 토대가 되는 모든 사회적·도덕적·관계적 요소를 통합한다.

시민경제는 사회·경제·정치를 하나의 통합된 전체로 보고 그 궁극적 목표를 사회의 안녕과 공공의 행복에 두는 경제 운영 체제이다. 근본적으로 우리가 지금까지 논의하고 설명한 사례들, 그리고 시스템 변화를 위한 각종 운동은 사회적이고 관계적인 요소를 시장사회와 거버넌스 체계 운영에 다시 통합시키려는 시도이다. 이것은 한쪽에서는 경제에서 사회적인 것을 떼어내고 다른 한쪽에서는 국가에서 사회적인 것을 떼어내는 과거의 방식으로 정식화된 정치경제학을 통해서는 불가능하다. 그것은 호혜와 협동의 실천을 통해 표현되는 인간의 사회성이 가족과 우정, 공동체 생활의 개인적 영역에서만이 아니라 시민 거버넌스와 경제의 운영에서도 살아 숨 쉬어야 한다는 인식을 배제했다. 시장도 박애와 상호이익이 번성할 수 있는 곳이다.

스테파노 자마니는 다음과 같이 말했다.

> 시민경제는 시장을 거부하거나 '통제'하지 않고 시장을 다른 영역들과 마찬가지로 시민 영역의 하나로 여기는, 즉 시장을 공공 영역public sphere으로 여기는 다면적 인본주의를 제안한다. 시장이 호혜와 나눔의 원칙에 열려 있는 환경이라는 인식과 경험을 제공한다면 시민경제는 시장을 국가를 이루는 시민 집합체인 키비타스civitas 건설에 기여할 수 있는 하나의 요소로 본다.[7]

우리가 목표로 하는 것은 다음과 같다.

파트너 국가는 개인의 자율성과 자유의 범위를 확장하는 동시에 건강한 공동체와 활기찬 시민사회를 구축하기 위한 사회적 유대를 강화한다. 스페인, 께랄라 주, 로자바의 경우처럼, 파트너 국가는 거버넌스 제도를 민주화하고 권력을 분산함으로써 시민사회 주권을 확립한다. 국가가 이미 제공하고 있는 제도와 서비스, 특히 사회적 돌봄 및 인적 서비스와 관련된 부문을 민주화하여 가장 효과적으로 파트너 국가로의 전환을 시작할 수 있다. 경제를 민주화하고 인간화할 때도 마찬가지다.

거대한 사회적 혼란에 직면해 있는 상황에서 사회적 돌봄의 개혁이 시급하다는 것은 분명하다. 그러나 의미 있는 개혁을 추진하려면, 우선 사회적 돌봄의 성격을 이해해야 한다. 경제학자들은 사회적 돌봄을 관계재라고 부른다. 개인들 사이의 실제 관계를 기초로 하고 당사자들의 결합 행동에 의해 생산되는 재화와 서비스인 것이다. 사용할수록 가치가 감소하는 일반 제품과는 달리 관계재는 사용할수록 가치가 높아진다. 교육이 가장 좋은 예이다. 학습을 가능하게 하기 위해서는 교사와 학생이 모두 시간과 관심, 노력을 들여야 한다. 참여가 많아질수록 그 결과의 가치는 더 커진다. 또 다른 예는 관중들이 축구장에서 경기를 즐길 때 생기는 집단적인 기쁨과 흥분이다. 이것은 혼자서는 만들 수 없는 관계적 경험이다. 우정 역시 관계재이다. 우정과 같은 관계재는 시민적 미덕과 많은 특성을 공유한다. 우정과 시민적 미덕 모두 사용할수록 그 가치가 올라가고 사용하지 않으면 가치가 감소한다.[8]

사회적 돌봄에서도 우정과 마찬가지로 관계의 질 자체가 가치를 지닌다. 관계재의 가치는 성실함이나 진정성을 통해 높아진다. 그것들은 사고팔 수 없으며, 인간미가 배제된 일회성 서비스 형태로 소비될수 없다. 복지국가에서는 돌봄의 관계적 질이 중요하다는 사실을 알지 못했다. 마찬가지로 돌봄을 받는 사람의 주체성과 개별적 특성도 간과되었다. 익명의 대상에게 서비스를 제공하는 기업의 행정 영역으로 인적 연결이 대체되었고, 이 익명의 대상자들은 자신이 받는 서비스에 대한 선택이나 통제권을 박탈당했다. 국가의 복지 프로그램은 수많은 하층 계급을 감시하고 통제하는 수단이 되었다.

국가 주도의 지휘통제 모델은 산업기계 사회industrial machine society의 유물이다. 이 모델은 당시의 관리 시스템과 계급적 태도를 끊임없이 재생산한다. 사회복지의 이름으로 보편적인 복지 프로그램이 시행되어 시민의 삶이 향상된 것은 사실이지만, 동시에 가족, 이웃, 상부상조 사회, 혹은 태곳적부터 이어온 공동 돌봄 방식을 통해 제공되던 공동체적 돌봄 모델을 기반으로 한 전통적인 유대를 대체해 버렸다. 시장사회로 전환되는 과정에서 발생한 사회적 박탈감과 의존 규모는 과거의 공동체적 돌봄 모델이 다룰 수 있는 범위를 훨씬 초월했다.

사회적 불안정은 가속화되었다. 지난 150년 동안 노동자들은 그 어느 때보다 힘겨운 저임금 노동에 시달려야 했다.[9] 노동시장의 규제 완화, 노조에 대한 공격, 자동화 시스템의 발전으로 임금에 의존하여 살아가는 사람들은 전례 없는 위기를 겪고 있다. 고용 불안과 낮은 수입으로 인해 저하된 소비자 구매력, 구조적 실업 상태는 자본주의 경제의 기반을 흔들어놓는다.

국가 주도의 지휘통제 모델은 실효성이 없다. 임금 노동을 바탕으로 하는 경제 구조 안에서 가난한 사람과 실업자를 대상으로 설계했던 사회복지의 낡은 패러다임 역시 이제 설 자리가 없다. 불안이 높아지면 이를 잠재울 대응책이 필요하다. 우리는 과거의 가부장적 사회로 다시 돌아가거나, 아니면 전례 없는 변화에 맞설 수 있는 새로운 대안을 찾아야 한다.

자본주의 사회의 폐해를 보완하는 데 초점을 맞추던 과거의 사회복지와는 달리 우리 시대의 사회복지가 해야 할 역할은 더욱 크다. 불공평한 시스템에서 피해를 본 희생자를 구제하기 위한 수단이 아닌, 사회복지에 대한 전체적인 이해를 넓히는 것이 새로운 경제 체제를 세우기 위한 초석이 될 것이다. 자본주의가 현재 올라탄 궤도는 지속 불가능할 뿐 아니라 정치적·사회적·도덕적 파산의 길로 안내하고 있다. 이로 인한 희생자는 점점 두터워지고 있는 하층 계급의 불운한 개인만이 아니다. 오직 이윤만을 최고의 가치로 추켜세우면서 사회 구조 전체가 무너지고 있기 때문이다. 사회적 소외, 지독한 개인주의, 신뢰의 붕괴, 문화 소멸, 우울감, 공동체 의식의 해체는 자본주의가 사회적 가치를 파괴하면서부터 시작된 현상들이다.

사회적경제의 버팀목이라 할 수 있는 사회적 돌봄과 협동의 가치는 현재의 망가지고 불안정한 사회를 재건하여 인간에게 진정 필요한 것을 충족시켜 줄 사회를 건설하는 토대가 된다. 사회 개혁 프로그램 추진을 통한 사회복지 재건은 새로운 정치 형태를 구축하기 위한 하나의 수단이 된다.

민주적 거버넌스에서 중요한 혁신이 일어나면서 사회복지에서 국가가 해야 할 역할이 재정의되었다. 국가 역할을 재정의하려는 노력 대부분이 사회적 돌봄 자체의 개혁으로 집중되었고, 이 돌봄 개혁은 사회적 돌봄을 통제하는 권한을 시민 공동체에 돌려줌으로써 이루어 졌다. 사회적 돌봄은 이제 상품이나 이윤의 원천(민영화)으로 취급되 지 않고, 시장의 힘이 미치지 못하는 인간적, 공동체적 가치의 기반으 로 다시 정의되고 있다. 사회적 돌봄을 민주화함으로써 사회적, 정치 적 변화의 큰 틀 안에서 국가와 시민사회의 역할이 재조정된다. 사회 적 관계와 대인적 관계를 회복함으로써 협동의 가치가 사회적 돌봄 을 어떻게 다시 인간화하고 있는지 보여주는 가장 좋은 예가 바로 사 회적협동조합이다. 사회적협동조합은 사회적 관계와 대인적 관계를 조직 구성의 기본 요소로 삼는다.

사회적협동조합

1970년대 후반 이탈리아에서는 정신 질환을 앓는 환자들이 시설 입소를 거부하고 국가가 제공하는 돌봄의 질에 대해 간병인과 환자 가족들의 불만이 커지면서 사회적기업이 생겨났다. 간병인이 가족 들과 함께 팀을 이뤄 사회적 돌봄 프로그램을 만들었는데, 이는 의료 계 일선의 노동자들과 이들의 서비스를 받는 사람들이 함께 소유하 고 운영하는 모델이었다. 초기의 사회적협동조합은 일반적으로 장애 인을 대상으로 한 지원에 집중되었다. 유럽에서 가장 크고 발전된 이 탈리아 협동조합 운동의 자원, 리더십, 집단적 경험이 환자와 환자 가 족, 업계 종사자들의 노력에 힘을 보탰다.

오늘날 이탈리아 전역에는 14,000개가 넘는 사회적협동조합이 활동하고 있으며 여기 고용된 인원은 38만여 명에 이른다. 2015년 기준 사회적협동조합은 81억 유로 이상의 경제적 가치를 창출했다. 사회적협동조합이 비영리부문에서 차지하는 비율은 약 20%지만, 경제 매출의 40% 이상이 사회적협동조합에서 발생하고 있다.[10] 이탈리아 북부 볼로냐에서는 의료와 사회적 돌봄 프로그램의 85%를 사회적협동조합이 담당하고 있으며 관계 당국 및 공공기관과 계약하여 광범위한 서비스를 제공한다. 사회적협동조합은 약물에 의존했던 사람들을 치료하고, 출소자들을 위한 교육과 일자리를 마련하며, 장애인 가족들의 이동과 놀이 활동을 돕는다. 또한 아동과 가족들을 위한 공동체 서비스를 기획하고 노인을 위한 장기 돌봄 서비스를 제공한다.

사회적협동조합은 이탈리아의 공공 서비스를 민주화하기 위한 노력의 최전선에서 활약했으며 민영화를 저지하기 위한 사회적 대안을 제공했다. 이들은 민주적인 이용자 통제권이 어떻게 사회적 가치의 집단적 생산에 기초하는 돌봄 시스템의 근간이 될 수 있는지 보여준다. 이러한 사회적 가치의 집단적 생산은 중앙집권적 통제를 통해서도 아니고, 자선의 형태로 이루어진 것도 아니며, 사적 이익을 위해서 행해진 것도 아니었다. 사회적협동조합은 사회적경제의 원리를 동원하여 보건과 사회복지의 전반적인 체계를 재구성했다.

하지만 사회적협동조합 모델이 완전무결한 것은 아니다. 가장 큰 문제는 호의적인 정부와 공공계약에 대한 의존성이다. 민간 공급자가 시장 중심적인 사고를 바탕으로 비용 절감을 최우선으로 하는 행태를 공공계약의 대부분이 똑같이 반복한다. 자본주의 시장 논리에 지배당하는 것은 정치인만이 아니다. 세월이 흐르면서 협동조합 운동의 설립 원칙을 잊은 협동조합 리더들마저 자본주의 논리에 지배당했다. 자유시장의 비즈니스 논리에 순응하라는 압력은 이윤이 아닌 다른 가치를 중심으로 경제를 개편하려는 도전이 얼마나 어렵고 절실한지 보여준다. 협동조합은 기존 세력이 주도하는 거대한 흐름을 거슬러 항해하고 있다.

앞에서 설명한 사회적협동조합의 시스템을 살펴보면, 사회적 돌봄의 설계와 실행은 돌봄 노동자와 최종 이용자의 몫이지만, 사회적협동조합 모델의 경제적 기반은 여전히 자본주의 시스템과 관련법에 따른 지원에 기초하고 있다. 돌봄 서비스에 대한 비용은 여전히 국가의 세금을 통해 지급되거나 개인 이용자들이 다른 경제 영역에서 활동하여 받은 임금으로 지급한다. 이것은 협동조합적 사회민주주의의 한 형태이다. 그래서 사회적협동조합은 공공계약이나 세금, 그 밖에 사회적협동조합의 통제 밖에 있는 시장경제에 의존한다. 사회적경제도 전반적으로 같은 방식으로 운영된다.

사회적경제처럼 사회적협동조합도 공공정책의 변화, 정부의 우선순위 기준, 그리고 자본의 식민지화와 이윤추구 목표에 쉽게 흔들린다. 사회적협동조합이 진보적인 공공정책보다 한 단계 높은 운영 모델로 번성하기 위해서는 사회적경제가 추구하는 집단적 가치에 부합하고 그 운영을 뒷받침할 수 있는 자율적인 시장이 필요하다. 또한 사회적경제에 경제적 토대를 제공하는 사회적 시장을 위한 이론이 없다면 사회적협동조합 모델은 일관된 사회적경제 이론으로 발전할 수 없다. 추구하는 가치를 그대로 담고 그 운영방식에도 반영되는 사회적 시장으로 뒷받침되지 않는다면, 사회적경제는 허무한 반쪽짜리 이념으로 남을 것이다.

사회적 가치 시장

사회적 가치를 창출하고 사회적경제 자체의 자율성과 경제적 자립을 확고히 하기 위해서는 진정한 사회적 시장의 창출이 무엇보다도 중요하다. 사회적 시장이 없다면 사회적경제는 언제나 정부 또는 민간 자본에 의존해야 하고 결국 파트너 국가의 등장이 불가능하게 될 것이다.

그렇다면 사회적 가치 시장이란 무엇인가?

일반 상업 시장이 잉여가치(이윤)를 창출하는 생산과 교환 관계의 전형을 만들어낸 것처럼, 사회적 시장은 사람들에게 서비스를 제공하기 위한 사회적 관계를 육성한다. 상업적 가치를 위해 재화와 서비스를 생산하는 일반 시장과는 달리, 사회적 시장은 사회적 가치를 위한 관계재를 지속하여 생산해낸다. 이렇게 호혜와 상호편익을 바탕으로 한 협동 관계는 사회적경제의 근간이다. 다음에 소개하는 일본의 후레아이 키푸 연구를 통해 이러한 사회적 기제가 어떻게 작동하는지를 보면 그 타당성을 이해할 수 있다.

후레아이 키푸

후레아이 키푸는 일본에서 노인들에게 돌봄 서비스를 제공하는 협동 시스템이다. 후레아이 키푸의 사전적 의미는 '돌봄 티켓'인데, 개인이 노인 돌봄 자원봉사를 위해 자신의 시간을 사용했을 때 얻게 되는 티켓, 또는 점수를 뜻한다. 즉, 회원들이 돌봄이 필요한 회원에게 신체적 돌봄, 가사 도움, 개인 용무 서비스, 정서 지원을 봉사한 시간에 맞게 시간 점수나 포인트를 쌓는 일종의 시간은행 시스템이라고 할 수 있다. 이 점수는 협동조합을 통해 전자화폐 형태로 등록되어 개인 계정에 저장된다. 항공사 마일리지와 동일한 원리로 운영되는 것이다. 사람들은 자신이 쌓은 점수를 모아 필요에 따라 자신이, 혹은 가족이 돌봄이 필요할 때 사용할 수 있다. 이 시스템은 내가 얻은 점수에 따른 봉사 시간을 계산하여 차후에 돌려받는 지역 협동조합들의 네트워크이다. 점수는 다른 지역으로도 이전이 가능하여 그곳에 있는 친구나 다른 가족 구성원이 서비스를 이용할 수 있다. 후레아이 키푸는 샌프란시스코, LA, 유럽의 몇몇 도시에도 지사를 두고 있다.

1995년 후레아이 키푸가 처음 만들어졌을 때, 이 시스템은 서로 협력을 주고받는 자원봉사자들의 공동체를 기반으로 한 자율적 네트워크로 운영되었다. 이후 일본의 돌봄 시스템을 보완하는 핵심 기관이 되었으며 지방 및 연방 정부 차원에서도 적극적으로 지원하고 있다. 도쿄 인근의 요코하마에서는 후레아이 키푸 회원들이 노인 돌봄 이외의 서비스로 점수를 교환할 수 있도록 제도를 수정하여 수천 명의 회원들을 더 모집할 수 있었다. 예를 들어 젊은 부모들은 어린이집이나 그 외 서비스 이용에 이 점수를 사용할 수 있다.

같은 공동체 안에서 생활하는 사람들 간에 후레아이 키푸가 증폭시킨 돌봄 관계의 깊이는 국가가 제공하는 서비스를 훨씬 능가하는 수준 높은 신뢰를 형성한다. 또한 돌봄 공동체의 기반이 되는 사회적 결속, 즉 사회자본을 강화했다. 일본에서 실시한 설문조사에 따르면 대부분의 돌봄 서비스 수혜자들은 현금으로 직접 지원을 받는 것보다 후레아이 키푸 서비스를 받는 것을 선호했다.[11] 시민들은 서비스를 주고받는 사람들의 관계와 돌봄의 수준이 질적으로 다르다고 느낀다. 회원들은 돈을 지불하는 기존의 시스템과는 비교할 수 없는 인간적 유대감과 호혜적 태도를 후레아이 키푸를 통해 형성할 수 있었다고 한다. 네트워크 회원이 서비스를 제공하면, 돌봄을 받는 사람은 그 회원과 가족처럼 지내게 되는 경우가 많았다.

하지만 이러한 유대감 못지않게 중요한 것은 돌봄을 받는 사람 역시 이 시스템에, 그리고 다른 사람들을 돌보는 데 자신도 기여할 수 있다는 사실에 큰 의미를 둔다는 것이다. 모델에 내재한 호혜 정신은 평등한 관계를 구축하고 돌봄 기여자와 수혜자 간의 사회적 동학을 변화시킨다. 돌봄 수혜자는 더는 서비스 신청자나 구매자가 아니다. 이제 공통의 사회적 선으로서 돌봄 서비스를 생산하여 사회적 유대를 창출하는 참여자이다. 돌봄이 국가가 베푸는 혜택이나 돈을 지불하는 서비스, 혹은 자선의 개념이 아닌 것이다.

후레아이 키푸는 화폐적 관계가 아니라 호혜와 상호주의라는 사회적 관계 속에서 활성화될 수 있음을 보여준다. 후레아이 키푸 모델은 지역 공동체가 통제하는 협동조합의 호혜 기반 시스템이 어떻게 국가 시스템과 협업하여 마땅히 사회적 관계로 남아있어야 했을 민영화된 돌봄에 대안을 제시할 수 있는지 보여준다. 이러한 협동조합들을 통해 공동체가 돌봄 서비스에 행사할 수 있는 지역 기반 통제력과 이를 지원하는 공공정책은 돌봄 사회 구축을 위한 핵심 요소이다. 이는 관료화된 국가 시스템이나 영리 모델로는 불가능한 방식으로 공동체 내에서 돌봄의 관계를 다시 설계한다. 이제 우리는 이러한 종류의 사회적 가치를 지원하고 확장하기 위해 시간 적립 시스템 등의 다양한 방법을 어떻게 적용할 것인지, 그리고 의료와 사회적 돌봄 분야 전반에 어떻게 적용할 수 있는지 그려볼 수 있다. 이는 설계와 정치적 전망의 문제이다.

하지만 나는 호혜와 상호주의를 기반으로 한 모델을 바탕으로 공공 의료보험, 연금, 실업급여와 같은 일반적인 프로그램을 폐지해야 한다고 주장하는 것이 아님을 분명히 해둔다. 보편적 중앙관리 프로그램이 여전히 중요한 이유가 있다. 중앙관리 프로그램들은 공공재에 접근하는 데 있어서의 평등 원칙을 보호한다. 국가 주도의 보편적 프로그램은 재정 조달을 위해 사회 전체의 자원을, 프로그램의 운영을 위해 종합 행정 시스템을 이용한다. 돌봄을 민주화한다고 해서 국가가 공공복지를 책임지는 청지기의 의무에서 자유로워지는 것이 아님을 기억해야 한다. 하지만 돌봄과 복지 시스템을 공적 공동 재산으로 재창조하고 협동조합의 의결권 형태로 시민이 통제권을 갖는다면 시민의 인지와 동의 없이 특정 시스템이나 기관이 폐지되거나 매각되는 일은 없을 것이다. 통제권 분산과 민주적 책임의식으로 사회의 공동 재산을 되찾고 보호하여 후손에게도 물려줄 수 있다. 민주화는 국가가 공동 재산을 위해 봉사하게 만든다. 공공 서비스에 해당하는 범주는 지식과 문화, 정보 등의 비물질적 재화뿐 아니라 천연자원, 에너지 시스템과 같은 물질적 재화도 포함된다.

후레아이 키푸는 사회적 가치를 생산하고 교환하기 위한 사회적 시장을 구축한다. 그리고 관련 제도가 형태를 갖추고 효과를 발휘하면 대안적 가치 시스템이 어떻게 새로운 시장, 새로운 경제를 위한 기반이 될 수 있는지 보여준다. 타인을 도운 대가로 받은 점수는 호혜를 기반으로 한 사회적 화폐이다. 사람들이 그 가치를 받아들이고 지지하기 때문에 이 화폐가 제 기능을 할 수 있는데, 이는 결국 특정 이용자 집단 안에서 구축된 서로의 믿음을 바탕으로 한다. 후레아이 키푸에서는 호혜가 증폭되고 보상으로 되돌아오며 친사회적 행동의 선순환이 이루어진다. 개인만이 이익을 얻는 것이 아니라 사회 전체도 사회자본과 상호 신뢰의 증가를 통해 이익을 얻는다.

이것은 막연한 상상이 아니다. 극심한 사회적 양극화 속에서 분열된 사회와 정치를 다시 연결할 수 있는 것은 노동을 분담하고 협동하면서 시작되는, 직접적이고 서로에게 이익이 되는 관계 구축을 통해서만 가능하다. 진보 혹은 보수 같은 정치적 관점은 일단 제쳐두고 공공의 이익을 위해 타인과 호혜적으로 일하다 보면 다른 쟁점에 관해서는 적대적으로 생각할 수 있었을 사람들에 대한 인식에 변화가 올 수 있다. 이것은 협동조합이 위대한 이유이며 과소평가된 장점 중 하나다. 구성원들은 각자가 다른 관점을 지니면서도 공동의 대의명분을 확립한다.

후레아이 키푸 같은 시스템이 확장되어 사회복지뿐 아니라 더 넓은 경제 분야에서 일련의 상품과 서비스 생산·소비 체계를 구축할 수 있을까? 다른 사람을 돕는 일이나 공중보건, 환경보호, 공공사업 참여 등 사회적으로 가치 있는 일에 함께하는 활동이 교환 가능한 사회적 가치로 변환될 수 있다면, 사회적 가치 시스템이 자본주의적 시장과 별개로 독립적으로 작동하는 새로운 경제 체제의 기반이 마련될 것이다. 자본주의 시장과 사회적 시장으로 나뉜 두 체제의 차이는 이윤 추구를 위한 상품의 생산과 사회적 이익을 위한 인간 행동의 생산으로 구분된다는 점이다. 하나는 개인의 이익을 위한 것이고, 다른 하나는 공공선의 증진을 위한 것이다.

물론 이 모든 것은 사회적 시장 시스템이 경제적으로 실현 가능할지에 달려있다. 사회적 시장 형성의 실현 가능성을 높일 세 가지 방법이 있다. 첫 번째는 위에서 설명한 사회적 시장을 통해 거래되는 사회적 가치를 자율적으로 생산하는 것이다. 같은 맥락에서 시민들이 자금을 대는 사회적 가치 거래 시장에 사회적경제 조직이 상장되는 설정을 상상해볼 수 있다. 로자바의 협동조합들이 자금 조달을 위해 사용하는 개방형 협동조합 모델과 매우 유사하다. 시민이 제공한 자본은 투자에 대한 재정적 수익 대신에 인적 서비스로 돌아온다. 이처럼, 사회적 가치 거래 시장이 사회적 가치를 위한 투자 및 청산 기제로 작동하는 것을 상상해볼 수 있다.

두 번째 방법은 더 광범위한 사회적 목표를 향해 사회적경제가 공공경제의 연장선에 위치한다는 이해에 기초한다. 이것은 이탈리아의 사회적협동조합 운동과 협동조합 경제에서 볼 수 있는 방식이다. 국가가 협동조합의 가치를 인정하고 이들을 지원할 의무가 있다는 것을 인지하며, 헌법에도 이러한 약속을 명시하고 있다. 사회적경제와 공공경제의 이러한 구도는 파트너 국가의 기본 원칙이다. 공공경제가 세금을 활용하여 사회적경제 기업을 지원하는 것, 혹은 사회적 투자

전용 기금을 조성하는 것은 파트너 국가의 기본 원칙에서 파생된다.

세 번째 방법은 더 넓은 경제 울타리에서 부를 재분배하고 생산 과정을 민주화하는 것이다. 부자에 대한 과세, 상속받은 부와 특권에 제재를 가하듯, 소수의 독점적 지배를 통해 축적한 부를 바람직하게 전용하는 것을 목표로 한다.

사회적 시장이 발전하기 위한 또 다른 조건은 시민의 기본권으로서 보편적 시민소득을 제공하는 것이다. 보편적 소득으로 개인은 사회적 편익을 위한 상품과 서비스의 생산에 자신의 시간을 할애할 수 있다. 또한 미술, 음악, 장인 기술, 지식 창출 등 문화적으로 풍요로운 삶을 영위할 수 있으며 상업 시장과는 별도로 예술가들에게 실질적인 생계수단을 제공한다.

1950년과 60년대 수준의 세율(기업의 경우 47% 이상)로 회귀, 양도소득세 및 재산과 소득에 따른 과세를 통해, 그리고 조세의 허점과 조세 회피처를 제거함으로써 보편적 기본소득을 충분히 달성할 수 있다. 부를 재분배하고 시장사회가 만들어낸 불안과 불안정을 걷어낼 수 있는 시민소득 시스템은 협력적인 공동 재산 운영을 위한 재정 구축 수단이 될 것이다.

* * *

민영화가 낳은 실패는 수도와 데이터 시스템, 철도 등을 포함한 공공재와 서비스를 다시 국유화해야 한다는 요구를 불러일으켰다. 이는 민영화로 인한 문제를 해결하기 위해 중앙 집중을 최소화하고 시민에게 통제와 책임을 최대한 이전해야 한다는 사실을 외면한 채 계획경제 모델로 회귀하는 것을 뜻한다. 이에 대해 공공 서비스와 공동 재산을 재설계하여 시민 통제권을 완전히 통합하는 대안을 생각해 볼 수 있다.

국가의 공공 서비스와 공동 재산을 재설계하는 거대한 변화를 끌어 낼 수 있을지는 시민을 위한 상품을 만들고 서비스를 제공하는 정부의 행동에 영향을 미치는 적극적인 파트너이자 참여자인 사회구성원들의 역량에 달려있다. 사회구성원 주도의 민주화로 이행하기 위해서는 전례 없던 규모의 광범위한 정치적 동원이 필요하다. 과거와 달리 정치적 통제와 경제적 힘의 주축이 개별 국가에 국한되지 않고 초국가적이고 글로벌하며 전례 없는 수준의 집단적 영향력과 파급력을 갖고 있기 때문이다.

따라서 정치적 투쟁과 새로운 형태의 집단 민주주의로의 전환은 사람들이 삶을 살아가고 일하는 지역과 지방 수준에서, 사람들의 집단 정체성이 작동하는 국가와 정부 수준에서, 그리고 궁극적으로 정치와 경제가 전개하는 궤도를 조건 지을 국제 네트워크와 대항 체계 등 여러 수준에서 동시에 일어나야 한다.

사회경제적 발전의 새로운 패러다임을 구현할 초국가적 네트워크는 이미 충분히 무르익었다. 공정무역 운동은 행동 변화에 초점을 맞추고 기존의 생산과 소비 양식을 수정하여 새로운 접근방식을 개척했다. 비아 깜뻬시나와 여러 단체 또한 기후변화와 환경파괴에 맞서 글로벌 투쟁에 함께하며 새롭게 부상하는 글로컬리즘의 상징이 되고 있다.

협동조합과 공유재 시스템을 이용하여 지식 및 기타 무형 상품을 생산하고 공유하는 온라인 커뮤니티는 완전히 새로운 전환적 잠재력을 지닌다. 파트너 국가가 핵심 역할을 할 수 있는 영역이기도 하다. 글로벌 차원의 정보를 지역 생산 시스템과 연결하는 공유재 기반의 지식 시스템 및 교환 플랫폼의 출현은 협동조합과 공유재 논리를 글로벌 정보 시스템에 적용한 새로운 생산 방식이다.[12]

정치적 동원을 위해 인식을 제고하고 자본주의 생산 시스템의 특징이었던 위계 관계를 없애기 위해 디지털 커뮤니케이션 방식이 사용되면서 기존의 정치적, 경제적 관계에 근본적인 변화를 일으킬 새로운 기제가 구축되고 있다. 공공선을 지향하는 새로운 집단성을 표방하는 정치적 전망은 이미 우리 눈앞에 실제로 존재한다. 로자바의 민주연합주의 평의회 제도만큼 바르셀로나의 온라인 툴 데시딤에서도 이러한 새로운 기제가 작동하고 있다.

이 모든 변화를 위해서는 국가 제도의 수정이 필요하다. 그리고 이러한 민주화 과정에서 꼭 필요한 파트너 역할을 사회가 충분히 수행할 수 있도록 하는 자율적인 시민 기구의 설립도 필요하다. 국가의 사업 운영에 시민사회를 동원하는 시민 기구는 국가의 민주화, 국가의 시민화라는 목표와 대조를 이룬다. 로자바의 경우 TEV-DEM, 스페인의 경우 인디냐도스의 정신을 이은 시민 조직이 자율적인 시민 기구의 역할을 한다. 께랄라 주에서는 시민의 역량에 뿌리를 둔, 그리고 국가의 활기찬 파트너인 한 시민단체에 의해 추진되는 시민 체계가 존재한다.

사회적, 경제적 삶을 좌우하는 힘을 지닌 기구에 통제력을 행사할 수 있는 조직적이고 활동적인 시민사회의 대항력이 없다면 국가를 민주화하려는 어떤 노력도 오래가지 못할 것이다.

11 국가의 시민화 : 원칙과 정책

'새로운 시스템'으로의 전환은 이제 사회 정의를 이루기 위한 도덕적 의무가 아니다. 인간 문명이 시작된 이후부터 추구해야 할 방향이었다. 인간 사회는 항상 삶의 수단을 통제하고 독점하려는 소수의 약탈적 본능과 싸워야만 했기에 경제 시스템을 새롭게 정립하는 일은 오늘날 실존적 명령이 되었다. 거버넌스와 경제를 민주화하기 위한 수단을 만들어 국가가 존재해야 할 정당성의 원천인 시민적 가치와 공동의 목표를 통합함으로써 국가를 시민화하지 않는다면, 정치도 경제도 집단으로 살아갈 수밖에 없으면서 소수가 다수를 약탈하는 인간의 딜레마를 해결하지 못할 것이다. 진짜 문제는 이러한 체계적인 변화가 어떻게 일어날 수 있는가 하는 문제이다.

앞의 이야기들을 통해 우리는 정부뿐 아니라 대중 운동이 국가와 시민의 역할과 책임이 무엇인지 재설정하는 일련의 사상과 원칙을 어떻게 그려왔는지 살펴보았다. 이들이 그렸던 이념과 원칙들은 정부의 가장 큰 목표로 공공선을, 그리고 더 포괄적이고 참여적인 형태의 거버넌스 구축을 주요 방향으로 삼았다.

이러한 원칙들을 모두 종합하면 국가와 시민사회를 공생적 동반자 관계로 엮어낼 수 있는 새로운 틀이 만들어진다. 이 관계의 중심에는 국가도 시장도 아닌 사회 그 자체가 자리 잡고 있으며, 이 사회는 개인과 사회의 안녕을 위한 장치로서 민주주의와 호혜를 완전히 실천하도록 조직된다. 우리가 살펴보고 있는 파트너 국가라는 아이디어의 원칙을 요약하면 다음과 같다.

- 국가의 목적은 공공선을 추구하고 수호하는 것이다.
- 국가의 정당성은 자유롭고 자주적인 시민사회에서 비롯한다.
- 시민사회는 거버넌스 체계와 별개로 존재하며 그보다 높은 차원에 있다.
- 지속적으로 권한을 부여하면서 시민사회를 활성화함으로써 공공선이 달성된다.
- 시민권은 시민의 민주적 실천의 수용과 참여를 기반으로 한다.
- 사회적 가치의 생산과 민주주의 실행의 최대 분산을 기본으로 하여 정치적, 경제적 질서를 수립한다.
- 직접, 분산, 숙의 민주주의를 통해 시민과 함께 거버넌스를 실행한다.
- 정치 민주주의는 경제 민주주의와 분리될 수 없다.
- 자본과 시장은 사회적 통제의 대상이 되며, 개인적 목표만이 아니라 사회적 목표를 위해 봉사한다.

- 보편적인 공동 재산은 공공선에 필수 요소이다.
- 개인의 안녕은 공동체의 안녕으로 이어진다.
- 인간 사회는 자연 세계의 연속이며 지구의 안녕에 인간의 삶이 좌우된다.
- 협동, 상호 관계, 사회 정의를 통해 경제적·정치적·사회적 발전을 이룰 수 있다.

민주주의를 완성하기 위해 반드시 거쳐야 할 다음 단계는 기업 권력의 약화와 경제의 민주화이다. 그리하여 마침내 정치적 통일체body politic 전반에 걸쳐 민주적 원칙을 통합하고 민주주의가 대의 정치 제도로 제한되는 것에서 벗어나게 된다.

기업에 대한 처방

기업이 자신의 규모와 영향력에 비례하여 사회를 통제하는 힘을 갖게 된 것은 시장사회로 진입하면서 굳어진 오래된 문제다. 미국을 예로 들어보자. 1800년대 후반 이후 미국 경제의 핵심 부문을 몇몇 기업이 독점하기 시작하자 정부는 기업이 시장을 통제하는 행위를 막고 경제의 자유경쟁 원칙을 지키기 위해 온갖 노력을 다했다. 특히 철도, 운송, 석유, 석탄, 금융, 통신, 농업과 같은 필수 분야에서 이러한 노력이 두드러졌다. 독점권을 해제하고 사업과 경제생활에 참여할 수 있는 미국인들의 자유를 보호하기 위해 미 의회는 일련의 연방 독점금지법들을 통과시켰다. 실제로 대법원은 이 독점금지법을 미국의 자유기업 체제를 보호하기 위해 제정된 '자유 헌장'으로 간주했다. 1980년 셔먼 독점금지법의 입안자인 존 셔먼은 다음과 같이 말했다. "정치권력을 독점하는 왕정을 두고 볼 수 없다면, 제조, 교통, 생활필수품의 판매를 독점하는 왕정 또한 그대로 두어서는 안 될 것이다."[1]

법안은 만장일치로 통과했지만, 그보다 놀라운 사실은 셔먼이 공화당 정치인이었다는 점이다.

오늘날 시장, 그리고 정치에 대한 기업의 지배를 제한하기 위해 취하고 있는 조치들은 현재 우리가 당면한 문제와 분명한 관련성이 있다. 도리어 훨씬 더 불분명한 것은 19세기에 카르텔의 부상을 막기 위해 채택한 조치들이 오늘날의 정치 환경에도 여전히 적절한지 여부이다. 모든 것이 변했다. 오늘날의 공화당 정치인들과 보수주의자들은 이전의 공화당 선배들과 같은 사람들이 아니다. 시티즌스 유나이티드에 대한 미국 연방 대법원의 판결*과 정부 각 부처가 기업의 이해관계에 얽혀있는 상황에서, 기존의 법령조차 기업이 휘두르는 무소불위 행태를 규제하는 데 제대로 힘을 쓸 수 있을지 의문이다.

이러한 상황에서 우리는 현재 우리가 제안하는 방향으로 패러다임을 전환하기 위해 파트너 국가 같은 새로운 개념이 무엇을 요구하는지 이야기하고 있다. 자본의 규모와 영향을 제안하기 위한 독점금지법의 적용은 중요하다. 독점금지법은 모든 사람이 시장에 접근할 수 있고 협동조합이나 공동기업 형태의 사업자들이 사회의 생산 역량에

---

* 보수성향의 단체 Citizen's United가 영리단체는 정치 광고를 할 수 없다는 매케인-파인골드 정치자금법이 수정헌법 제1조에 명시된 표현의 자유를 침해한다고 대법원을 상대로 소를 제기했고 승소했다. – 옮긴이

유의미한 부분을 책임지는 다원적 경제를 위한 필수 조건이다. 그렇기에 대기업의 축적된 부와 조직 자원을 민주화하고 분산할 수 있는 장치, 그리고 민간부문을 다변화할 수 있는 장치가 필요하다. 이를 실현하기 위해 다음과 같은 방법을 사용할 수 있다.

- 일정 규모를 넘어서는 기업(예를 들어 직원 700명 이상)이나 최대 허용 비율 이상으로 시장을 통제하는 기업은 분리하여 일부를 매각한다.
- 분리된 기업의 소유권은 우선매수청구권에 따라 노동자협동조합 형태로 일단 직원들에게 제공된다.
- 그 기업의 직원들에게 먼저 매수 제안을 하기 전에는 어떤 기업도 제3자에게 기업을 매각하거나 파산을 신청할 수 없다.
- 기업 구조에 관계없이 기업은 이윤 일부를 떼어 공동신탁기금에 맡겨둔다. 이 자금은 추후 기업 분할과 노동자 소유로 기업을 전환하는 데 사용한다.
- 모든 기업은 이익 일부를 사회적경제를 지원하는 데 제공한다.
- 모든 기업은 기업 활동이 자연과 사회에 미치는 영향에 대해 확실히 책임지는 규정을 따라 운영한다. 의무적인 사회·환경 감사를 통해 환경과 사회에 미치는 부정적인 영향을 식별하고, 이를 위한 비용은 기업의 운영비로써 기업이 지불한다. 이를 이행하지 않는 기업은 과태료 처분을 받거나 폐업한다.

이러한 조치들로 하나의 기업 모델이 시장을 지배하는 현실을 최소화할 수 있을 뿐 아니라 노동자가 점차 자신이 일하는 기업의 소유자이자 주주가 되는 시스템을 구축할 수 있다. 부는 그것의 창조에 기여하는 사람들에게 더 공평하게 분배되고, 사회적, 환경적 제한 범위에서 개인 기업가와 민간 사업자가 더 동등하게 경쟁하며 경제에 참여할 수 있는 능력이 강화될 것이다.

돈의 창출과 투자

자본주의를 대체할 대안의 기초가 경제 민주주의라면, 시스템 변화의 핵심은 사회의 자본 통제이다. 사회가 공익을 위해 돈을 창출하고 투자를 관리하면서 통제하는 것이 가장 시급하다.

2014년, 영국은행이 현대 경제에서 돈은 상업은행들이 새롭게 부채를 발생시켰을 때 창출된다고 발표했을 때 대부분 사람은 이것이 무슨 말인지 몰랐다.[2] 사람들은 예금 고객이 은행에 맡긴 돈을 자금이 필요한 고객에게 빌려주는 식으로 대출이 이루어진다고 생각했다. 사실은 그 반대다. 은행은 신규대출의 형태로 돈을 만들어내고(은행은 이를 예금이라고 표현한다) 그 돈은 해당 대출 고객에 의해 통화로 유통된다. 정부를 포함하여 누군가에게 대출을 해줄 때마다 은행은 대출과 동시에 대출 고객의 통장에 대출 액수를 입력하여 새로운 돈을 만들어내는 것이다.

이는 돈의 창출이 경제 활동에서 교환 수단으로 쓰이는 공적 서비스로 기능하는 것이 아니라 대출 이자를 통해 민간 은행 소유주에게 끊임없이 이익을 가져다주는 부의 원천이라는 의미이다. 정부와 개인, 기업은 모두 이 시스템에 안에 갇혀있으며, 결과적으로 인구의

1%만이 불로소득으로 축적한 어마한 부를 차지하고, 나머지는 눈덩이처럼 불어나는 부채에 시달리며 국가의 공공투자는 만성적인 부족을 겪는다. 토마 피케티가 말했듯, 현재의 경제 시스템이 바로 우리 사회의 부의 불평등을 일으킨 주요 원인이다.[3]

우리는 이렇게 살아갈 필요가 없다. 돈을 공공재로 생각하면 문제를 해결할 수 있다. 부채에서 자유로운 공적 자원으로서 돈을 만들어내는 공공 소유의 은행을 만들 수 있다는 것이 이미 실험을 거쳐 증명되었고, 이러한 모델을 기반으로 운영되었던 사례가 바로 캐나다 은행Bank of Canada이다. 1935년부터 1974년까지 캐나다 은행은 무이자 자금을 조성하여 이를 정부에게 대출해 주었고, 정부는 이 돈으로 국가의 주요 기반시설을 마련했다. 또한 세인트로렌스 수로와 웰랜드 운하, 캐나다 동서를 연결하는 고속도로와 공공주택을 건설했고 참전용사가 대학에 진학하거나 농지를 구매할 수 있도록 돕는 자금 지원책 등 광범위한 분야의 사회 프로그램을 진행할 수 있었다. 캐나다 국민연금과 메디케어를 포함한 연방의료 시스템도 구축했다.

공공 소유 은행의 또 다른 예로는 미국의 재건금융공사Reconstruction Finance Corporation(1932~1957)로, 대공황과 뉴딜정책 시행시 미국의 은행체계와 기업의 회복을 위해 자금을 제공했다. 뉴질랜드 중앙은행, 독일 재건은행, 노스다코타 은행에서도 공공 소유 은행의 실례를 찾아볼 수 있다.

정부가 부채 부담으로 공공 서비스나 기반시설 재건에 투자하지 못하는 경우, 정부가 부담을 느끼는 이유는 이자를 지급해야 하는 민간 은행에서 돈을 빌리기 때문이다. 자본과 금융 부문을 사회가 통제할 수 있도록 반드시 공공은행 시스템을 재도입하여 돈이 창출되는 원천으로, 그리고 공공지출을 위한 자금 조달의 수단으로 삼아야 한다. 공공기관으로 인식될 중앙 공공은행은 돈을 건강한 경제와 공익 증진을 위한 필수 공적 자원으로 활용할 수 있을 것이다.

하지만 공공은행의 운영이 일반적인 대출 기관의 운영을 방해하는 것은 아니다. 민간 은행은 개인 기업가들을 위해 대출을 제공할 수 있다. 이들은 민간 자본시장에서 그들만의 특정한 위치를 차지할 것이다. 중앙 공공은행은 민간 은행으로부터 이자를 받고 통화를 공급하는(지금과는 완전히 반대의 상황) 역할과 더불어 사회적경제, 공공경제, 국가 운영을 위한 자금의 핵심 원천이 될 것이다.

세금 우대와 공공정책을 통해 다양한 형태의 협동조합과 사회적 금융도 정부로부터 지원을 받을 수 있다. 이로써 금융 서비스 이용자와 지역 공동체가 함께 소유하고 통제하는 금융기관이 성장할 수 있다. 지역사회 자본 조직인 신용조합이 가장 대표적인 예로, 지역 경제 발전, 신규 스타트업, 사회적경제 프로젝트와 기업의 자금 조달을 위한 투자와 개발 자금을 제공한다.

지역 내 형성된 자금과 협동조합 자금의 이용 등 전환적 금융정책이 시행된다면 모든 수준에서 자본의 민주화가 촉진될 것이다. 이러한 정책들을 기반으로 지역 발전이 촉진되고 자본은 공동의 경제적 이익을 증진하기 위한 공공 자원이라는 의식이 널리 퍼질 수 있다.

여기 제안한 내용으로 모든 것을 설명할 수는 없을 것이다. 그러나 이 제안들이 실질적으로 작용될 수 있도록 하는 원칙들은 편협하고 본질적으로 매우 인위적이었던 전통적인 정치경제학의 규범을 넘어 인간에 대한 이해의 틀이 되고, 앞서 이 길을 걸었던 이들이 우리에게 남겨준 민주적 프로젝트를 발전시킨다. 사회에 의한 자본 통제, 자본주의의 민주화를 위한 이러한 원칙들은 우리 인간 종의 사회적 진화에 뿌리를 두고 있고 생존을 위한 노력의 중심에 자리하고 있기에 우리가 선택한 정치 안에서 현실화될 것이고, 인간이 가지는 공통된 인간성을 드높이고 박애와 상호성을 공고히 함으로써 그 가능성을 높일 수 있을 것이다.

| 에필로그 |

지금까지 우리는 왜 정치를 다시 시민들의 손으로 돌려보내야 하는지, 왜 정치의 목적을 다시 바로 세워야 하는지에 대해 이야기했다. 정치는 궁극적으로 믿음의 행위이다. 누군가의 선택이 의미 있고 누군가의 행동이 중요하다는 확신이다. 정치라는 행위에는 인간의 집합적 삶의 양식은 고정된 것이 아니고, 사회는 계속 진화하며, 이 진화의 방향과 목적을 결정하는 것은 바로 그 사회의 구성원들이라는 가정이 포함되어 있다. 과거와 현재를 막론하고 위계구조와 엘리트 통치는 인간사 전반에 거대한 흔적을 남겼고, 이 흔적을 거스르기 위해 행한 정치는 자신의 입맛에 맞추어 권력과 특권을 누려온 절대자들에 대한 반란이었다. 우리가 논의한 정치, 특히 민주주의는 시민이 권력을 다스릴 수 있도록 하고, 권력이 특권층의 장난감이 아닌 우리의 집합적 삶을 위한 수단이 되게 한다. 민주주의는 인간사에서 혁명

을 일으킨 개념이고 특권을 가진 자들이 환영하지 않는 개념이다.

우리는 아리스토텔레스와 그의 인간 본성에 관한 개념, 즉 인간 본성은 필연적으로 사회적이어서 개인은 자기 삶의 목적을 집단과 타인과의 동반자적 관계 속에서만 실현할 수 있다는 것으로부터 이야기를 시작했다. 이와 더불어, 정치는 개인과 일부 집단을 넘어 공동체 전체의 행복과 안녕에 관한 것이다. 정치의 궁극적 목적과 목표는 공공선이다. 정부의 정당성, 그리고 국가 자체의 정당성은 이 공동의 목표가 달성되는 수준에 달려있다. 결국, 공공선은 아리스토텔레스가 시민사회라고 명명했던 정치 공동체 전체의 적극적인 참여로 달성할 수 있는 것이다.

나는 인간사회는 언제나 협력과 경쟁 사이의 긴장, 엘리트의 약탈적 행동과 이러한 약탈행위로부터 모든 사회가 스스로를 지켜내야 할 의무 사이의 갈등에서 발생하는 긴장과 싸워야 한다고 말했다. 이 과정에서 사회가 자신을 방어하기 위해 사용할 수 있는 가장 강력한 도구가 민주주의라는 것이 나의 주장이다. 또한 이 싸움에는 마침표가 없다.

사람들은 언제나 어떤 모습의 유토피아가 우리가 생각하는 바람직한 사회에 대한 개념화에 가장 잘 부합하는지 상상하고 꿈꿔왔다. 계급 없는 천국 같은 사회를 그린 마르크스 사상에서 실리콘밸리의 기술 관료적 환상에 이르기까지 그 모습은 다양하지만, 이러한 상상은 단지 꾸며낸 이야기가 아니다. 이러한 상상을 통해 사회 전반의 문화와 행동을 형성하는 이상을 구현할 수 있다. 아쉽게도 오늘날 이러한 유토피아를 상상해보는 시도가 부족한 듯하다. 이렇게 상상력이 메

마르게 된 것은 아마도 모두가 꿈꾸는 이상향에 대한 우리 사회의 깊은 환멸을 보여주는 게 아닐까 싶다. 사회 정의를 지향하는 진보 운동은 지엽적으로 분산되었다. 정체성 정치*로 좌파의 집단적 사회의식은 빛을 잃었다. 정체성 정치는 사회주의 프로젝트의 실패를 더욱 체감하게 하며 불만과 패배감을 자극하고 신자유주의 시대의 특징인 개인주의와 자기중심주의가 사람들의 마음에 더 깊이 뿌리내리게 한다. 많은 이들이 함께했던 사회적 투쟁을 위한 연대는 유아론唯我論에 자리를 내어주었다. 한편, 우익에서 줄곧 이어져 내려오던 기존의 도덕적 가치, 재산권, 사회적 안정, 낮은 세금, 오랫동안 이어온 작은 정부에 관한 생각은 어떤 비용을 치르더라도 상관없다는 노골적인 권력 추구, 그리고 애국주의와 혼동되는 배척주의 특권으로 발전했다. 한때 보수적 가치와 사상을 중심으로 결집했던 우익 집단은 이제는 즉자적인 반대를 위해 존재한다.

　미국에서 이것은 현실에서 완전히 동떨어진 일종의 포퓰리즘적 정치 최면술로 변형되었다. 수치심도, 부끄러움의 한계도 모르는 선동 정치인에게 바치는 충성과 비판적 이성의 정지가 결합되어 나타나기에, 이러한 최면을 시도하는 이들의 행위는 두렵다는 말로 표현하기에도 부족할 지경이 되었다. 이는 민주주의가 민주주의 지지자들을 실망하게 하고 믿음을 잃게 했으며, 이러한 실패를 미리 방지할 수 있는 시민적 역량과 태도가 함양되지 못한 현실을 보여준다. 지금 우리

---

* 전통적인 다양한 요소에 기반한 정당 정치나 넓은 보편 정치에 속하지 않고 성별, 젠더, 종교, 장애, 민족, 인종 등 공유되는 집단 정체성을 기반으로 배타적인 정치 동맹을 추구하는 정치 운동이자 사상을 의미한다. - 옮긴이

에게 복수를 부추기는 것은 인간 본성에 내재한 천사가 아니라 악마이다. 이것이 트럼프가 진정으로 부추기는 것, 즉 우리 자신의 최악의 모습을 드러내라는 외침이다. 이것이 트럼프 권력의 원천이기도 하다.

미국뿐 아니라 다른 곳에서도 시민들이 느낀 배신감은 전 세계적으로 정당성의 위기를 초래했다. 불평등, 환경 파괴, 기후변화에 맞서고 있는 인류는 역사의 변곡점에 서있다. 그러나 인간 공동체는 과거 어느 때보다도 의식적으로 이러한 도전에 대처하고 있으며 각각의 문제가 서로 연결되어있음을 인식하고 있다. 그 연관성은 명확하다. 연관성이 명확하다는 사실 자체로 우리는 이해를 위한 틀과 행동을 위한 장을 새롭게 마련할 수 있다. 우리의 집합적인 행동 방식으로, 그리고 내가 사는 곳과 전 세계에서 우리가 어떤 형태의 거버넌스를 만들어낼 것인가에 따라 민주적 전망이 현실화될 수 있을지, 더 나아가 하나의 종으로서 우리가 직면하고 있는 도전을 이겨낼 수 있을지 결정될 것이다.

우리는 지금까지의 이야기들을 통해 어떻게 집합적 거버넌스라는 행위가 정치적 실천을 확대하기 위한 해법들을 지속적으로 발전시켜 나가는지 알아보았다. 이러한 해법들이 거듭 발전함에 따라 우리는 국가를 시민화할 수 있을 뿐 아니라 인간에게 주어진 사회성을 강화할 수 있으며, 이 모든 것은 시민들 간에 협력하는 마음이 번지고 민주주의가 일상적으로 실천되면서 실현될 것이다. 하지만 이러한 목표를 향한 동력과 이를 뒷받침하는 가치들이 위협받고 있다는 것은 이제 놀라운 일이 아니다. 1800년대 중반에 일었던 혁명 운동 이후 민주주의 프로젝트의 전망을 완수하기 위해 그토록 고조된 대중 운동을 찾아보기 어렵다. 한 가지 주목해야 할 사실은 오늘날 우리가 선택한 정치가 인간 생존에 필수적인 생태계적 과제와 어떤 방식으로 연결되는가 하는 점이다. 현재 우리는 정치적 퇴행과 정치적 재탄생 간의 거리가 극단적으로 벌어진 사회적 분열 속에 있으며 분열된 양측이 공동으로 직면한 도전을 해결할 수 있는 통일된 시각으로 반대 세력을 연결해야 하는 어려운 과제 앞에 놓여있다. 공공선을 추구하는 협동조합은 이러한 시각의 중심에 있음이 분명하다.

그 모습은 신비에 싸여있지 않다. 우리가 여기에 소개한 이야기들은 미래의 실제 모습들을 설명한 것이고 우리가 배우고 영감을 얻을 수 있는 사례들을 제공한다. 바르셀로나의 진보적인 지방자치부터 께랄라 주의 지방분권과 시민 동원, 로자바의 국가 없는 민주주의까지 우리가 그릴 수 있는 시각들의 모습이 얼마나 독창적이고 다양할 수 있는지 살펴보았다. 그러나 이러한 다양한 모습 속에서도 협동, 다원주의, 상호이익, 민주적 책임, 집합적 복지에 관한 원칙은 변함이 없다. 국가는 스스로에 대한 존재의 정당성을 공공선의 추구에서 찾기 때문에 국가는 이러한 가치들을 증진하는 데 중요한 역할을 맡는다. 또한 이러한 가치들이 우리가 알고 있던 국가라는 형식에 국한되어 실현되는 것은 아니다. 로자바의 민주연합주의는 국가 없는 공동체주의적 시민 민주주의의 가능성을 구체적으로 보여주는 본보기이다.

이 책에서 제시한 파트너 국가에 대한 개념은 이러한 사례들을 통해 도출된 부분이 크다. 파트너 국가는 국가를 시민화하고 경제를 인간화할 수 있는 협동적, 공동체주의적 원칙이 구현된 시민경제의 형태를 잘 보여주는 예가 될 것이다.

한편, 전 세계적 불평등, 약탈, 공유재 붕괴, 존엄한 삶의 권리, 비아 깜뻬시나의 농민들과 토착민들이 옹호하는 지구 재생에 관한 이슈는 전 세계가 함께 투쟁해야 할 주요 과제로 남아있다. 계급, 인종, 국적을 가로지르며 나타나는 이런 문제들은 투쟁과 변화를 위한 계기를 고조시키고 있다.

내가 글을 쓰는 이 순간에도, 인도에서는 역사적 사건들이 벌어지고 있다. 펀자브와 하리아나 주에서 온 수백 명의 농민들이 자신의 일터를 뒤로하고 델리 외곽에 모였다. 트랙터나 트럭 안에서 생활하며 그들의 생계를 위협하는 법안의 폐지를 위해 싸우고 있다.

델리 시위는 인류 역사상 가장 대규모의 총파업에 이어 발생했다. 시민들은 믿기 어려운 정도로 강하게 연대하여 2억 5천만 명의 노동자와 농민이 파업에 참여했다. 인도 노동자의 4분의 1에 해당하는 숫자이다. 께랄라, 푸두체리, 오리사, 아삼, 텔랑가나 다섯 개 주의 회사, 공장, 농장이 모두 문을 닫았다. 다섯 개 주에서 파업을 선언한 이후 해당 지역의 은행, 금융기관, 관공서, 교통, 철강 생산, 항구와 부두, 통신 서비스, 대형 농장, 발전소, 석탄 광산, 석유와 천연가스 생산, 그리고 수백만 개에 이르는 일터에서 서비스와 노동 공급이 중단되었다. 파업 참가자들의 비판 대상은 현재 인도 총리인 나렌드라 모디와 그와 유착한 다국적기업으로서, 이들은 시장에서 인도 농민들을 보호하기 위한 법적 조치를 폐지하려고 한다. 농민들의 생활이 위기에 몰린 상태이다.

델리에서 맞서고 있는 모디 측도, 인도 각지에서 올라온 농민들도 물러서지 않고 긴장감이 팽배하다. 지금까지 적어도 248명이 목숨을 잃었다. 세계적 유행병, 심각한 경제 불황, 27%에 달하는 실업률에도 불구하고 그들은 여름까지 전국적으로 파업을 이어가기로 결의했다. 글로벌 자본 질서에서 또 하나의 전선이 형성되었고, 또 하나의 단면이 드러났다.

* * *

위기와 붕괴가 임박했을 때가 지배 엘리트들이 가장 위험한 시기다. 변화가 몰려온다는 위협이 커질수록 자신들의 이익을 지키기 위한 악랄함도 더욱 심해진다.

슬픈 사실은 피포위 심리siege mentality가 엘리트들을 지배한다는 것이다. 우리는 서로가 담을 쌓은 시대에 살고 있다. 부자들은 암울한 세상과 담을 쌓고 담 밖의 세상은 그냥 불타게 내버려 둘 작정인 듯하다. 현 체제에서 탈피하기 위한 변화는 평화로운 노력을 통해서가 아니라 사회와 경제, 환경 위기가 한꺼번에 몰려 글로벌 자본주의 시스템이 붕괴하면서 시작될 가능성이 크다. "붕괴 다음에는 무엇인가?"라는 질문의 답은 우리 주변에 뿌려진 씨앗 안에 웅크리고 있다. 이 책을 통해 살펴본 예시들이 현재라는 모체의 자궁 안에서 자라고 있는, 우리가 맞이할 수 있는 미래이다.

새로운 전망을 그려보고자 한다면 두 가지 목표에 초점을 맞추어야 한다. 첫 번째 목표는 현재 시스템이 만든 제도 안에서 시스템 변화를 꾀하는 것이다. 여기서 초점은 정치 구조, 공공정책, 권력 관계의 변화와 집단적 세계관이 담고 있는 서사의 변화이다. 대규모 정치 조직의 등장과 파트너 국가 같은 새로운 개념의 부상이 하나의 결과가 될 수 있을 것이다. 사회 정의를 추구하는 인간의 자연스러운 욕구가 이를 추진할 원동력이 된다. 인간의 연대, 협력, 공공선에 대한 헌신이 사회 정의의 토대이며 대중 동원, 국경과 문화를 넘나드는 연대의 힘은 사회 정의를 표현하는 언어이다.

두 번째 목표는 나를 둘러싸고 있는 정치 환경과 관계없이 내가 살아가는 이곳을 위한 새로운 시각을 제시하고 이를 실행하는 정치와 경제, 공동체 모델을 설계하는 것이다. 이를 완성하기 위해서는 역시 일련의 과정을 꾸준히 거쳐야 할 것이다. 우리는 특별한 시대에 살고 있다. 작은 움직임이 거대한 효과를 일으킨다. 노벨 화학상 수상자인 일리야 프리고진도 이렇게 말했다. "시스템이 평형으로부터 멀리 떨어져 있을 때, 혼돈의 바다 속 작은 섬들의 결합력은 전체 시스템을 더 높은 단계로 올려놓을 수 있는 능력을 발휘한다."[1] 우리가 사는 이 시대에도 작은 섬들 간의 결합력이 분명히 존재한다.

우리가 희망하는 사회는 매일 조금씩 건설되고 있다. 지금 이 순간에도 수없이 많은 사람과 그들이 속한 공동체는 삶과 사회에 대한 인간의 전망을 더욱 풍부하게 할 수 있는 방법을 찾고 있다. 오늘의 위기 속에서도 조직되는 모든 협동조합과 공유재는 우리를 구해줄 구조선이자 등대이다. 시리아가 오랜 내전을 겪듯이 모두가 그 어느 때보다도 춥고 어두운 시대에 살고 있지만, 우리에게는 희망과 불빛이 비추고 있다.

|주|

서론

1) "Marine Le Pen's Rise in 'Forgotten France'"(동영상, 2017년 4월 20일), youtube.com/watch?v=N-ooZ96nA8g.

2) Jim Tankersley, Ben Casselman, and Emily Cochrane, "Voters Like Biden Infrastructure Plan: G.O.P. Still Sees an Opening on Taxes", New York Times, April 15, 2021.

3) Terrence Des Pres, *The Survivor: An Anatomy of Life in the Death Camps*, Oxford University Press, 1976.

1장

1) 이 용어는 앤드루 니키포룩(Andrew Nikiforuk)이 자신의 저서 *The Energy of Slaves: Oil and the New Servitude*, Greystone Books, 2012[국역: 김지현 옮김, 《에너지 노예, 그 반란의 시작》, 황소자리, 2013]에서 사용한 것을 차용한 것이다.

2) Jason DeParle, *American Dream: Three Women, Ten Kids and a Nation's Drive to End Welfare*, Penguin, 2005.

3) Lucas Pleva, "Texas Congresswoman Eddie Bernice Johnson Says Social Security Slashed Poverty Among the Elderly", Poynter Institute, politifact.com, 2010년 8월 17일.

4) Constitutional Rights Foundation, "BRIA 14 3 a: How Welfare Began in the United States", crf-usa.org.

5) "Bismarck Tried to End Socialism's Grip —By Offering Government Healthcare", Lorraine Boissoneault, Smithsonian.com, July 14, 2017.

6) J. Steinberg, *Bismarck: A Life*, Oxford University Press, 2013.

7) Social Security Administration, "Otto von Bismarck", ssa.gov/history/ottob.html.

8) 레닌의 시각에서 "모든 시민"은 "하나의 거대한 신디게이트 — 전체 국가 — 의 노동자와 피고용인"으로 전환되며 "이 신디게이트의 모든 일"은 "진정으로 민주적인 국가, 노동자·병사 대표자 소비에트 국가"에 완전히 복속된다. "거기에서 벗어나거나 숨을 곳은 어디에도 없을 것이다." 전체주의적 독재의 정밀한 청사진은 여기에서 유래한다. V. Lenin, *The State and Revolution*, 1917[국역: 강철민 옮김, 《국가와 혁명》, 새날, 1993, 128쪽, 133쪽, 번역 수정].

9) 1859년 11월말 엥겔스는 《종의 기원》 초판으로 인쇄된 1,250부 중 한 권을 입수한 뒤 마르크스에게 한 통의 편지를 보냈다. "그런데 제가 지금 읽고 있는 다윈은 정말 훌륭합니다." 다음 해에 마르크스는 회신을 보내 다윈의 저작이 역사적 유물론의 자연사적 토대를 놓았음을 확인했다. "지난 4주간 나는 온갖 종류의 책들을 읽었네. 거기에는 자연선택을 다룬 다윈의 책도 있었지. 조잡한 영문체로 쓰이긴 했지만 이 책은 우리의 견해에 대한 자연사적 기초를 담고 있네." Karl Marx, December 19, 1860, *The Essential Marx: The Non-economic Writings, A Selection*, New American Library, 1979, 359.

10) 말이 나온 김에 이러한 마르크스주의적 역사관과 자본주의의 세계화는 그 자체로 역사의 종언이라는 프랜시스 후쿠야마의 주장이 유사함을 지적하는 것은 흥미로운 일이다. 후쿠야마에게 자본주의는 인간 성취의 정점이자 종점이다.

11) James C. Scott, *Against the Grain: A Deep History of the Earliest States*, Yale University Press, 2017[국역: 전경훈 옮김, 《농경의 배신: 길들이기, 정착생활, 국가의 기원에 관한 대항서사》, 책과함께, 2019].

12) 5세기 아테네에 거주하던 약 40만 명의 인구 중 시민권을 보유한 이들은 4만 명의 남성에 불과했다. 그리스의 민주주의를 논의할 때는 이 점을 잊어서는 안 된다. Robert Flaceliere, *Daily Life in Greece at the Time of Pericles*, Hachette, 1959 참조.

13) Scott, *Against the Grain*.

14) 프리덤 하우스에 따르면 2018년 세계 자유 지수는 모든 지역의 국가들
에서 13년 연속 하락했다. Freedom in the World 2019: *Freedom in
Retreat*, freedomhouse.org.

15) "공공의 이익을 추구하는 정체는 절대 정의의 기준으로 판단하건대 올바른
정체고 치자들의 개인적인 이익만 추구하는 정체는 모두 잘못된 것이고 올
바른 정체가 왜곡된 것이다. 왜냐하면 국가는 자유민들의 공동체인데 그런
정체는 전제적이기 때문이다."[국역: 천병희 옮김, 《정치학》, 도서출판 숲,
2012, 150쪽] "Aristotle's Political Theory," *Stanford Encyclopedia of
Philosophy*, Stanford University, revised November 7, 2017.

16) *World Inequality Report*, World Inequality Lab, 2018.

17) F. Engels, *The Condition of the Working Class in England*, 1845[국
역: 이재만 옮김, 라티오, 2014].

18) 같은 책[국역: 142~143쪽].

19) Nancy MacLean, *Democracy in Chains: The Deep History of the
Radical Right's Stealth Plan for America*, Penguin Random House,
2017[국역: 김승진 옮김, 세종, 2019].

2장

1) 여기서 "남성"이라는 용어의 사용은 단지 "사람"을 지칭하는 관례적인 약어
에 불과한 게 아니었다. 다른 모든 그리스 철학자들과 마찬가지로 아리스토
텔레스는 남성을 철학적·정치적 탐구의 진정한 주체로 취급했다. 시민권은
오직 남성에게만 부여되었다. 여성과 노예는 공식적으로 정치적 권리를 타
고난 시민이 아니었다.

2) *Aristotle: The Nicomachean Ethics*, David Ross, trans., Oxford
University Press, 1980, 208[국역: 이창우·김재홍·강상진 옮김, 이제이북
스, 2008, 298~299쪽, 번역 수정].

3) John Locke, *Second Treatise on Government*, 1689[국역: 강정인·문지영
옮김, 《통치론- 시민정부의 참된 기원, 범위 및 그 목적에 관한 시론》, 까치,
1996, 77쪽].

4) Adam Ferguson, *An Essay on the History of Civil Society*, 1767,
reprint by Garland, 1971.

5) Boris DeWiel, "A Conceptual History of Civil Society: From Greek Beginnings to the End of Marx", *Past Imperfect*, 6, 1997, 3–42.

6) 같은 글.

7) Stefano Zamagni, *An Axiological Reorientation of Economic Science*, 2019.

8) 같은 책.

9) Dylan Riley, *The Civic Foundations of Fascism in Europe*, Johns Hopkins University Press, 2010.

10) Bauman, Z. (2013), "Europe is trapped between power and politics," *Social Europe Journal*, May 14.

11) Jurgen Habermas, "New Social Movements", *Telos*, 49, 1981, 33.

3장

1) Gauri Noolkar-Oak and Vaibhavi Pingale, "India's Local Water Conflicts Are a Looming Threat", *The Diplomat*, May 16, 2019.

2) T. M. Mukundam, "The Ery Systems of South India", *PPST Bulletin*, Madras, 1980.

3) David Bollier, *Think Like a Commoner*, New Society Publishers, 2014, 34[국역: 배수현 옮김, 《공유인으로 사고하라》, 갈무리, 2015, 40쪽, 번역 수정].

4) Guy Shrubsole, *Who Owns England?: How We Lost Our Land and How to Take It Back*, William Collins, 2019.

5) Paul Piff, "Does Money Make You Mean?"(TEDTalks), December 20, 2013, (동영상)youtube.com/watch?v=bJ8Kq1wucsk.

6) Simon Fairlie, "A Short History of Enclosure in Britain", *The Land* No. 7, Summer 2009.

7) Francis Hutcheson, *A Short Introduction to Moral Philosophy*, 1749.

8) Bernard Mandeville, *The Fable of the Bees*, Harmondsworth, 1970, 191, 334[국역: 최윤재 옮김, 《꿀벌의 우화 - 개인의 악덕, 사회의 이익》, 문예출판사, 2010, 200~201쪽, 번역 수정].

9) 맨더빌은 대처보다 두 세기 앞서 사회와 같은 것은 없으며 사회는 단지 영구히 경쟁하는 사익 추구적 개인과 가족의 집합에 불과하다는 견해를 창시한

이들 중 하나였다.

10) International Cooperative Alliance, ica.coop/en/cooperatives/facts-and-figures.

11) John B. Goodman and Gary W. Loveman, "Does Privatization Serve the Public Interest?", *Harvard Business Review* 69(6), 1991, 26–38.

12) Nicholas Shaxson, "Tackling Tax Havens", *Finance and Development*, 56(3), September 2019.

13) Karol Yearwood, *The Privatised Water Industry in the UK. An ATM for investors*, 2018, Public Services International Research Unit, gre.ac.uk/business/research/centres/public-services/home.

14) E. Chong, F. Huet, and S. Saussier, "Public-Private Partnerships and Prices: Evidence from Water Distribution in France", *Review of Industrial Organization* 29, 2006, 149–69.

15) "Lack of Water Drives Residents of India's Chennai City to Desperation", Agence France-Press, June 22, 2019, thenationalnews.com.

16) Vandana Shiva, *Water Wars: Privatization, Pollution, and Profit*, South End Press, 2002[국역: 이상훈 옮김, 《물전쟁》, 생각의나무, 2003].

4장

1) 〈삶은 콩으로 만든 부드러운 구조물Soft Construction with Cooked Beans〉, 1936

2) Manuel Castells, *Rupture: The Crisis of Liberal Democracy*, Polity, 2018, 89.

3) Melissa Garcia Lamarca, "Resisting Evictions Spanish Style", *New Internationalist*, April 2013.

4) 특히, Saul Alinsky, *Rules for Radicals*, 1971 참조.[국역: 급진주의자를 위한 규칙, 아르케, 2016]

5) "사회적경제(social economy)"라는 용어는 가장 최근의 사회연대경제 social/solidarity economy(SSE)라는 정식화를 포함해 많은 변화를 겪어 왔다. 서술되는 단체나 사례에서 두 용어가 모두 사용되는 경우 용어를 혼용해 사용하는 것임을 밝혀둔다.

6) *The Impetus Plan for the Social and Solidarity Economy, 2016–2019,* impetusplan-sse-eng_web.pdf.

7) Public Policies Fostering the Social and Solidarity Economy in Barcelona(2016–2019), UNRISD Working Paper 2020–5, 2020.

8) Amartya Sen, *Development as Freedom,* 1999.

9) Annette Strauss Institute, *What We Do Together, Social Capital Project,* SCP Report No. 1-17, 2017.

10) 같은 글.

5장

1) 존 비달(John Vidal), "분노의 종자(The Seeds of Wrath,)" 〈가디언(*The Guardian*)〉, 1999년, 6월 19일

2) 라훌 트리파티(Rahul Tripathi), "NCRB 자료에 따르면 2019년 42,480명의 농부와 일용직 자살해" 〈이코노믹 타임즈(*Economic Times*)〉, 2020년 9월 1일자 업데이트

3) 마리아 엘레나 마르티네즈-토레스(Maria Elena Martinez-Torres)와 피터 M. 로셋 (Peter M. Rosset), "비아 깜뻬시나: 초국가적 운동의 진화," 글로벌 정책 포럼Global Policy Forum, 2010년 2월 8일

4) 마르티네즈-토레스와 로셋, 키토 선언Declaration of Quito.

5) 스테파노 바레세(Stefano Varese) (1996년, 62), 마르티네즈-토레스와 로셋의 "비아 깜뻬시나(La Via Campesina)"에 인용됨

6) 아네트 아우렐리 데스마레이즈(Anette Aurelie Desmarais), 《비아 깜뻬시나: 세계화에 맞서는 소농의 힘*La Via Campesina: Globalization and the Power of Peasants*》 플루토 출판사 (Pluto Press), 2007년 19.

7) 비아 깜뻬시나, "비아 깜뻬시나, '인류에 봉사하는 사람들의 유산인 글로벌 종자 캠페인' 재개해" 보도 자료, 2018년 10월 16일

8) 리셋 (Reset), "종자의 사유화The Privatisation of Seeds," en.reset.org.

9) 바나다나 시바 (Vanadana Shiva), "자살 종자와 노예 Vs. 생명 종자와 자유 Seeds of Suicide and Slavery Versus Seeds of Life and Freedom," 알 자지라(*Al Jazeera*), 2013년 3월 30일

10) 존 비달(John Vidal), "분노의 종자(The Seeds of Wrath)", 〈가디언〉, 1999년 6월 19일

11) P. 사이너스(P. Sainath), 인도 농촌에 대한 신자유주의의 공격The Neoliberal Attack on Rural India, 문서 번호 21번, 트라이컨티넨탈 사회 연구소(Tricontinental: Institute for Social Research), 2019년 10월

12) "ETC 그룹, 터미네이터 종자를 환경 보호자로 홍보한 푸르두 U.에 대응해" 크랍초이스(Cropchoice), 2002년 5월 2일

13) 앤 쿠퍼 (Ann Cooper), 리사 M, 홈즈 (Lisa M. Holmes)와 함께, "씁쓸한 대가: 우리가 먹는 음식에 도사린 위험을 바라보는 요리사의 시각Bitter Harvest: A Chef's Perspective on the Hidden Dangers in the Food We Eat", 루틀리지 (Routledge), 2000년, 96.

14) 데스마라이스 (Desmarais), 비아 깜뻬시나

15) 같은 글

6장

1) "시리아 기독교인"이라는 이름은 께랄라 주의 기독교 공동체와 시리아의 동 방정교회 의식 간의 역사적, 전례적 연관성에서 기인한다.

2) 사무엘 마티어(Samuel Mateer)의 저서 《자비의 땅: 특별히 선교 사역과 관 련하여, 트라반코어와 그곳의 국민에 관한 기술 The Land of Charity: A Descriptive Account of Travancore and Its People, with Especial Reference to Missionary Labour》, 로리에 출판사(Laurier Books), 1991년.

3) K, 라제시(K. Rajesh), 《인도의 참여기구와 대중실천: 께랄라 주의 분권 화 사례 분석Participatory Institutions and People's Practices in India: An Analysis of Decentralisation Experiences in Kerala State》, 방갈로르 (Bangalore), 사회경제 변화 연구소(Institute for Social and Economic Change), 2009년

4) 라슈미 샤르마(Rashmi Sharma), "께랄라 주의 분권화: 실천 사례Kerala' s Decentralisation: Idea in Practice," 〈주간정치경제(Economic and Political Weekly)〉, 38(36), 2003년, 3832–50.

5) J. 엘라몬(J. Elamon), R. W. 프랑케(R. W. Franke), B. 이크발(B. Ekbal), "공 공의료 서비스의 분권화: 께랄라주민캠페인(Decentralization of Health Services: The Kerala People's Campaign)", 〈공공의료 서비스 국제저널(Int J Health Serv)〉, 34(4), 2004년, 681–708.

6) M. A. 우멘(M. A. Oommen), "개혁과 경제 변화: 께랄라 주의 경험과 교

훈Reform and Economic Change: Experiences and Lessons from Kerala," B. A. 프라카시(B. A. Prakash), 《께랄라 주의 경제: 성과, 문제, 전망Kerala's Economy: Performance, Problems, Prospects》, 세이지 (Sage) 출판사, 1994년, 117–40.

7) 같은 책

8) A. 무케르지(A. Mukherjee), "께랄라 주의 여성 25만 명, 위엄 있게 생활비 벌어," 우니베르시타스 포럼 (Universitas Forum), 3(1), 2012년 2월

9) P. 사이나스(P. Sainath), "께랄라 주의 여성 농민들, 홍수 극복해Kerala's Women Farmers Rise Above the Flood," 〈카운터펀치Counterpunch〉, 2018년 9월 28일

10) 같은 글

11) 수니타 카디얄라(Suneetha Kadiyala), 쿠둠바시리 확대하기: 빈부 완화와 여성의 역량 강화를 위한 집단 행동Scaling Up Kudumbashree: Collective Action for Poverty Alleviation and Women's Empowerment, 국제 식량 정책 연구소(International Food Policy Research Institute), 워싱턴, D. C.(Washington, D.C.), 2004년.

7장

1) "허가받지 않는 삶(Living without approval)"은 New World Academy 선집 5번, 2015년, 《국가 없는 민주주의Stateless Democracy》에 대한 동명의 인터뷰에서 딜라르 더크(Dilar Dirk)가 사용한 적절한 용어다.

2) ISIS(이라크시리아이슬람국가)의 이름은 수년에 걸쳐 ISIL(이라크레바논이슬람국가)에서 IS(이슬람국가)로, 시리아의 쿠르드족이 부르는 대로 다에시(Daesh)로 변경되었다. 나는 독자들에게 가장 친숙한 ISIS라는 용어를 사용하고 있다.

3) 락카에서 ISIS가 축출된 후, 연합군은 다른 희생자들의 머리를 잘라 붙인 참수된 시신들이 있는 무시무시한 광경에 직면했다.

4) M. 냅(M. Knapp)과 A. 플래치(A. Flach), E. 아이보가(E. Ayboga), 로자바의 혁명: 시리아 쿠르디스탄에서의 민주적 자치와 여성 해방Revolution in Rojava: Democratic Autonomy and Women's Liberation in Syrian Kurdistan, 플루토 출판사(Pluto Press), 2016년, 143.

5) 민주연합주의는 종종 이 체제의 철학을 설명하는 데 사용되기도 하는 용어

인 민주적 자치(Democratic Autonomy)와 교체 사용이 가능하다. 혼란을 피하기 위해, 나는 이 글 전반에 걸쳐 이 지역의 실제적인 거버넌스 구조에서 민주적 자치를 적용하는 것으로 민주연합주의를 사용하고 있다.

6) 압둘라 외잘란(Abdullah Öcalan), 민주연합주의(Democratic Confederalism), 국제 이니셔티브(International Initiative), 브로셔(Brochure) 2번, 2011년

7) 최전선을 넘어: 북부와 동부 시리아에서 민주 체제 구축Beyond the Frontline: The Building of the Democratic System in North and East Syria, 로자바 정보 센터 (Rojava Information Centre), 2019년 12월

8) TEVDEM(민주사회를 위한 운동)의 시나르 살리(Cinar Sali), M. 냅(M. Knapp), A. 플래치(A. Flach), E. 아이보가(E. Ayboga), 로자바의 혁명: 시리아 쿠르디스탄에서의 민주적 자치와 여성 해방Revolution in Rojava: Democratic Autonomy and Women's Liberation in Syrian Kurdistan, 플루토 출판사 (Pluto Press), 2016년, 87.

9) 7개의 자치 정부는 다음과 같다. 데이르 에조르의 민주 시민 행정부 (Democratic Civil Administration of Deir Ezzor), 락까의 민주 시민 행정부 (Democratic Civil Administration of Raqqa), 타부까의 민주적 시민 행정부 (Democratic Civil Administration of Tabqa), 만비즈의 민주적 시민 행정부 (Democratic Civil Administration of Manbij), 그리고 이곳의 시골 지방, 유프라테스 지역의 민주적 자치 행정부 (Democratic Autonomous Administration for the Euphrates region), 자지라의 민주적 시민 행정부 (Democratic Civil Administration in the Jazira), 아프린의 민주적 시민 행정부 (Democratic Civil Administration of Afrin)

10) 로자바 정보 센터 (Rojava Information Center), 최전선을 넘어: 북부와 동부 시리아에서 민주체제 구축Beyond the Frontlines: The building of the Democratic System in North and East Syria, 2019년 12월

11) H. 알소프(H. Allsopp)와 W. 반 윌젠버그(W. van Wilgenberg), 북부 시리아의 쿠르드족: 거버넌스 다양성과 갈등The Kurds of Northern Syria: Governance Diversity and Conflicts, 블룸스베리(Bloomsbury), 2019년.

12) 에냅 발라디(Enab Baladi), "쿠르드족 주도의 SDF가 유프라테스 강 동부의 정치 생활 장악해Kurdish-led SDF Dominates Political Life in Eastern Euphrates," 2021년 4월 23일, english.enabbaladi.net

8장

1) 우마이르 하크(Umair Haque), "생각보다 더 충격적인 서양국가들의 코로나 대응 실패The West's Failure on Covid is Even More Staggering than You Think", *Eudaimonia*, 2020년 11월 13일.

2) 같은 글

3) "ILO 모니터:COVID-19와 일의 세계, 세 번째 보고서, 예측과 분석 업데이트ILO Monitor: COVID-19 and the World of Work, Third Edition, Updated Estimates and Analysis", 세계노동기구, 2020년 4월 29일.

4) 에스메 베르쿠우트(Esme Berkhout) 외, "불평등 바이러스: 공정, 정의, 지속 가능한 경제로 코로나 바이러스로 인해 해체된 세계를 다시 하나로 모으다The Inequality Virus: Bringing Together a World Torn Apart by Coronavirus Through a Fair, Just and Sustainable Economy", Oxfam International, 2021년 1월 25일.

5) 카를로스 어윈 오론스(Carlos Irwin Oronce) 외, "미국의 주 단위 소득 불평등과 코로나19 확진 및 사망률 간의 연관성Association between State-Level Income Inequality and COVID-19 Cases and Motality in the USA", 〈일반 내과 의학 저널(*Journal of General Internal Medicine*)〉 35(9), 2020년, 2791-3.

6) 척 콜린스(Chuck Collins), 오마르 오캄포(Omar Ocampo), 소피아 파스라스키(Sophia Paslaski), "2020년 대박 난 억만장자들: 횡재, 세금감면, 팬데믹 수혜자Billionaire Bonanza 2020: Wealth Windfalls, Tumbling Taxes, and Pandemic Profiteers" 정책연구소(Institute for Policy Studies), 2020년 4월 23일.

7) 매트 에건(Matt Egan), "팬데믹을 겪으면서 미국 억만장자들의 부는 11억 달러 증가 America's Billionaires Have Grown $1.1 Trillion Richer During the Pandamic", CNN Business, 2021년 1월 26일 업데이트.

8) T.J 볼리키(T.J. Bollyky) 외, "1980년과 2016년 사이 170개국의 민주적 경험, 성인 건강, 원인 별 사망률 간의 관계: 관찰 및 분석The Relationship Between Democratic Experience, Adult Health, and Cause-Specific Mortality in 170 Countries Between 1980 and 2016: An Observational Analysis", *The Lancet*, 2019년 4월 20일.

9) 제프리 요크(Geoffrey York), 마크 매키넌(Mark Mackinnon), 네이선 벤터클리프(Nathan Vanderklippe), 에이드리안 모로우(Adrian Morrow),

"악명높은 9인: 부정, 이중성, 무능으로 코로나바이러스에 대응한 지도자들The Notorious Nine: These World Leaders Responded to the Coronavirus with Denial, Duplicity and Ineptitude," *Globe and Mail*, 2020년 4월 21일.

10) 레이첼 샤비(Rachel Shabi), "영국의 코로나 대응: 친 민영화 충격 요법The Pro-Privatization Shock Therapy of the UK's Covid Response," *New York Review of Books*, 2020년 7월 8일.

11) 데이비드 홀(David Hall) 외, "민영화, 그리고 준비 없는 NHS 공급망 Privatized and Unprepared: The NHS Supply Chain", University of Greenwich and We Own It, 2020.

12) 사라 네빌(Sarah Neville), "병리학자들, 영국 코로나바이러스 검사에 '긴급한' 개선 필요 경고Pathologists Warn UK Coronavirus Testing Needs 'Urgent' Improvement," *Financial Times*, London, 2020년 6월 10일.

13) 레이첼 샤비(Rachel Shabi), "영국의 코로나 대응: 친 민영화 충격 요법The Pro-privatization Shock Therapy of the UK's COVID Response," *New Cold War*, 2020년 7월 11일.

14) 케서린 에반(Katherine Eban), "'그게 문제야': 재러드 쿠슈너는 어떻게 코로나-19에 대응하는 미국의 운명을 시장에 맡겼는가'That's Their Problem': How Jared Kushner Let the Markets Decide America's COVID-19 Fate," *Vanity Fair*, 2020년 9월 17일.

15) 같은 글

16) 같은 글

17) 백신 접종비율도 매한가지였다. 전국에서 백신 접종률이 가장 낮은 비율을 보인 지역 역시 공화당 주가 많이 속해있었다. 2021년 3월에 실시한 여론조사에 따르면, 공화당 지지자보다 민주당 지지자들의 백신 접종 가능성이 훨씬 높았다. 여론조사 시 민주당 지지자 중 47%가 이미 한 번 접종을 받았다고 대답한 반면, 공화당 지지자 중 33%만이 접종을 받은 적이 있다고 말했다. 추후 백신을 접종할 예정이냐는 질문에 민주당 지지자의 42%가 그렇다고 대답한 반면, 공화당 지지자는 23%만이 그렇다고 대답했다. 헨리 이튼(Harry Enten), "민주당 주 백신 접종률에 못 미치는 공화당 주의 접종률 Red States Are Vaccinating at a Lower Rate Than Blue States," *CNN Politics*, 2021년 4월 10일.

18) 메건 레온하트(Megan Leonhardt), "보험이 없는 미국인이 코로나 19로 병원에 입원하게 되는 경우 치료비가 $75,000에 달할 수 있다Uninsured

Americans Could Be Facing Nearly $75,000 in Medical Bills If Hospitalized for Coronavirus," *Make It*, CNBC, 2021년 1월 12일 업데이트.

19) 펄리시티 로렌스(Felicity Lawrence), "영국의 기아 위기: 종일 굶고 있는 영국인-150만명," *The Guardian*, 2020년 4월 11일.

20) 니디 샤르마(Nidhi Sharma), "지방의회 선거 주에서 코로나 바이러스 폭주: 서뱅골 주 절반이 뚫리다Coronavirus Has a Free Run in Poll States: West Bengal's Only Half Done," *Economic Times*, 2021년 4월 15일 업데이트.

21) "인도 코로나 상황: 사망자 속출하며 급조한 화장용 장작더미가 쌓여가는 델리India Covid: Delhi Builds Makeshift Funeral Pyres as Deaths Climb," *BBC News India*, 2021년 4월 27일.

22) 비자이 프라샤드(Vijay Prashad)와 수빈 데니스(Subin Dennis), "보통 사람들의 관심 밖에 있었던 인도가 코로나 바이러스 대응을 위한 세계의 신호등이다An Often Overlooked Region of India Is a Beacon to the World for Taking on the Coronavirus," *MROnline*, 2020년 3월 24일.

23) 야쿨 크리슈나(Yakul Krishna), "인도 좌파 정당이 이끄는 주가 코로나 바이러스와의 전쟁을 지휘A Left Ruled State in India is Leading the Battle Against Coronavirus," *Current Affairs*, 2020년 4월 5일.

24) 루크미니(Rukmini S), "새로운 사망률 데이터가 인도의 낮은 코로나 사망자 수를 설명해줄 수 있을까?Can New Mortality Data Explain India's Low COVID Death Numbers?" IndiaSpend, 2021년 3월 23일.

25) 표트르 크로포트킨(Peter Kropotkin), 《만물은 서로를 돕는다*Mutual Aid: A Factor of Evolution*》, (르네상스, 2005), 김영범 1902년.

26) crowdfightcovid19.org.

27) gavi.org/covax-facility

28) 스테파니 네베헤이(Stephanie Nebehay), "COVAX 백신, 공급 부족에도 불구하고 100개 국가에 전달COVAX Vaccines Reach More Than 100 Countries, Despite Supply Snags," *National Post*, 2021년 4월 8일.

29) 조지 몽비오(George Monbiot), "공포 영화가 틀렸다: 우리를 다정한 이웃이 되게 하는 바이러스The Horror Films Got It Wrong: This Virus Has Turned Us into Caring Neighbours," *The Guardian*, 2020년 3월 31일.

9장

1) 로버트 엑설로드(Robert Axelrod), 《협력의 진화The Evolution of Co-operation》, Basic Books, 1984년.[국역:이경식, 시스테마, 2009]
2) 제이 월재스퍼(Jay Walljasper), "공유재에 대하여On the Commons", 2011년 10월 2일.
3) 같은 글
4) 제임스 마니카(James Manyika) 와 케빈 스니더(Kevin Sneader), "AI, 자동화, 그리고 노동의 미래: 풀어야 할 10가지 숙제AI, Automation, and the Future of Work: Ten Things to Solve For," McKinsey Global Institute, 2018년 6월 1일.
5) Y. N. 하라리(Y. N. Harari), 《사피엔스Sapiens: A Brief History of Humankind》, Harvil Secker, 2016년.[국역:조현욱, 김영사, 2015]
6) 섀넌 홀(Shannon Hall), "엑손은 40년 전부터 기후변화에 대해 알고 있었다Exxon Knew About Climate Change Nearly Forty Years Ago," Scientific American, 2015년 10월 26일

10장

1) 코스마 오르시(Cosma Orsi),《호혜의 가치. 다원적 정치경제학The Value of Reciprocity. Arguing for a Plural Political Economy》, Federico Caffe Centre Publisher and University of Roskilde (DK), 2006년.
2) 바실리스 코스타키스(Vasilis Kostakis), "소셜웹에서 정보 생산의 정치경제학: 파트너 국가로의 접근을 향해The Political Economy of Information Production in the Social Web: Towards a "Partner State Approach", TUT Press, 2011년.
3) FLOK(Free, Libre, Open, Knowledge) 사회 프로젝트, Ecuador, 2013년.
4) FLOK 연구팀원으로서, 나는 사회적경제, 국가 제도, 파트너 국가를 집중적으로 연구했다. 참고: 존 레스타키스, "사회적 지식, 사회적경제, ICT 혁명: 공공정책 Social Knowledge, the Social Economy, and the ICT Revolution: A Public Policy Quartet," FLOK Society Project, 2014.
5) 미셸 바우웬스(Michel Bauwens), "동료 생산의 계급과 자본Class and Capital in Peer Production," Capital & Class, 33(1), 2009년 1월 1일,

121-42.

6) 미셸 바우웬스(Michel Bauwens), 바실리스 코스타키스(Vasilis Kostakis), "국가, 시민사회, 시장의 재구성을 향하여Towards a New Reconfiguration Among the State, Civil Society and the Market," *Journal of Peer Production*, 7, 2015. 접속일 2020년 1월 10일.

7) 스테파노 자마니(Stefano Zamagni), 《경제학의 가치론적 재정향*An Axiological Reorientation of Economic Science*》, 2019년.

8) 같은 책

9) 팻 코나티, 알렉스 버드, 필립 로스(Pat Conaty, Alex Bird, and Phillip Ross), "혼자가 아니다: 자영업 노동자를 위한 노동조합과 협동조합 해결책Not Alone: Trade Union and Co-Operative Solutions for Self-employed Workers", Co-operatives UK, 2017년.

10) C. 보르자가, M. 칼자로니, C. 카리니, M. 로리(C. Borzaga, M. Calzaroni, C. Carini, and M. Lori), "이탈리아 협동조합의 구조와 성과(Structure and Performance of Italian Cooperatives)," 유럽사회적기업협동조합연구소(EURICSE)와 국립통계연구소, 2019년, www.euricse.eu.

11) "후레아이 키푸, 물물교환 기반 노인 의료 서비스Barter Based Health Care for Senior Citizens," 영상, 2014년 9월 4일, 2014, youtube.com/watch?v=x7bzk3DmoGk.

12) 미셸 바우웬스(Michel Bauwens), 바실리스 코스타키스(Vasilis Kostakis), "국가, 시민사회, 시장의 재구성을 향하여Towards a New Reconfiguration Among the State, Civil Society and the Market," *Journal of Peer Production*, 2015년 7월.

11장

1) 신뢰와 관련된 법안 및 토론(Bills and Debates in Congress Relating to Trusts), 제50차-58차 의회.

2) 마이클 맥리(Michael McLeay), 아마르 라디아(Amar Radia), 라일랜드 토마스(Ryland Thomas), "현대 경제에서 돈의 창출Money Creation in the Modern Economy," 영국은행 발행 계간지, 2014년.

3) 토마 피케티(Thomas Picketty), 《21세기 자본*Capital in the 21st Century*》, 하버드대학교 출판부, 2014년.[국역:장경덕, 글항아리, 2014]

에필로그

1) 일리야 프리고진(Illya Prigogine), "수상자소개," The Novel Prize, nobelprize.
org.

커먼즈, 사회적경제, 자치와 직접민주주의를 통한 국가와 정치의 전환

시민권력은 어떻게 세상을 바꾸는가

1판 1쇄 인쇄 2022년 10월 15일 **1판 1쇄 발행** 2022년 10월 25일

지은이 존 레스타키스 **옮긴이** 번역협동조합

펴낸이 전광철 **펴낸곳** 협동조합 착한책가게

주소 서울시 마포구 독막로 28길 10, 109동 상가 b101-957호

등록 제2015-000038호(2015년 1월 30일)

전화 02) 322-3238 **팩스** 02) 6499-8485

이메일 bonaliber@gmail.com

홈페이지 sogoodbook.com

ISBN 979-11-90400-41-1 (03300)